La plus belle histoire des femmes

Françoise Héritier
Michelle Perrot
Sylviane Agacinski
Nicole Bacharan

La plus belle histoire des femmes

Éditions du Seuil
25, bd Romain-Rolland, Paris XIVᵉ

CE LIVRE EST EDITÉ PAR DOMINIQUE SIMONNET

ISBN 978-2-02-049528-8

www.seuil.com

Sommaire

Avant-propos
par Nicole Bacharan

Je ne fus pas une jeune fille libérée. À 20 ans, j'étais tombée dans le premier piège tendu aux ignorantes : croire que la liberté des femmes était un fait acquis. L'égalité des sexes ? Une question réglée par la génération de ma mère, elle qui fut résistante à 18 ans, vota dès sa majorité, travailla sans relâche. Certes, ma mère faisait « tout » à la maison, mais la faute, pensais-je, devait en incomber uniquement à mon père, de mauvaise volonté. L'accès égal aux études et aux professions ? Cela allait de soi. « À travail égal, salaire égal ? » Imposé par la loi. Choisir d'avoir ou non un enfant, selon ses convictions personnelles, morales ou religieuses ? La moindre des choses. Tout cela, croyais-je, ne méritait même plus d'être discuté. Ces avancées ne s'imposaient-elles pas par leur bon sens, ne remportaient-elles pas l'adhésion générale parmi filles et garçons de mon âge ?

Aujourd'hui, quand je me retourne sur ma trajectoire de jeune fille, je vois la traversée d'un champ de mines par une petite créature sans carapace, désarmée par sa propre naïveté, aveugle aux ambivalences de la famille, aux non-dits de l'école, à la persistance des hiérarchies, aux exigences perverties des religions, aux habits neufs du machisme.

Je connaissais les règles écrites et officielles. J'ignorais les plafonds de verre, les filets de la bien-pensance, ou les sables mouvants d'une libération parfois trompeuse. Je ne savais pas que le corps d'une jeune femme est, et reste, dès qu'il prend forme, un trophée âprement disputé entre mâles, mais aussi l'enjeu d'une lutte sans merci où s'opposent la famille, l'Église, l'État, l'école, et même le commerce et les médecins...

Alors que mes filles atteignent l'âge adulte, je mesure à la fois le chemin parcouru en une génération et les risques nouveaux qui menacent des droits et des libertés qu'on aurait bien tort, une fois encore, de tenir pour acquis. Je suis plus que jamais convaincue de la nécessité de transmettre le long combat de nos mères et de nos grand-mères, celui des héroïnes du temps passé, célèbres ou silencieuses, ces millions de femmes qui nous ont ouvert la voie.

D'où l'objet de ce livre conçu comme un récit: raconter l'histoire de la condition féminine, de Cro-Magnonne à nos jours. Montrer l'évolution de nos mentalités et du regard porté sur les femmes, mais aussi les transformations de leur vie quotidienne, la manière dont, selon les époques, elles ont été traitées aux différents âges de leur vie. Et, bien sûr, retracer leur longue, longue marche pour sortir du carcan imposé depuis des siècles par les rois, les prêtres, les maris. On le verra à chaque page, cette histoire-là est essentielle pour comprendre le monde présent, elle éclaire d'une lumière vive nos grands débats de société du XXIᵉ siècle.

C'est avec trois interlocutrices d'exception, trois grandes spécialistes de la planète des femmes, Françoise Héritier, Michelle Perrot et Sylviane Agacinski, que j'ai ainsi tenté, au fil d'un dialogue où elles se passent le relais, de reconstituer cette surprenante aventure. Avec chaleur, générosité et patience, chacune a accepté de répondre à toutes mes questions, de partager, sans compter, son savoir, son intelligence profonde, ses doutes parfois. Car chacune d'entre elles a été une pionnière dans son domaine et a défriché des terrains inconnus de la science et de la pensée. Dans l'intimité de leur salon, parmi les livres et les manuscrits en cours qu'elles me faisaient l'amitié de mettre un moment entre parenthèses, nous avons tiré le fil d'Ariane qui nous relie à nos ancêtres. De ces longs entretiens, je garde le souvenir de moments rares de complicité intellectuelle et humaine, de belles émotions et de quelques fous rires. Car elle est ainsi, l'histoire des femmes : dure, souvent tragique, cocasse parfois.

Rendons à César… L'idée originelle de ce livre est, pourtant, due à un homme, Dominique Simonnet, qui a fait de mon désir de connaître et de transmettre l'histoire des femmes un vrai projet et une de ses « Plus Belles Histoires ». Qu'il en soit infiniment remercié, tout comme de sa défense constante et passionnée de la dignité des femmes.

En préparant ces entretiens, je songeais souvent aux luttes des féministes américaines, héritières des mères héroïques de la guerre d'Indépendance, et tout particulièrement d'Abigail Adams. En 1776, elle priait son mari (le futur président John Adams), en guerre contre l'oppression de la couronne britannique, de « ne pas oublier les dames ». Elles ne devaient pas, elles non plus, être soumises à des lois adoptées « sans qu'elles aient leur mot à dire ou soient représentées ». « Ne mettez pas un pouvoir sans limites entre les mains de nos maris, poursuivait la sage Abigail, car le fait que les hommes soient tyranniques par nature est une vérité qui ne prête pas à discussion. » John Adams, mari pourtant respectueux, trouva ces prétentions parfaitement comiques…

Renvoyées à la maison, les femmes ne tardèrent pas à réclamer, elles aussi, leur part de rêve américain. Elles voulaient être des citoyens comme les autres, et avoir droit à « la vie, la liberté, et la recherche du bonheur». Devenir de vrais Américains, c'était aussi le rêve subversif des esclaves noirs. Mais les femmes, comme les Noirs, étaient supposées être «par nature» incapables de tenir un rôle responsable dans la Cité : ne se montraient-elles pas, elles aussi, «naturellement» soumises, irrationnelles, crédules? Rien d'étonnant à ce que les féministes se soient retrouvées nombreuses parmi les abolitionnistes d'avant la guerre de Sécession, et qu'elles en aient profité pour dénoncer l'«esclavage de leur sexe», exiger la «fin de la servitude» et le «droit inaliénable à son propre corps».

Après l'émancipation des esclaves, les féministes américaines continuèrent à s'identifier à la lutte des Noirs pour l'égalité, au point de se considérer elles-mêmes comme une minorité opprimée, non, bien sûr, en termes de nombre, mais en termes de statut social. En ont-elles essuyé, des quolibets et des vexations, ces suffragettes, ces militantes du «contrôle des naissances» (terme inventé par l'infirmière Margaret Sanger), ces brûleuses de soutiens-gorge et de porte-jarretelles! Ridiculisées par les hommes, par les dames «comme il faut», et par bien des «vraies femmes» – ou reconnues comme telles par leur empressement à complaire les aspirations des messieurs ou à se conformer aux canons du moment. Les «autres» n'étant, semble-t-il, pas tout à fait des femmes. Excessives, les féministes américaines? Souvent. Dures, agressives? Oui, certainement. Mais que de victoires dues à ces pionnières passionnées!

Pour commencer notre histoire, il me fallait remonter plus loin encore, bien avant les féministes américaines, anglaises ou françaises, revenir à l'aube de l'humanité pour tenter de discerner le moment où les femmes ont glissé dans l'état de subordination qui fut le leur jusqu'à une époque toute récente. Deuxième sexe, vraiment, ces femmes qui donnent la vie, ou premier ? Comment nos lointaines grand-mères de la préhistoire vivaient-elles leurs amours et leurs maternités ? Quel rôle jouaient-elles dans la subsistance de leur groupe ? Et les hommes ? Voulaient-ils, déjà, contrôler le ventre des femmes, promesse de leur descendance et de leur survie ? Que peut-on en savoir ? Y eut-il un temps béni où une « nature » féminine se serait exprimée en toute liberté ? Et une telle nature existe-t-elle ? Ou, pour le dire plus simplement encore : qu'est-ce qu'une femme ? Où s'arrête la nature, où commence la culture ?

C'est bien sûr à *Françoise Héritier* que j'ai posé ces questions fondamentales. Anthropologue, grande spécialiste des sociétés africaines, et tout particulièrement des systèmes d'alliance et de liens de parenté, elle fut l'élève de Claude Lévi-Strauss avant de devenir maître de recherches au CNRS, directrice d'études à l'École des hautes études en sciences sociales, professeure au Collège de France. Scientifique rigoureuse, féministe de la première heure, et plus encore humaniste, en révolte contre toutes les injustices. Elle nous dira comment les hommes ont voulu s'emparer de l'incroyable don de leurs compagnes, ce qu'elle appelle le « privilège exorbitant d'enfanter ». Elle nous expliquera que le matriarcat ne fut jamais qu'un fantasme et que, de tout temps et en tout lieu, la « valence différentielle des sexes » s'imposa : un homme, même laid, stupide et désagréable, valait toujours mieux qu'une femme, fût-elle belle, intelligente, généreuse, travailleuse, cultivée… Françoise Héritier ne manquera pas non plus de nous rappeler que la prostitution ne fut jamais un métier – même pas le plus vieux – et que les discriminations subies par les femmes ne sont pas anodines : à travers le monde et à travers l'Histoire, elles mutilent le corps et l'âme, et, parfois, elles tuent.

Michelle Perrot nous rejoindra aux portes de l'Antiquité pour que nous parcourions ensemble, aux différentes époques, la vie quotidienne d'une femme – bébé, fillette, fille à marier, jeune épousée, mère comblée ou épuisée par des grossesses trop fréquentes, grand-mère souvent seule et vulnérable. Universitaire brillante, Michelle Perrot fut d'abord une spécialiste du mouvement ouvrier, avant de se lancer sur le terrain quasi vierge de l'histoire des femmes, une histoire maigre en archives, en témoignages, en récits directs ou indirects. Attentive aux traces laissées – souvent en creux – par ces femmes confinées au foyer et contraintes au silence, elle s'efforce depuis des années de leur restituer une voix, et leur juste place dans l'Histoire globale. Passion, curiosité, humour, acuité morale et intellectuelle, élégance… je n'en finirais pas d'énumérer les qualités de Michelle, avec qui j'ai eu le bonheur de passer beaucoup de temps, car notre histoire est longue.

Elle nous dira que, presque toujours, la vie d'une femme commençait mal, par la déception des parents, et souvent la culpabilité de la mère d'avoir mis au monde un être de second rang. Elle nous dira aussi comment les filles furent tenues à l'écart de l'instruction, ayant juste le droit, dans le meilleur des cas, d'être éduquées à leur futur rôle d'épouse et de mère, et quel était le sort peu enviable des réfractaires, celles qui refusaient le mariage, celles que l'on jetait au couvent et celles qui, n'appartenant pas à un homme, appartenaient à tous et que l'on disait «perdues»… Elle nous rappellera que, bien avant d'entrer dans la «population active», les femmes ont toujours – et beaucoup – travaillé, dans les champs, au foyer, à l'atelier, au magasin… Michelle Perrot retracera enfin la longue lutte des femmes pour arracher le droit d'étudier, de choisir leur métier, d'exprimer leurs talents, de prendre la parole en public, de voter et de se faire élire, et – tournant décisif – pour maîtriser leur fécondité, possibilité inouïe – mais pour quelles femmes, dans quels pays, pour combien de temps ? – d'échapper enfin à l'angoisse millénaire des grossesses non désirées.

C'est vers la philosophe *Sylviane Agacinski* que nous nous tournerons ensuite pour parler du présent et de l'avenir. Pour elle, la philosophie fut une rencontre décisive, une vocation où elle trouva la matière pour nourrir son insatiable curiosité et décrypter le monde. Mais quelle ne fut pas sa déconvenue quand elle réalisa que ses héros, les sages et les penseurs, étaient tous des hommes qui laissaient les femmes à l'extérieur du monde supérieur où ils se mouvaient. Et que les ouvrages philosophiques prétendument objectifs étaient souvent le produit d'un regard masculin marqué par une certaine spécialité. D'où la nécessité pour les femmes, nous dira-t-elle, d'examiner d'un œil critique l'outil premier des penseurs – le langage – et de repenser conceptuellement les relations du masculin et du féminin.

Comment penser alors la différence des sexes aujourd'hui ? Celle-ci ne peut ni être définie ni disparaître, nous expliquera Sylviane Agacinski, et elle nous invitera à l'interpréter en toute liberté. Elle nous expliquera son combat pour la parité afin d'ouvrir aux femmes une place équitable dans la vie publique. La différence des sexes est universelle, il nous faut donc concevoir un monde non pas neutre, mais mixte. Mais qu'en est-il dans le couple, la famille ? Comment inventer dans la vie privée une «culture paritaire», plus proche de notre idéal du partage des tâches ? Comment enfin aborder tous ces bouleversements des rôles parentaux provoqués par la science aujourd'hui (assistance médicale à la procréation, homoparentalité, dons de sperme et d'ovocytes, accouchement sous X, mères porteuses) ? Comment construire une filiation conforme à l'éthique ? Et, surtout, comment ne pas perdre de vue l'essentiel : la dignité de l'être humain, sa liberté de désirer et d'aimer ?

Cette histoire des femmes que nous tenterons ici de retracer est, nous le savons, un combat inachevé. Nous sommes toutes les héritières de la plus grande révolution survenue dans le destin de l'humanité : grâce à la contraception, le ventre des femmes peut échapper au contrôle des hommes. Leur corps leur appartient, la décision de le donner ou de le refuser également. Mais qu'il est encore petit, le territoire de ces femmes libres ! Dans tant de régions du monde, mais aussi tout près de nous, parmi nous, des hommes continuent à enfermer les femmes dans l'ignorance et la soumission, pour contrôler, encore et toujours, leur « privilège exorbitant d'enfanter ». Aujourd'hui même, des femmes sont battues ou tuées parce que des hommes placent leur honneur dans le corps de leurs filles, sœurs et épouses. Et nos sociétés développées ne sont pas à l'abri de retours en arrière.

N'oublions donc jamais que la liberté des femmes est récente et fragile. Et qu'il appartient aux femmes de prendre leur destin en main, de défendre jour après jour leurs droits, d'inventer jour après jour un monde mixte où elles seraient, tout simplement, des êtres humains à part entière.

N. B.

PREMIÈRE PARTIE

À l'aube de l'humanité

CHAPITRE 1

De la différence à la hiérarchie

C'est dans la nature ?

Nicole Bacharan : *Anthropologue et ethnologue, vous vous penchez sur les comportements des humains en société. Vous avez partagé le quotidien de groupes ethniques dits « archaïques », et cela vous a amenée à regarder loin dans le temps, tentant de remonter jusqu'aux origines de l'humanité. Mais d'abord, comment savoir si ces sociétés primitives, que l'on trouve encore en Afrique, en Asie, en Australie, ressemblent vraiment à celles de nos lointains ancêtres ?*

Françoise Héritier : Le critère fondamental, c'est le mode de subsistance. Quand nous avons affaire à des « chasseurs-collecteurs », qui ne cultivent pas, n'élèvent pas d'animaux, ne connaissent pas nécessairement la métallurgie, nous considérons qu'ils perpétuent un mode de vie datant du paléolithique. Ils se contentent de prélever sur la nature en fonction de leurs besoins. Ils chassent, ils pêchent, ils cueillent. Ce sont des nomades, obligés de parcourir parfois de grandes étendues. En Afrique, les Pygmées, les Bushmen peuvent avoir des habitats relativement stables, mais sont pourtant capables d'en changer du jour au lendemain parce que la région s'est appauvrie et qu'il faut aller prélever ailleurs. Leur mode d'existence est probablement très proche de celui de nos ancêtres avant le néolithique. Mais eux aussi ont eu une histoire et ont évolué. On peut donc parler de ressemblance, mais certainement pas d'identité.

— Ces sociétés archaïques ont-elles pu vous renseigner sur ce que devaient être les rapports entre les hommes et les femmes « à l'aube de l'humanité » ?

— Les sociétés humaines ne présentent pas une image constante, identique, du rapport entre le masculin et le féminin. Il y a des variations, des discordances, mais une très grande unité de fond. Mais en observant, en analysant, en comparant, en écoutant le récit des mythes fondateurs – toutes les sociétés, y compris la nôtre, ont des mythes fondateurs, qui expliquent «comment tout a commencé» –, j'ai osé, par déduction, reconstruire ce qu'a dû être notre humanité primordiale. Bien sûr, je ne formule que des hypothèses, car il n'y a pas de preuves, l'esprit ne laisse pas de trace matérielle. Mais on arrive à se faire une idée de ce qu'a pu être notre lointain passé, et donc ce qu'ont été les rapports anciens entre les hommes et les femmes, qui ont constitué un modèle dont tous les suivants ont découlé.

— Avez-vous trouvé une réponse à l'éternelle question : qu'est-ce qui fait qu'une femme est une femme, en dehors des caractéristiques anatomiques ? En remontant aux origines, peut-on découvrir s'il existe, oui ou non, une « nature féminine » ?

— Cette question revient régulièrement. La croyance universelle, dans toutes les sociétés, est bien qu'il existe une nature féminine, tout comme il existerait une nature masculine. Cela signifie que tous les membres d'un sexe, outre leurs particularités anatomiques ou physiologiques, seraient dotés d'aptitudes, de comportements, de qualités ou de défauts propres à leur sexe.

— *Donc les femmes seraient...*

— Faibles, bêtes, curieuses, peu dignes de confiance, bavardes, jalouses, frivoles, irrationnelles, hystériques! Ou alors, de manière apparemment moins négative, fragiles, douces, dévouées, crédules, pudiques... Tout cela, elles le seraient «par nature». Il conviendrait donc que le sexe masculin – «par nature» fort, rationnel, volontaire, courageux... – se trouve en position de domination, pour contrôler ce qu'il y a de négatif dans la nature féminine. Cette conviction qu'il existe une nature féminine et une nature masculine est bien sûr culturelle, et elle est reconduite de façon culturelle. À mon sens, il n'y a rien dans chaque sexe qui le prédisposerait à être jaloux, dépensier, frivole, ou au contraire tolérant, économe, sérieux, etc. Il n'y a pas de nature biologique qui transmettrait des aptitudes et des comportements, et qui justifierait la domination d'un sexe sur l'autre. Les variations sont individuelles. Quant aux variations typées pour l'un ou l'autre sexe, elles sont éminemment induites par la culture reçue en héritage.

Ni ta mère ni ta sœur

— *Ces caractéristiques jugées «naturellement» masculines ou féminines varient certainement d'une société à l'autre?*

— Elles varient, mais je suis pourtant arrivée à cette conclusion: partout, de tout temps et en tout lieu, le masculin est considéré comme supérieur au féminin. Dès l'origine de l'humanité s'est installée ce que j'appelle la «valence différentielle des

sexes » : les deux sexes ne sont pas d'égale valeur, l'un « vaut »
plus que l'autre, et donc le masculin « vaut » plus que le féminin.

— *Comment êtes-vous parvenue à cette conclusion ?*

— C'est parti de mon travail avec Claude Lévi-Strauss, qui
avait identifié la prohibition de l'inceste comme condition
indispensable à la construction d'une société viable. À l'aube de
l'humanité, les branches conduisant à l'*Homo sapiens sapiens* et
à l'homme de Neandertal se sont détachées de l'arbre commun.
Il y a eu différentes « hominisations », et ces deux-là ont réussi.
Finalement, il n'est plus resté que la nôtre : *Homo sapiens
sapiens*. Pour que la société existe parmi les premiers groupes
humains, il a fallu que les pères s'interdisent de copuler avec
leurs filles, et les frères avec leurs sœurs.

— *Pourquoi était-ce indispensable à la construction de la société ?*

— Imaginez ces petites bandes d'*Homo sapiens* : tous les individus sont apparentés entre eux, on vit entre soi, on se reproduit
entre soi, et on refuse l'étranger. On obtient nécessairement
des unités consanguines, prédatrices, qui vivent sur la nature
ambiante et sont, par la force des choses, confrontées à des
bandes du même ordre. Par accident, il peut arriver que certaines bandes, tout à coup, ne puissent plus se reproduire : les
femmes sont mortes, ou il y a eu un excès de naissances de
garçons par rapport aux filles, etc. Donc, ces bandes vont en
attaquer d'autres pour voler les femmes.

— *Ce n'est pas un début paisible..*

— Justement, la prohibition de l'inceste est l'instrument
régulateur : au lieu de s'entre-tuer, on va coopérer. La même
décision, dit Lévi-Strauss, a été prise partout où l'humanité a
été présente : les hommes ont décidé de garder leurs filles et

leurs sœurs – avec qui ils ne copulent plus – comme monnaie d'échange. Ensuite, ils les échangent contre les filles et les sœurs des hommes d'autres groupes. Les hommes deviennent ainsi « beaux-frères ». Entre beaux-frères, il peut y avoir de l'agressivité, mais aussi de l'entraide. On répartit les pouvoirs de fécondité entre les groupes. On reconnaît l'autre, l'étranger, et en plus on établit un lien avec lui.

— *Cela prend quelle forme ?*

— Les individus sont officiellement liés entre eux : c'est donc, déjà, le mariage. Et ce mariage s'inscrit dans un contrat social qui unit deux lignages, instaure la paix collective dans une région et établit une subordination sexuelle des femmes. Pour que mariage et contrat entre lignages soient possibles, il faut aussi que l'homme et la femme se sentent dépendants l'un de l'autre. Ils doivent être dotés de tâches complémentaires. En général, l'un chasse et l'autre cueille. Les hommes se réservent la chasse aux gros animaux, la protection du groupe contre les prédateurs. Les femmes restent plus près du foyer, chargées de la surveillance des jeunes non sevrés. Cette répartition vient peut-être de contraintes objectives : une femme enceinte ou qui allaite se déplace moins bien ; cela n'implique aucune infériorité physique ou intellectuelle. Mais les vraies contraintes sont d'ordre idéologique. D'ailleurs, la répartition des tâches varie selon les cultures. En Afrique de l'Ouest, encore récemment, la couture et le tissage étaient réservés aux hommes.

— *Mariage, lignage, répartition des tâches : tout cela pourrait se mettre en place selon l'intérêt de tous, sans marquer d'inégalité entre les sexes.*

— En effet. Il m'est donc venu à l'esprit qu'il manquait quelque chose dans cette construction. Pour que les hommes décident de l'attribution de leurs filles et de leurs sœurs à d'autres hommes, il fallait déjà qu'ils s'en sentent le droit. Cette forme de contrat entre hommes, l'expérience ethnologique nous la montre partout à l'œuvre. Sous toutes les latitudes, dans des groupes très différents les uns des autres, nous voyons des hommes qui échangent des femmes, et non l'inverse. Nous ne voyons jamais des femmes qui échangent des hommes, ni non plus des groupes mixtes, hommes et femmes, qui échangeraient entre eux des hommes et des femmes. Non, seuls les hommes ont ce droit, et ils l'ont partout. C'est ce qui me fait dire que la valence différentielle des sexes existait déjà dès le paléolithique, dès les débuts de l'humanité.

— Cette valence différentielle des sexes a-t-elle même précédé le tabou de l'inceste ?

— Je ne dis pas qu'elle était là avant, mais je suis sûre au moins qu'elle est concomitante. Elle joue comme une ligature, qui unit entre eux les éléments indispensables à la construction sociale : le contrat entre lignages, le mariage entre individus, et la répartition des tâches. Tout cela fonctionne selon la valence différentielle des sexes.

Le masculin l'emporte sur le féminin

— Mais pourquoi ? La décision de prohiber l'inceste pour vivre en paix, ou au moins en coopération, avec ses voisins pouvait être prise autant par les hommes que par les femmes. Cela n'impliquait pas que les hommes aient seuls le droit d'échanger les femmes. Pourquoi les femmes ont-elles accepté cette situation ?

— Pour le comprendre, il faut tenter de reconstruire le monde de nos ancêtres. Tout comme nous, ils sont plongés dans un milieu qu'ils observent, et ils essaient d'en tirer des conclusions. Ils étudient la nature, les saisons, le jour et la nuit, leur corps, la naissance et la mort, etc. Ils s'efforcent d'interpréter ces constantes sur lesquelles ils n'ont aucune prise. On appelle cela « donner du sens au monde ». Ils ne pouvaient se livrer à cet examen qu'avec les moyens dont ils disposaient : les cinq sens. Pas de microscopes, d'infrarouge, ni d'autres appareils sophistiqués. Et que remarquent-ils ? La plus importante des constantes, celle qui parcourt tout le monde animal, dont l'homme fait partie, c'est la différence des sexes. Au-delà des différences entre espèces, et des différences individuelles, on remarque nécessairement cette différence récurrente : il y a toujours des mâles et des femelles. Mâles et femelles sont pourvus d'organes spécifiques, qu'on retrouve dans toutes les espèces : les pénis pour les mâles et les vulves pour les femelles. Je pense bien sûr au monde animal observable directement, donc plutôt aux mammifères (le modèle des « animaux vrais ») qu'aux insectes ou aux hippocampes !

— *Organes féminins, organes masculins : c'est la seule différence certaine, et incontestable, entre mâles et femelles ?*

— Oui, une différence anatomique et physiologique. Ces organes produisent des sécrétions, elles aussi extrêmement typées : les mâles émettent du sperme, alors que les femelles perdent régulièrement leur sang et produisent du lait. Cette différence est visible, et n'a bien sûr pas pu échapper à nos ancêtres. Voilà le socle dur des observations primordiales.

— *Que s'est-il passé ensuite ?*

— Je crois que la pensée humaine s'est organisée à partir de cette constatation : il existe de l'identique et du différent. Toutes les choses vont ensuite être analysées et classées entre ces deux rubriques : une où les choses sont identiques, et une seconde où les choses sont aussi identiques entre elles, mais différentes des premières. Voilà comment pense l'humanité, on n'a pas observé de sociétés qui ne souscrivent pas à cette règle. Dans toutes les langues il y a des catégories binaires, qui opposent le chaud et le froid, le sec et l'humide, le dur et le mou, le clair et l'obscur, le haut et le bas, l'actif et le passif, le sain et le malsain… On trouve également des catégories abstraites qui nous servent à penser – comme, justement, abstrait et concret, théorique et empirique, culturel et naturel… – et qui, je crois, sont aussi construites sur cette opposition entre identique et différent. Elles découlent toutes de cette grande répartition évidente, qui oppose le masculin et le féminin.

– Mais à quel moment cette classification en deux grandes catégories débouche-t-elle sur la valence différentielle des sexes ?

– Dans toutes les langues ces catégories binaires sont connotées du signe masculin ou féminin. Par exemple, dans la pensée grecque, le chaud et le sec sont masculins, le froid et l'humide sont féminins. On retrouve cette même classification dans beaucoup de sociétés traditionnelles, car elle part de l'observation concrète. Quand on tue une bête, on la fait saigner, et quand elle a perdu son sang, elle devient froide, immobile, morte. Donc la vie est mobilité et chaleur, la mort est immobilité et froideur. Pourquoi l'homme est-il chaud et sec ? Parce qu'il ne perd pas son sang. Alors que la femme est froide et humide parce qu'elle perd régulièrement son sang par les menstrues, sans qu'elle puisse rien faire pour l'empêcher.

– « Chaud et sec », caractéristiques supposées masculines, serait supérieur à « froid et humide » ?

— La hiérarchie s'est glissée entre ces constatations binaires : il y a toujours une catégorie positive et une autre négative ; une supérieure et l'autre inférieure. L'observation ethnologique nous montre que le positif est toujours du côté du masculin, et le négatif du côté du féminin. Cela ne dépend pas de la catégorie elle-même : les mêmes qualités ne sont pas valorisées de la même manière sous toutes les latitudes. Non, cela dépend de son affectation au sexe masculin ou au sexe féminin.

— *C'est-à-dire ?*

— Par exemple, chez nous, en Occident, « actif », signe de l'action sur la matière, est valorisé, et donc associé au masculin, alors que « passif », moins apprécié, est associé au féminin. En Inde, c'est le contraire : la passivité est le signe de la sérénité, à laquelle on parvient par toute une série d'ascèses. La passivité ici est masculine et elle est valorisée, l'activité – vue comme toujours un peu désordonnée – est féminine et elle est dévalorisée. Selon les lieux et les époques, il peut y avoir des changements d'optique, mais ce qui est constant, universel, c'est la valorisation du masculin.

— *Les deux sexes ne sont jamais considérés comme simplement complémentaires ?*

— Même si telle ou telle théorie locale les présente parfois ainsi, dans la réalité il y a toujours un sexe fort et un sexe faible, un sexe majeur et un sexe mineur. Un autre exemple : dans les sociétés de chasseurs-collecteurs, les hommes chassent avec leurs arcs et leurs épieux et rapportent de la viande, mets très prisé mais qui représente tout juste 20 % de la nourriture du groupe. Les femmes cueillent – c'est moins prestigieux –, mais elles procurent ainsi 80 % des denrées. Tous les ethnologues de ces peuples le disent, cette proportion est constante.

Les femmes jouent donc un rôle prédominant dans la survie du groupe. Cela n'empêche pas que, partout, la chasse soit beaucoup plus valorisée que la cueillette. Partout, le partage sexuel des rôles avantage le sexe masculin, en valorisant surtout le produit du travail de l'homme.

Le « privilège exorbitant d'enfanter »

— *Donc la valence différentielle des sexes provient d'autre chose que de la simple observation des différences anatomiques ou des aléas de la répartition des tâches…*

— Exactement. Je pense qu'elle découle d'une autre observation : ce sont les femelles qui mettent au monde les enfants. Ce que j'appelle, en me plaçant d'un point de vue masculin, le « privilège exorbitant d'enfanter ». Il y a là quelque chose d'incompréhensible !

— *Expliquez-nous…*

— Imaginez le problème soumis à la sagacité de nos ancêtres : comment est-il possible qu'une forme féminine – une femme –, identique à d'autres formes féminines, produise une forme différente ? Qu'elle produise des formes identiques, on peut le concevoir, il semble compréhensible qu'une femme mette au monde des filles. Mais comment les femmes peuvent-elles produire du différent, et donc des fils ? Et pourquoi les hommes, eux, ne peuvent-ils pas se reproduire à l'identique, pourquoi ne peuvent-ils pas avoir de fils ?

— *Cela devait en effet sembler très mystérieux. Comment les sociétés anciennes résolvent-elles ce mystère ?*

– La réponse est partout la même. Si les femmes produisent du différent, cela ne vient pas d'une puissance, d'une capacité qui leur est propre. Non, ce différent leur est mis dans le corps, de l'extérieur. Ce sont les hommes qui mettent les enfants dans le corps des femmes. De temps en temps, le féminin domine dans le rapport sexuel, et une fille naîtra, ce qui n'est pas inutile puisqu'un jour elle deviendra mère. Mais pour les fils, ce sont bien les hommes qui les implantent dans le corps des femmes. Les femmes ne sont qu'une matrice, un véhicule, ou, comme on dit en Afrique, une marmite!

– *Mais ainsi elles produisent des fils. On pourrait alors imaginer qu'elles soient révérées, dans leur rôle de marmite...*

– Elles le sont parfois, mais cela n'empêche pas la dévalorisation du féminin. Car les hommes ont à résoudre une question pratique: comment être sûrs d'avoir des fils qui soient leurs fils, alors qu'ils sont privés de ce «privilège exorbitant d'enfanter»? Il leur faut s'approprier les femmes. Car faire un enfant, cela prend du temps: la grossesse, puis l'allaitement, qui dure parfois jusqu'à 5 ans. Et, même à 5 ans, un enfant a pris des habitudes de dépendance nourricière vis-à-vis de sa mère. Donc, cette femme qui fait des fils, il faut la garder, se l'approprier.

– *Comment? Par la force?*

– La force – ou la menace de la force – joue parfois un rôle, mais pas nécessairement. L'essentiel, c'est de priver dès l'enfance les femmes de liberté. Elles sont privées du droit d'être des personnes, c'est-à-dire du droit de disposer d'elles-mêmes. Elles ne décident pas de leur sort, elles sont données comme reproductrices, un simple matériau dont les hommes ont besoin pour faire des fils. Elles sont aussi privées de l'accès au savoir. Car leur donner accès au savoir des hommes, ce serait potentiellement leur offrir les moyens de l'émancipation.

— Dans toutes les cultures il y a cette conscience que le savoir est le moyen de l'émancipation ?

— Oui, même dans les cultures qui n'ont pas d'écriture, de livres, de connaissances scientifiques avérées, il y a toujours des personnages qui « savent » et que l'on respecte. Ils connaissent les mythes, les plantes, les mystères... Ils peuvent répondre aux questions. Je l'ai constaté sur le terrain en pays samo : les femmes viennent consulter le maître de la pluie, ou le maître de la terre, pour savoir si elles peuvent manger telle chose, cueillir telle plante, à quel moment. Celui qui sait donne la réponse. Certes, au fil d'une vie, les femmes apprennent, mais pour certaines questions il faut toujours voir celui qui sait. Naturellement, la privation de l'accès au savoir est surtout évidente après l'apparition de l'écriture et de la consignation d'un savoir livresque. L'accès à ce savoir-là, émancipateur, a longtemps été interdit aux femmes dans les sociétés occidentales mêmes, où il n'est ouvert à toutes que depuis un peu plus d'un siècle.

— Les femmes n'ont-elles pas, elles aussi, un savoir spécifique ?

— Si, il y a des femmes chamanes, des femmes accoucheuses... Mais il s'agit là de savoirs limités, particuliers. Le savoir plus général, ce sont les hommes qui le détiennent. On refuse aux femmes ce savoir qui sort de la vie domestique dans laquelle elles sont confinées. On les maintient dans l'ignorance et sous tutelle, obligées d'accepter le destin qu'on leur fait. Leur destin, c'est de faire des enfants – particulièrement des fils –, puis de les nourrir et d'en prendre soin.

— Voici donc les outils de la subordination des femmes : privation de liberté, privation de savoir, relégation dans le domestique.

— Et, par voie de conséquence, privation de pouvoir et d'autorité. Tout cela s'accompagne d'une situation de dénigrement.

— *Pourquoi aller jusqu'au dénigrement?*

— C'est une nécessité évidente! Sans dénigrement du féminin, comment justifier de priver les femmes de la libre disposition d'elles-mêmes, du savoir, du pouvoir? Non, il faut aussi le dénigrement. Il faut convaincre les femmes de leur infériorité, leur rappeler que si elles ne sont pas libres, c'est qu'elles feraient mauvais usage de leur liberté; si elles n'ont pas accès au savoir, c'est qu'elles manquent d'intelligence et de jugement; si elles n'exercent pas de pouvoir, c'est qu'elles sont frivoles et volontiers hystériques.

— *En somme, il faut les dénigrer suffisamment pour qu'elles finissent par voir dans leur assujettissement une situation « naturelle ».*

— Oui. Cet ensemble d'observations primordiales, qui fondent la valence différentielle des sexes, je l'appelle le « modèle archaïque dominant ». Et nous vivons toujours sur ce modèle. Pensez à la manière dont, de nos jours, on explique aux enfants la venue d'un petit frère ou d'une petite sœur. Certes, nous sommes sortis des cigognes, des choux et des roses de ma jeunesse! On veut aujourd'hui respecter la vérité biologique. Mais que dit-on? « Papa met une petite graine dans le ventre de Maman, la petite graine grandit, et un jour le bébé sort du ventre de Maman. » Cela peut paraître anodin, mais en réalité cela reproduit le modèle archaïque dominant. Comme dans les sociétés primitives, la femme reste une marmite! Et je vous donnais là un exemple pacifique. Mais ce modèle archaïque dominant est aussi reproduit sous une forme criminelle: les grossesses forcées en temps de guerre.

— *Les hommes violent les femmes et les retiennent prisonnières suffisamment longtemps pour qu'elles ne puissent plus avorter...*

— Pendant la guerre d'Espagne, les franquistes disaient aux femmes républicaines : «Tu porteras un franquiste!» On a – hélas – revu cela dans l'ex-Yougoslavie. Les Musulmans disaient aux femmes chrétiennes : «Tu porteras un Musulman», et vice versa. Cela signifie bien que toute l'identité de l'individu, même politique et religieuse, serait déjà là, contenue dans le sperme du père. Alors que l'on devrait savoir que l'enfant à naître, même issu d'un viol, deviendra ce que son éducation et son milieu feront de lui.

— *Surtout en matière de politique et de religion...*

— Ces comportements criminels nous montrent que le mode de pensée et de représentation de nos lointains ancêtres, le modèle archaïque dominant, est encore bien vivant parmi nous.

Compétition entre hommes

— *Mais d'où vient cette volonté masculine d'humilier les femmes et, en temps de guerre, de les « occuper » jusqu'au bout? Est-ce une compétition entre hommes et femmes, les hommes se vengeant d'être privés du «privilège exorbitant d'enfanter»? Ou n'est-ce pas plutôt une lutte entre hommes, une volonté de vaincre et d'humilier les hommes du camp ennemi?*

— Il s'agit bien d'une compétition entre hommes. Elle existe déjà pour la distribution des femmes, qui n'est pas égalitaire. Dans les sociétés qui pratiquent la polygamie, certains hommes doivent attendre longtemps avant de se voir attribuer une épouse, parce que d'autres, plus puissants, plus riches, ont le privilège de prendre de nombreuses épouses. Mais cela va plus loin. La sexualité des hommes est perçue, par les autres hommes, comme agressive et nocive à leur égard, sans compter les croyances relatives à l'idée d'imprégnation. C'est pourquoi, dans les cas de grossesses forcées, les femmes victimes se retrouvent souvent exclues par leur propre communauté. On ne veut plus d'elles. Le danger que représenterait, pour les hommes, la sexualité des autres hommes se manifeste aussi par la volonté extrême, qui peut aller jusqu'au meurtre, de garder une femme «pour soi tout seul».

— *Est-ce une sorte de dégoût, d'horreur des hommes face à la sexualité masculine? Est-ce l'idée que «si un autre homme a pénétré ma femme, ma fille, ma sœur», elle est souillée, elle doit partir et, à la limite, il faut qu'elle meure?*

— Ce n'est pas tant la femme qui est souillée que l'homme, souillé, mais aussi menacé, à travers la femme. Je peux analyser cela de manière anthropologique, et si cela semble *a priori* étranger à nos mentalités, en réalité, nous n'en sommes pas si loin. Dans les sociétés anciennes, quand une femme a à la fois un mari et un amant, non seulement le mari est souillé, mais il est en danger. C'est la rencontre de deux forces dans un même vagin. Ces deux forces ne sont pas décrites comme égales, car l'un des deux hommes est tenu dans l'ignorance de l'existence de son compétiteur. Un mari trompé ne sait pas qu'il est trompé, et un autre homme met dans le corps de la femme une substance identique à celle que le mari y met lui-même. Dans certaines sociétés africaines, cette rencontre est vue comme très dangereuse: le plus faible des deux protagonistes peut en mourir.

— *Comment cela ?*

— Parce que sa propre substance ne peut plus s'écouler nor-malement. Soit elle reflue vers ses organes génitaux, et on explique ainsi des maladies très particulières, comme l'élé-phantiasis des testicules ; soit elle est réintroduite dans le circuit sanguin et va provoquer des crachements de sang. Certains cas de tuberculose sont immédiatement imputés à une infi-délité de l'épouse : dans son vagin se trouve une substance qui rend l'homme malade. On se représente un choc frontal entre deux forces, entre deux hommes. Le plus faible, c'est celui qui ne sait pas. L'amant, ou même le violeur, sait. L'époux est en position de faiblesse.

— *En quoi cette représentation archaïque des dangers de l'adultère a-t-elle perduré ?*

— On la voit dans la répulsion qu'éprouvent certains hommes à avoir des rapports avec leur femme après un viol. Toute inno-cente qu'elle soit, elle est devenue dangereuse. Dans certaines sociétés, le mari peut la rejeter, la répudier, voire la mettre à mort.

— *Cela s'accompagne-t-il de l'idée, longtemps admise, que le mari a le droit de tuer l'amant ?*

— Oui, l'un des deux doit mourir. Le mari protège son ter-ritoire, ce qu'on appelle son « honneur », et il se protège lui-même. S'il tue l'amant, il n'y a plus de compétition. On dit même qu'« il a lavé l'opprobre dans le sang ». Expression éton-nante, car le sang tache, au lieu de laver ! Mais il ne faut pas oublier que, dans les croyances anciennes, le sperme, c'est du sang. En « lavant dans le sang », un homme supprime le danger inhérent à la rencontre de son sperme avec le sperme d'un autre. Il oblige le sperme du rival à s'écouler, définitivement, hors du corps de celui-ci et hors du corps de la femme.

— On en revient à une constatation bien banale : on ne peut pas mettre deux étalons dans le même pré, ou deux taureaux dans le même enclos ! Si le comportement des hommes est si proche de celui des animaux, est-ce qu'on ne retrouve pas la nature, et, justement, une certaine nature masculine, à défaut d'une nature féminine impossible à déterminer ?

— Je ne refuse pas tout discours matérialiste, on ne peut nier que la testostérone existe ! Pourtant, j'ai déjà vu deux taureaux dans le même enclos : c'est possible si les animaux sont familiers l'un à l'autre et s'il n'y a pas de femelle en vue. Dans ce cas, l'hostilité n'est pas inévitable. Et surtout le jeu des hormones n'implique pas que rien ne soit maîtrisable. Justement parce que les humains ne sont pas des animaux. Culture et raison impliquent le contrôle de soi, de ses pulsions. Les hommes ne sont pas semblables à des cerfs qui se mettent à bramer et à emmêler leurs ramures à l'époque du rut !

« Femmes à cœur d'homme »

— Quoique… En tout cas, tous les moyens semblent bons pour que les hommes s'attribuent la fécondité des femmes et leur « privilège exorbitant d'enfanter ».

— Fécondité des femmes et domination masculine sont intimement liées. Les femmes non fécondes ne représentent pas du tout le même enjeu. On voit d'ailleurs que, dans presque toutes les sociétés, le statut des femmes change radicalement à la ménopause. Il peut même se rapprocher du statut masculin. Certes, l'estime dont elles jouissent alors dépend des hommes qui les entourent. Chez les Indiens Piegan canadiens, d'après les travaux d'Oscar Lewis, une femme qui a eu un père influent, dont elle était la fille préférée, puis qui s'est mariée à un mari riche et a mis au monde des fils, cette femme peut devenir, à la ménopause, une « femme à cœur d'homme ». Elle acquiert alors une liberté quasi masculine, et le droit d'adopter des attitudes et des activités interdites aux autres femmes : par exemple, jurer, prendre la parole en public, boire de l'alcool, organiser des fêtes, offrir des sacrifices et même… uriner debout !

— *Quelle chance… En ce cas, cette femme est valorisée, mais en tant que simulacre d'homme. Le masculin reste toujours supérieur au féminin !*

— C'est vrai, et la situation de femme ménopausée n'est pas partout synonyme de liberté, ou de rapprochement avec le statut masculin. Dans la plupart des sociétés primitives, la ménopause marque la fin de la femme reconnue comme telle. Si elle est vieille, pauvre, sans fils ni mari pour la protéger, elle sera rejetée. Souvent on s'en méfie, on la soupçonne volontiers de sorcellerie. Elle représente alors un danger.

— *On ne se bat donc plus pour garder la femme qui a passé l'âge d'engendrer des fils. Mais qu'en est-il de la jeune femme stérile ? Est-ce que son sort n'a pas, de tout temps, été redoutable ?*

— La stérilité a toujours, et partout, été envisagée comme un problème strictement féminin. Les sociétés anciennes se fondent, à cet égard, sur des observations concrètes, et non sur les connaissances scientifiques que nous avons récemment acquises. Du côté des hommes, seule l'impuissance est reconnue comme cause évidente de stérilité d'un couple. En effet, aucun peuple, si primitif qu'il paraisse, n'ignore que, sans rapport sexuel, une femme ne fait pas d'enfant.

— *Même à l'époque paléolithique, vous pensez que cela était déjà bien compris ?*

— Absolument, et l'observation ethnologique nous le montre. Peut-être nos ancêtres pensaient-ils qu'il fallait qu'un esprit vienne dans la femme, mais il ne pouvait venir au monde que si elle avait été ouverte par le rapport sexuel et s'il avait été «arrosé». Cette croyance n'est pas si étrange : dans notre société, certains pensaient des choses semblables, croyant par exemple que l'enfant était envoyé grâce à des prières à la Vierge Marie. Mais pour avoir cet enfant accordé par Marie, il fallait tout de même des rapports sexuels ! En tout cas, quand l'homme n'est pas impuissant, et quand les rapports ont bien lieu, si aucun enfant ne vient, la responsabilité en a toujours été imputée à la femme. Une femme stérile est vue comme un être déficient, inachevé, elle n'est pas une femme. Elle est parfois considérée comme coupable de sa stérilité, qui serait le résultat d'actes de transgression volontaires ou involontaires. Elle peut alors être rejetée, répudiée, remplacée par une autre épouse.

— *Et les femmes qui ne mettent au monde que des filles, ne sont-elles pas aussi considérées comme déficientes ?*

— En effet, elles ne sont pas stériles, mais ne valent guère mieux. Dans beaucoup de sociétés et de régions du monde, le seul enfant qui compte est le fils. Un homme qui n'a pas de fils est souvent considéré comme n'ayant pas d'enfant du tout. Et son épouse est coupable de la malignité de ne pas lui donner ce fils qu'il attend. Elle ne remplit pas son rôle et peut, elle aussi, être facilement répudiée ou remplacée.

— *Ce rejet d'une femme « qui n'est pas une femme » est vraiment le fait de toutes les sociétés primitives ?*

— C'est généralement le cas, mais pas toujours. Chez les Nuer d'Afrique occidentale, une femme mariée reconnue stérile rejoint sa famille en tant que… fils et frère, si l'on en croit le Britannique Evans-Pritchard. Elle est considérée comme un homme, peut se constituer un troupeau de bétail, et, avec ce bétail, acquérir une ou plusieurs épouses. Elle a alors toutes les prérogatives du mari : ses épouses la servent et l'honorent. Elle peut recruter un serviteur d'une autre ethnie qui sera chargé de féconder ses épouses, mais cet homme n'aura aucun statut de père. Le père, c'est elle, la femme-mari, et ses enfants l'appelleront « père ».

— *Même si son sort est plus enviable que dans beaucoup d'autres sociétés, néanmoins, elle n'est pas une femme.*

— Exactement : ce qui fait la femme, c'est la fécondité. La domination masculine correspond à la volonté de s'approprier la fécondité des femmes à l'âge où elles sont fécondes.

Au service des hommes

— *Pour les hommes, les femmes ne donnent pas que des enfants. Elles sont aussi source de plaisir… N'est-ce pas une autre raison de vouloir s'approprier une femme, et de la soustraire à la convoitise des autres hommes ?*

— Oui, les femmes sont attribuées aux hommes pour les servir et leur donner des fils, les filles étant là parce qu'il en faut bien. Mais, en plus, les femmes donnent du plaisir aux hommes. Dans certaines sociétés – par exemple, en Grèce, au Japon, en Inde, dans le judaïsme ancien –, ces différentes fonctions étaient même réparties entre plusieurs corps de femmes. Dans le rapport conjugal, il s'agissait juste de faire des enfants, et d'autres femmes étaient chargées de procurer du plaisir – les enfants que ces dernières mettaient au monde n'étaient d'ailleurs pas légitimes. Dans la Grèce classique, auprès du citoyen, on trouve l'épouse, qui reste dans le gynécée, que l'on respecte, avec qui l'on a des rapports sexuels pour avoir des fils, rien de plus. Puis il y a la concubine, qui vit au foyer et assure le confort domestique, s'occupe des plaisirs de la vie quotidienne, de la nourriture, du linge. Les loisirs plus sophistiqués, sexuels et intellectuels, sont le domaine de l'hétaïre. Elle ne fait pas de travaux domestiques, elle accompagne les hommes aux banquets, discute philosophie et, éventuellement, couche avec eux. À côté de l'hétaïre, il peut y avoir aussi la prostituée proprement dite, réservée au plaisir sexuel, et avec qui on n'a pas de joutes intellectuelles.

– *Cela fait beaucoup de femmes au service d'un seul homme… Avez-vous observé cette dissociation des rôles attribués aux femmes dans de nombreuses sociétés archaïques ?*

– Non. Dans la plupart des sociétés, ces rôles ne sont pas dissociés. L'homme use de son épouse à la fois comme mère de ses fils, pourvoyeuse de confort, travailleuse et source de plaisir sexuel !

– *Mais, quelle que soit la formule adoptée par les diverses sociétés anciennes, le corps des femmes appartient aux hommes, il n'a d'autre fonction que de satisfaire leurs divers besoins…*

– Il faut bien comprendre que la prohibition de l'inceste et le fait que les rapports sexuels procurent à la fois des fils et du plaisir ont des implications très fortes. Cela veut dire que tout homme a théoriquement le droit de prendre n'importe quelle femme, toutes lui sont offertes, sauf celles qui sont déjà appropriées et sous la sauvegarde d'un autre homme. Une femme qui n'est pas protégée, elle est à prendre. La pulsion masculine est toujours considérée comme licite, toujours légitime, elle a le droit d'être. C'est ce que j'appelle la «licéité absolue de la pulsion masculine».

– *Cette pulsion a toujours été vue ainsi : licite et irrépressible ?*

– Oui. C'est le modèle archaïque dominant qui nous vient de nos ancêtres, et dont nous ne sommes pas sortis. Cette licéité de la pulsion masculine n'est jamais remise en question. La pulsion est considérée comme un fait naturel, mais uniquement masculin. Il faut des femmes pour la satisfaire, séance tenante. La libido féminine, au contraire, a toujours été sévèrement contrôlée. Dans la plupart des sociétés, il fallait que les filles arrivent vierges au mariage, et ensuite elles devaient fidélité à leur époux, l'adultère étant sévèrement puni. Le mariage est un contrat d'exclusivité sexuelle dans ce seul sens.

– *Même en voyant cette pulsion masculine comme irrépressible, pourquoi est-il admis qu'elle doive légitimement se satisfaire dans un corps de femme ?*

– Pourquoi, en effet ? À mon sens, il est parfaitement possible de dominer cette apparente nécessité. Un certain nombre d'hommes, qui vivent dans la fidélité ou même dans la chasteté, y parviennent très bien. Et puis il existe d'autres méthodes pour décharger ce trop-plein d'énergie ! Mais non, les sociétés semblent admettre qu'il y faut un corps de femme – certaines acceptent même qu'un corps d'enfant «fasse l'affaire».

— *Est-ce alors le plaisir qui est recherché, ou la domination ? Dans le plaisir du mâle entre peut-être aussi la violence faite au corps féminin, ou au corps d'un plus faible...*

— Il y a bien dans le rapport pénétrant/pénétré quelque chose qui est de l'ordre de la violence. Même en Inde, où la passivité de l'homme est appréciée, c'est lui qui pénètre, il ne peut pas être soumis à la violence. Freud et Gandhi ont d'ailleurs dit tous deux que le premier modèle de violence, c'est la pénétration sexuelle. Cela peut aussi se passer entre hommes. Selon Paul Veyne, dans la Rome antique, où l'homosexualité et la pédérastie avaient cours, s'exerçait un mépris radical à l'encontre de celui qui était pénétré. Si un homme libre venait à être pénétré par un esclave, c'était la honte absolue, la fin de son statut ! Alors que l'inverse était sans importance : qu'un citoyen romain utilise pour sa satisfaction des corps de jeunes garçons plutôt que des corps de femmes n'en faisait pas pour autant un homosexuel.

CHAPITRE 2

Le pouvoir par la violence

Le matriarcat fantasmé

Nicole Bacharan : *Ce qui compte, c'est donc d'être dans le rôle d'un homme : celui qui choisit, celui qui contrôle. Mais n'avez-vous rencontré aucune société ancienne où les femmes soient en position dominante ? Ne parle-t-on pas volontiers d'un « matriarcat primitif » ?*

Françoise Héritier : Ce matriarcat ancien est parfois présenté comme une vérité historique, et cela reprend les travaux d'auteurs qui ont connu leur heure de gloire mais n'ont plus de crédibilité aujourd'hui. Je pense en particulier à Johann Jakob Bachofen, anthropologue du xixe siècle. Selon Bachofen, il y aurait eu un temps ancien où les mères détenaient le pouvoir. Puis elles l'auraient perdu – certainement parce qu'elles n'avaient pas la capacité de le garder. Le pouvoir des pères, le patriarcat, aurait alors remplacé le matriarcat. Et cela se serait produit partout.

– Sur quels éléments Bachofen fondait-il sa théorie ?

– Il ne pouvait apporter aucune attestation historique, et se fondait sur des mythes anciens véhiculés par les Grecs sur les sociétés barbares – pour les Grecs, les Barbares, c'étaient les étrangers, tous ceux qui n'étaient pas grecs. Ces mythes évoquent des sociétés contrôlées par des femmes. Soit il s'agit carrément de légendes, très loin de la réalité, soit il peut s'agir de faits avérés, mais qui n'ont pas la portée que leur donne Bachofen. Car il ne prend en compte que le regard des Grecs sur leurs voisins : ce regard est forcément dépréciatif. Chez l'étranger, les Grecs voient précisément l'étrangeté, le caractère déplorable des mœurs. Et ce qui peut leur sembler le plus barbare, c'est bien le soupçon d'une société où régnerait un pouvoir féminin !

— *Mais, parfois, les mythes ne sont-ils pas l'écho d'un état ancien du monde ?*

— Il y a deux sortes essentielles de mythes. Les mythes animaux, expliqués par Claude Lévi-Strauss, évoquent ce qui est peut-être l'acte fondateur de l'humanité : ils parlent du temps où l'homme et l'animal n'étaient pas encore sortis d'une gangue commune, et de la séparation qui s'est produite avec l'arrivée du langage. L'homme s'est alors coupé définitivement du monde animal. Une seconde catégorie de mythes a pour but de justifier l'ordre social existant. Ces mythes imaginent un monde antérieur qui fonctionnait mal, et qu'il a fallu abattre pour construire un monde meilleur.

— *Ils ne se réfèrent pas à un paradis perdu ?*

— Non, au contraire, ils parlent d'un monde ancien mauvais. Ces mythes sont très nombreux, et on les trouve dans des régions du monde extrêmement variées. Par exemple, en Terre de Feu, si je me réfère aux travaux de Martin Gusinde et d'Anne Chapman, on raconte qu'à l'origine les hommes vivaient dans un état d'abjecte soumission. Les femmes, installées dans la maison des femmes, menaient une vie paradisiaque, délivrées de tout souci matériel. Les hommes leur apportaient des plats en rampant et les déposaient à proximité de la maison, dans laquelle ils ne pénétraient jamais, car ils étaient terrifiés par la puissance surnaturelle des femmes. Celles-ci faisaient tournoyer des rhombes (un instrument de musique qui produit de forts ronflements) et les hommes, entendant cette espèce de rugissement animal, pensaient que des esprits célestes vivaient parmi elles et appuyaient leur pouvoir. Jusqu'au jour où un homme se montra un peu plus hardi que les autres et, toujours en rampant, s'approcha un peu plus près. Il entendit alors les femmes rire de la bêtise et de la crédulité des hommes, et se féliciter d'être si bien servies. L'espion prévint les autres hommes, qui décidèrent de renverser l'ordre des choses. Ils partirent à l'assaut de la maison des femmes, les tuèrent toutes, à l'exception des toutes petites filles – ils avaient bien compris que le modèle se transmet très tôt dans la tête des enfants. Ces petites filles furent gardées, élevées dans l'idée qu'elles étaient inférieures, destinées à être les compagnes fidèles et soumises des hommes. Ils fondèrent ainsi une humanité nouvelle, et heureuse : les hommes, désormais, détenaient le pouvoir, et les femmes devaient les servir.

– En somme, le mythe est là pour conforter le destin existant de chacun...

– En effet. Voici un autre exemple de mythe qui justifie cette répartition des rôles entre masculin et féminin : en Nouvelle-Guinée, on raconte, selon Maurice Godelier, que le monde originel, qui fonctionnait mal, était un peu brouillon. Les femmes avaient certes un pouvoir créateur, une sorte de bouillonnement, grâce auquel elles inventaient toutes sortes de choses. Mais ce pouvoir, elles s'en servaient mal. Elles avaient créé l'arc et la flèche pour tuer le gibier, mais, au lieu de tirer droit devant elles, elles tiraient en arrière et tuaient les hommes qui les suivaient. Les hommes ne cherchèrent pas à leur faire comprendre qu'il fallait tirer autrement; ils les dépossédèrent de l'arc et des flèches, et eux surent s'en servir et tirer correctement. Selon ce type de mythe, cette mésaventure s'est répétée avec toute une série d'inventions, comme les flûtes cérémonielles qui permettaient de communiquer avec les esprits chez les Dogon, ou encore les vêtements pour les cérémonies d'offrande aux dieux: seuls les hommes ont compris le bon usage de ces objets inventés par les femmes. Dans ces mythes, les femmes créent comme elles enfantent, sans comprendre, sans tête; mais, «heureusement», l'homme est là pour réguler cette puissance féminine anarchique...

— *Aucun groupe de femmes n'a, dans la réalité, échappé à ce contrôle masculin? Et les fameuses Amazones, ces guerrières qui pour mieux tirer à l'arc se coupaient un sein? Impossible, d'ailleurs, d'évoquer cette pratique sans un frisson d'horreur!*

— Penser à ce geste (que, dit-on, les Amazones faisaient elles-mêmes, ou se faisaient entre elles), ou penser seulement à la cicatrisation qui devait suivre, cela laisse pantois! Et nous montre bien qu'il s'agit d'un mythe, loin de toute réalité. J'y vois une espèce de fascination — celle des Grecs, en l'occurrence — pour une situation détestable qu'on n'a pas chez soi mais qu'on soupçonne chez les voisins: une situation où les femmes choisissent! Car les Amazones font des enfants, et, pour cela, elles choisissent des hommes comme géniteurs. Elles adoptent donc un comportement masculin, au point de nier, par cette fameuse mutilation, jusqu'à l'apparence de leur féminité.

— *Mais n'existe-t-il pas des sociétés avec de vraies femmes guerrières?*

— Les Gaulois, par exemple, avaient des femmes guerrières. Les rois du Dahomey également. C'étaient en général des troupes de prestige, ou d'accompagnement, la norme restant néanmoins celle des guerriers masculins.

— *Ces femmes ne combattaient pas?*

— Si, mais dans certaines conditions. Il faut noter un fait extrêmement révélateur : dans les troupes des chefs gaulois – et cela vaut aussi pour certaines sociétés africaines, ou amérindiennes – ne pouvaient combattre que les jeunes filles vierges ou impubères, ou les femmes plus âgées, ménopausées. Les femmes fécondes ne combattaient pas. Nous avons là des sociétés où la très jeune fille et la femme ménopausée se rapprochent du masculin. Cela nous ramène à ces catégories mentales anciennes qui concernent le sang et la chaleur. La femme qui ne perd pas encore de sang, ou qui n'en perd plus, accumule de la chaleur, tout comme un homme. Alors que la femme féconde est fraîche, car elle perd son sang, et a donc en elle moins de vitalité et de virilité. Elle est là pour faire des enfants, et non pour combattre.

— *L'existence de ces femmes guerrières ne doit donc pas être interprétée comme une preuve de pouvoir féminin?*

— La société gauloise n'a jamais été une société matriarcale ! Mais ces femmes guerrières ne sont pas non plus des aberrations, elles montrent au contraire un mode de pensée très bien structuré, et répandu partout. Ce qui fonde la domination masculine, c'est, dans tous les cas, la volonté de s'attribuer la fécondité des femmes. Les femmes non fécondes ne sont pas contrôlées de la même façon.

— Je m'obstine à traquer les ultimes traces d'un temps où les femmes auraient été plus libres: les statuettes de femmes aux seins opulents retrouvées par les préhistoriens… n'indiquent-elles pas que nos aïeules jouissaient d'une place éminente?

— Ces statuettes représentent des maternités et, vraisemblablement, ce qui est révéré dans ces formes féminines, c'est le pouvoir très mystérieux de la fécondité. La petitesse de ces figurines montre qu'elles étaient sans doute portées. Prophylaxie, éloge de la fécondité, admiration de la beauté plantureuse des formes féminines… on ne sait. Mais l'hommage à l'incompréhensible fécondité n'est pas un culte rendu à des déesses-mères. Et ces statuettes ne témoignent pas non plus d'un pouvoir des femmes et des mères s'exerçant sur les hommes.

Sous l'autorité du frère et du mari

— Il est vrai que ces maternités débordantes ne devaient guère ressembler aux vraies femmes du paléolithique, qu'on imagine plutôt musclées et sportives… Cependant, plus près de nous, un dernier exemple est parfois donné de situations où les femmes détiendraient le pouvoir: ces sociétés africaines et indiennes où le lien familial et l'héritage se transmettent par les femmes.

— On les appelle «matrilinéaires». On a trouvé sur la lagune ivoirienne un mythe des origines de la matrilinéarité. À nouveau, le mythe a pour fonction de justifier l'ordre social existant, en parlant d'un état antérieur mauvais. À l'origine, raconte ce mythe restitué par Marc Augé, les mères et les pères partageaient des droits égaux sur leurs enfants. Et puis un jour, menacée par des ennemis, la communauté est obligée de s'exiler. Les fuyards durent traverser un fleuve afin d'échapper à leurs poursuivants. Avant de les laisser passer, le fleuve exigea le sacrifice d'un fils et d'une fille. Le chef demanda donc à son épouse de lui donner leur fils et leur fille pour qu'il les sacrifie et que la communauté soit sauvée. L'épouse refusa. La sœur du chef intervint et lui dit : « Prends mon fils, prends ma fille, afin que nous soyons sauvés. » Ce qui fut fait. À partir de ce moment, le chef décida que ce ne seraient plus les fils des hommes qui hériteraient des hommes et leur succéderaient, mais les fils des sœurs des hommes.

— Les enfants héritent donc non de leur père, mais du frère de leur mère.

— Exactement. Ces sociétés matrilinéaires ont bien existé, et elles existent toujours. La règle d'héritage des statuts, des terres, des biens de tous ordres, passe non du père au fils, mais de l'oncle maternel au neveu. Mais, dans ces sociétés, les femmes n'ont pas davantage le pouvoir ! Certes, un homme n'a pas d'autorité de père dans le lignage où il enfante, et ses enfants sont rattachés à leur oncle maternel. Mais il a autorité, dans son lignage d'origine, sur les enfants de sa sœur.

— A-t-il également autorité sur sa sœur ?

— Oui. Ce qui n'empêche pas que, dans les liens conjugaux, le mari ait en plus autorité sur sa femme.

— Sœurs et épouses, elles « gagnent » de tous les côtés !

— Les malheureuses ! Quand je dis qu'il y a autorité du frère sur la sœur, cela signifie que les hommes échangent entre eux leurs sœurs en mariage. Par ailleurs, ils peuvent donner des ordres à leurs sœurs, leur demander, par exemple, de préparer les provisions quand ils partent à la guerre ou à la chasse.

— *Toutes les sociétés matrilinéaires sont-elles organisées selon cette double autorité du frère et du mari?*

— Oui, dans la plupart des cas, même s'il y a des variantes, et des degrés divers de subordination des femmes. La société iroquoise semble avoir été la plus proche d'un vrai matriarcat. Chez les Indiens Iroquois, d'après les travaux de Judith Brown, la filiation passait par les femmes, qui habitaient dans leur famille d'origine avec leur mari et leurs enfants. Les grandes maisons familiales étaient dirigées par des matrones, qui organisaient le travail des femmes et la distribution de nourriture, et avaient même leur mot à dire sur les projets de guerre. Ces matrones jouissaient d'un vrai pouvoir, mais on remarquera qu'il s'agissait de femmes d'âge mûr, donc ménopausées. Mais ce n'était pas «le» pouvoir. La règle du contrôle par les hommes de la fécondité féminine n'est jamais, et nulle part, enfreinte.

— *Et avec cette appropriation de la fécondité, son corollaire, la valence différentielle des sexes, est donc partout présente, dans toutes les sociétés primitives?*

— Une fois constatée cette règle fondamentale, on trouve parmi les groupes de chasseurs-collecteurs, de nomades, ou d'agriculteurs, des situations allant du meilleur au pire. Chez les Bushmen, le statut des femmes est quasi égal à celui des hommes, même si les tâches du quotidien pèsent beaucoup plus lourdement sur elles. Mais dans d'autres cas on voit des femmes totalement méprisées, les hommes en disposant à leur guise et ayant tous les droits sur elles.

La discrimination tue...

— On l'aura constaté, cette valence différentielle des sexes engendre une discrimination qui peut aller jusqu'au meurtre. Et cela commence très tôt : la première violence qui menace les femmes, c'est d'être éliminées dès la naissance. Aujourd'hui encore, dans certaines régions d'Asie, on se débarrasse des bébés filles, pour ne garder que les garçons. Cet abandon, ou même ce meurtre, des «nouvelles-nées», l'avez-vous aussi constaté dans des sociétés archaïques ?

— Cette pratique a certainement toujours existé, mais, fort heureusement, les sociétés que j'ai observées m'ont appris que cela n'était pas vrai partout. Le problème s'est souvent posé pour les jumeaux hétérozygotes des deux sexes, dont certaines cultures pensaient qu'ils étaient des êtres dangereux. On éliminait alors l'un d'entre eux, et donc plutôt la fille. Cependant, même dans les sociétés où les petites filles sont bien accueillies, la discrimination sévit. La condescendance, les brimades, la certitude masculine que même un homme qui n'a rien réalisé vaut plus qu'une femme, fût-elle remarquable : dès l'enfance, tout cela détruit et tue, au moins au niveau de l'esprit, ce qui n'est pas rien. Mais bien sûr la discrimination va ensuite au-delà : il y a les violences physiques et même, vous le disiez, le meurtre. Subies par une femme, et infligées par un homme «ayant autorité», ces exactions ont toujours été considérées avec une certaine indulgence, quand elles n'étaient pas carrément légitimées.

— Même dans les sociétés primitives ?

– Même parmi les sociétés de chasseurs-collecteurs proches du paléolithique, qui survivent aujourd'hui. Certes, j'évoquais les Bushmen, dans le désert du Kalahari, où le rapport masculin/féminin est empreint de douceur. C'est aussi le cas chez les Pygmées. Mais dans d'autres groupes – je pense notamment à des sociétés de Terre de Feu, ou à certaines sociétés indiennes de pêcheurs – la domination des hommes sur les femmes a pu être d'une très grande brutalité. Pour moi, il est évident que les violences ont toujours existé, mais certainement avec de larges variations. D'ailleurs, on observe des différences à l'intérieur d'une même culture, où certaines femmes peuvent jouir d'un statut exceptionnel, mais cela ne signifie nullement que l'égalité règne entre les sexes. Dans notre histoire occidentale, Michelle Perrot évoquera certainement Christine de Suède, Élisabeth Ire d'Angleterre, ou Catherine II de Russie...

– *Véritables «femmes à cœur d'homme»...*

– Valorisées non en tant que femmes, mais parce qu'elles occupaient la place d'un homme, et se trouvaient aussi favorisées par la naissance et la fortune. On ne peut se fonder sur ce type d'exceptions pour prétendre que si les autres femmes ne parviennent pas à un tel statut, c'est dû à leur infériorité naturelle.

– *Continuons à examiner les violences traditionnellement subies par les femmes... D'après ce que vous ont appris les sociétés archaïques, pensez-vous que nos grand-mères du paléolithique étaient déjà exposées au harcèlement sexuel, ou au viol, sur leur «lieu de travail»? Après tout, la cueillette dans les sous-bois était peut-être aussi dangereuse que la ferme, l'usine ou le bureau!*

– Les femmes soumises à ce type de harcèlement sont, de tout temps, les femmes dénuées de protection masculine.

Toujours selon le principe traditionnel : une femme qui n'est pas protégée par un homme appartient à tous. Or ce genre de situation est rarissime dans les sociétés anciennes. La protection des hommes s'étend sur toutes les femmes du lignage : même une fille orpheline de père a des oncles, des frères, des cousins. Elle est la propriété du lignage, elle sera échangée contre des femmes d'un autre lignage, les hommes veillent sur elle. S'ils veulent avoir des épouses, il faut qu'ils puissent donner leurs sœurs et leurs cousines en mariage. Et dans les sociétés qui, en plus, privilégient la virginité, les filles sont extrêmement protégées.

— *La barrière, c'est toujours la protection d'un homme.*

— Oui. Une femme qui appartient à un homme, on sait que, si elle est violée, elle sera peut-être vengée.

— *À moins qu'on ne la considère comme coupable...*

— C'est hélas vrai. Ses protecteurs peuvent aussi se retourner contre elle, l'accusant d'avoir été « provocante ». Auquel cas, elle sera punie. De tout temps il est arrivé que des femmes soient tuées par leur père, leurs frères ou leur mari, alors même qu'elles avaient été victimes d'une agression.

... *et mutile*

— *Violences verbales, violences physiques, donc, avec des variantes selon les lieux et les groupes. Qu'en est-il des mutilations sexuelles ? Ont-elles toujours existé ?*

— On trouve des mutilations sexuelles dans énormément de sociétés, et elles remontent très loin dans le temps. Personne n'a jamais pu énoncer une hypothèse valable sur le moment où ces pratiques sont apparues.

– *Quels types de mutilations sont ainsi pratiqués? On parle d'excision, d'infibulation... Ce n'est pas la même chose.*

– En effet. L'excision elle-même prend des formes variées : cela peut être des entailles sur les lèvres, l'ablation du capuchon, l'ablation complète du clitoris et celle des petites lèvres en plus. L'infibulation, c'est la forme extrême, où sont coupés non seulement le clitoris mais également les petites lèvres. Les grandes lèvres sont abrasées et cousues entre elles, on laisse juste un passage pour l'urine et le sang des règles. Au moment du mariage, la cicatrice est ouverte au poignard par l'époux. Dans certains cas, le sexe est recousu après les naissances, ou quand le mari s'absente.

– *C'est encore plus effroyable que le fameux mythe des Amazones... On songe à l'absence d'anesthésie, d'antibiotiques – beaucoup de fillettes meurent d'infection –, et, ensuite, à la cicatrisation et aux souffrances endurées par ces femmes tous les jours de leur vie... Comment justifie-t-on de telles pratiques?*

– En vous présentant le «pourquoi» de ces mutilations, je ne cherche évidemment pas à les justifier. Néanmoins, dans les sociétés qui les pratiquent, elles ne sont pas conçues comme des brimades. Elles sont sous-tendues par un discours rationnel et obéissent toujours au même type de motivations. Tout d'abord, on remarque que ces mutilations sont le fait de sociétés qui pratiquent aussi une circoncision masculine. Certes, ce n'est pas du tout la même chose. Dans la circoncision, le prépuce – un bout d'organe externe – est coupé. La douleur physique que cela provoque et la représentation que l'on s'en fait n'ont rien à voir avec l'ablation de quelque chose d'interne et de caché. Il n'empêche que les sociétés qui pratiquent les deux font l'amalgame. L'explication le plus généralement donnée, c'est qu'on enlève dans un sexe ce qui ressemble le plus à l'autre sexe. Chez la fille, on enlève la partie érectile du clitoris, et chez le garçon, le prépuce, en tant qu'il préfigure une sorte de vagin.

— La circoncision n'est-elle pas parfois perçue comme une « mise en valeur » des organes masculins ?

— Si, parfois, alors que la réciproque n'est jamais vraie : l'excision n'est pas conçue comme une mise en valeur.

— Et l'infibulation ? À quelle motivation « officielle » obéit-elle ?

— Une des explications locales serait la nécessité, dans des pays chauds et secs, de conserver l'humidité du corps féminin bien enfermée à l'intérieur, pour que les femmes soient fécondes. Toutes ces pratiques correspondent à une idéologie, une représentation du masculin et du féminin, qui attribue des qualités propres à chaque sexe. Ces systèmes de représentation sont souvent très savants, et pas nécessairement connus de l'ensemble des individus.

— Au-delà du discours savant, qui doit certainement échapper à beaucoup, n'y a-t-il pas la volonté des hommes de s'assurer l'usage exclusif du corps de leur femme ? Si les rapports sexuels lui sont douloureux, elle ne risque pas de chercher d'autres partenaires…

— C'est très marqué pour l'infibulation. Un homme peut en effet penser que sa femme se soumettra aux rapports conjugaux auxquels elle est contrainte par le mariage, mais rien de plus. Pour l'excision, c'est parfois différent. Selon moi, il ne s'agit pas d'éteindre la capacité de plaisir des femmes. En pays samo, où il existe une excision qui consiste en de petites entailles sur les lèvres, j'ai parlé avec suffisamment de femmes pour me rendre compte qu'elles avaient un vrai souci de leur vie amoureuse – déplorant, par exemple, la polygamie – et qu'elles connaissaient le plaisir.

– *Cela paraît difficile pour celles qui sont privées de clitoris…*

– C'est vrai, mais aucune étude sérieuse n'a été menée sur le sujet.

– *Tout de même – j'insiste –, est-ce que cela ne montre pas que les hommes ont du mal à «faire avec» le clitoris? Une femme «bien», n'est-ce pas une femme qui n'éprouve pas de plaisir, ou alors seulement dans l'acte qui satisfait les hommes : la pénétration? Et cet organe supplémentaire, qui ne sert à rien dans la reproduction, ne les gêne-t-il pas?*

– Oui, cet organe, quand il existe de façon visible, est considéré comme gênant, parce qu'il représente une forme masculine dans la forme féminine. Mais aller jusqu'à dire qu'il s'agit de supprimer le plaisir féminin, c'est voir les choses à l'aune de notre siècle.

– *Peut-être représente-t-il aussi la possibilité, pour les femmes, du plaisir séparé de la procréation, et donc une liberté dangereuse… Pourquoi les mères veillent-elles à la soumission de leurs filles, en leur imposant l'excision et l'infibulation?*

– Dans les sociétés concernées, les hommes disent toujours : «Nous n'avons rien à voir là-dedans, ce sont les femmes qui le font.» Et c'est vrai pour la pratique. Mais cela veut aussi dire qu'ils refusent d'admettre que cela est fait parce qu'ils l'exigent. Les mères qui font pratiquer l'excision sur leurs filles n'ont pas pour but de les faire souffrir, mais de leur assurer un bon destin matrimonial. Elles savent que, si elles ne sont pas excisées, les hommes n'en veulent pas. Une fille non excisée n'est pas «propre», elle ne trouvera pas de mari, elle risque de sombrer dans la prostitution. En tout cas, elle sera exclue. Donc, dans la réalité, les hommes imposent l'excision, mais en s'en lavant les mains. Nous voyons à nouveau là la prééminence du masculin sur le féminin, puisque cette pratique a bien pour but la satisfaction des hommes.

– Ouvrons une brève parenthèse sur notre monde actuel, où les mutilations sexuelles ont toujours cours : pensez-vous que, dans ce domaine, le «droit d'ingérence» soit légitime ?

– Je crois que le droit d'ingérence correspond à une vision des droits de l'homme et, dans ce cas précis, des droits des femmes. Quand des Occidentales ont protesté contre l'excision ou l'infibulation, cela a toujours été mal pris par les femmes africaines. «Ne vous en mêlez pas, disaient-elles, c'est notre affaire, notre culture.» Longtemps après, on s'aperçoit que ces femmes tiennent un autre discours : «Nous ne pouvions pas faire autrement que de repousser votre aide, mais en fait vous nous avez rendu service, car vous nous avez aidées à faire prendre conscience aux hommes de nos pays et à nos gouvernements de la réalité du problème.»

– L'argument «c'est notre culture» ne vous semble donc pas recevable ?

– Non, car on ne se trouve jamais face à des cultures et des valeurs autonomes, c'est-à-dire qui seraient spécifiques, reconnaissables, et distinctes d'autres cultures. Nous nous trouvons face à une seule et constante réponse à une même question : «Les femmes sont-elles les égales des hommes ?» Et la réponse est toujours «non». Cette réponse est unanime, qu'il s'agisse de sociétés européennes, asiatiques, africaines, indonésiennes, etc. Le problème n'est donc pas celui de cultures différentes, mais de l'égalité entre hommes et femmes. En Occident, nous sommes arrivés à l'idée d'une égalité entre les sexes après le XVIIIe siècle, et cette égalité n'est pas complètement réalisée. Nous avons accompli un long cheminement de la raison, et nous devons le proposer à d'autres sociétés, comme une marque de confiance dans leur capacité à faire elles aussi ce parcours.

Non, le « plus vieux métier du monde » n'est pas un métier !

— *Fermons la parenthèse sur le monde actuel et revenons sur les violences subies par les femmes dès les temps anciens. La prostitution a-t-elle toujours été considérée comme un destin inévitable pour certaines femmes, au point d'être désignée comme le « plus vieux métier du monde » ?*

— D'abord, je récuse cette expression de « plus vieux métier du monde » ! Ce n'est pas un métier. Si c'était un métier, il figurerait dans les possibilités que l'on présente aux enfants. Dans notre société moderne, il n'est pas possible de dire à sa fille : « Tu peux être PDG, secrétaire, hôtesse de l'air, prostituée. » Aucune société n'a jamais envisagé la prostitution comme un choix parmi d'autres. Toutefois, dans certains cas, elle a pu être considérée non comme un métier, mais comme un statut. À Byzance, quand une femme prostituée, qui vivait dans les quartiers réservés, mettait au monde un enfant, si c'était une fille, elle était vouée à la prostitution. Et si c'était un garçon, on le tuait.

— *Des garçons victimes de leur sexe !*

— Dans les bains-douches des bordels de Byzance, on a retrouvé des centaines de squelettes de nouveau-nés garçons qu'on avait envoyés dans les canalisations. Les filles étaient préservées, car on leur apprenait très tôt à être prostituées. Dès l'âge de 9 ou 10 ans, elles relayaient leur mère. Dans ce contexte particulier, l'infanticide des garçons démontre à nouveau, mais *a contrario*, la domination masculine. Les hommes voulaient des prostituées femmes : c'est donc encore au service de la libido masculine qu'on en venait à supprimer les bébés garçons !

— Non un métier, donc, mais un statut... Est-ce pour autant le « plus vieux » ? La prostitution a-t-elle toujours existé ?

— On n'a pas de données qui nous permettent absolument d'en juger, mais, pour ma part, je ne le pense pas. Dans la vie des hommes préhistoriques, la sexualité pouvait peut-être se réaliser librement, à n'importe quel moment, quand l'envie prenait le partenaire mâle, pourvu que les partenaires soient licites, un peu comme on le voit dans *La Guerre du feu*. L'exemple de tous les groupes de chasseurs-collecteurs que les ethnologues ont étudiés nous montre que, dans ces sociétés, la prostitution – avec un paiement, et des femmes réservées à cela – n'existe pas. Chez les agriculteurs africains samo, j'ai aussi trouvé un statut tout à fait particulier : celui des femmes « sauvages ». Elles vivent de manière indépendante, comme des hommes, elles peuvent avoir des partenaires sexuels de passage, mais ce ne sont pas des prostituées, elles n'acceptent pas de paiement pour services sexuels.

— Pourquoi sont-elles « sauvages » ?

— Parce qu'elles n'ont pas de mari pour les domestiquer. Ce qui ne veut pas dire qu'elles n'en ont jamais eu. Chez les Samo, toute jeune fille est un jour mariée, même si elle est disgraciée par la nature ou par la maladie. Devenues veuves (souvent à cause d'une grande différence d'âge entre les conjoints) ou après une séparation acceptée, certaines refusent de retourner sous le contrôle du père ou du frère. Elles se retrouvent libres, donc sauvages. Elles gagnent leur vie, et sont libres aussi dans leur sexualité. Si elles mettent des enfants au monde, elles les attribuent à un amant, et non à un mari qui aurait des droits sur elles.

— *Donc, chez les Samo, ou dans d'autres sociétés primitives qui ressemblent à celles de nos ancêtres, on trouve des exemples de liberté sexuelle, mais pas de prostitution ?*

— Tout à fait. Les sociétés de chasseurs-collecteurs sont constituées en groupes de petite taille, qui vivent en prélevant sur la nature. Or je pense que la prostitution ne peut commencer qu'avec l'existence d'une masse monétaire, et des systèmes de production plus organisés.

— *S'il en est ainsi, à partir de quelle période trouve-t-on des traces avérées de prostitution ?*

— Dans des papyrus égyptiens, qui concernent les chantiers de construction des pyramides. On y mentionne des tavernes où les ouvriers trouvaient des «filles de joie». Les textes d'alors s'expriment comme aujourd'hui : on disait «filles de joie», «filles de réconfort», «filles publiques». La joie et le réconfort étaient évidemment pour les hommes, et ces femmes devaient les leur apporter contre paiement. Mais l'Égypte était une société très hiérarchisée, avec des ouvriers au service du pharaon, éloignés de leurs familles, et donc de leurs épouses. À partir du moment où existaient à la fois l'État, le commerce, des formes d'artisanat et d'industrie, des collectivités plus amples, un début de vie urbaine, je pense que tout était en place pour que la prostitution se développe.

— Comment commence-t-elle ?

— Elle commence avec le paiement. Bien sûr, dans des relations de désir normales, on peut offrir à une femme de la nourriture, des bijoux, des biens de toute sorte. Mais, dans la prostitution, l'acte sexuel n'aurait pas lieu s'il n'y avait pas le paiement.

— D'où vient l'idée du paiement pour obtenir un service sexuel ? Les hommes du paléolithique, eux, n'offraient certainement aucune compensation matérielle quand ils s'emparaient à l'improviste d'une femme du groupe...

— Je pense que le paiement correspond à l'abâtardissement d'un usage très ancien : le dol. Lorsqu'il y avait eu rapt et viol d'une fille, un paiement était dû aux hommes de sa famille. Le préjudice était fait non à la fille, mais bien à sa famille, car la fille avait perdu une partie importante de sa valeur en tant qu'objet d'échange. Il s'agit toujours de l'échange originel, signe de la domination masculine : les filles sont considérées comme une valeur, que les hommes échangent entre eux, afin de pouvoir se reproduire à l'identique et avoir des fils.

— Donc, s'il y a eu rapt et viol, quelque chose est pris à un homme, père ou frère de la fille concernée ?

— Oui, et le préjudice doit être compensé, souvent selon des règles très précises. Il s'agissait en général de compensations en argent, également établies pour d'autres sortes de préjudice : crever un œil à quelqu'un, cela valait tant, couper un doigt, cela valait tant... Ces coutumes sont attestées dans le monde barbare germain à l'époque de César, et elles existaient bien avant. C'est un des fondements du droit : le paiement arrête la plainte, empêche la guerre ou la vengeance. On recherche une manière pacifique de régler les conflits, et c'est un principe civilisateur.

— *Je suppose que, en cas de viol, la compensation du préjudice était reçue par les hommes de la famille, et non par la femme elle-même. Comment est-on passé du dol à la prostitution ?*

— Je pense que parfois, pour des raisons particulières – les hommes étaient absents, une fille était perdue en brousse, c'était une période de guerre… –, le paiement a été versé à la fille. Et c'était une manière de lui signifier : «Tu ne peux plus te plaindre.» Ensuite, on en prend l'habitude : on viole une fille, on la paie, et la prostitution commence. Mais cela ne peut se produire que dans un contexte de civilisation, avec une vie plutôt urbaine, des chefs, un pouvoir étatique. Les sociétés où se pratique couramment la prostitution sont celles – comme la nôtre – qui ne remettent jamais en question la licéité de la pulsion masculine ni le droit des hommes à disposer de corps de femmes pour la satisfaire. Il faut qu'on se rende compte que c'est un tort immense fait aux femmes !

— *Pour commencer, la réciproque n'est pas vraie. La libido féminine n'a jamais été reconnue comme toujours licite ou irrépressible.*

— Même aujourd'hui, une femme qui recherche un peu trop les hommes est facilement traitée de nymphomane, ou pire ! Une femme mariée qui fréquenterait des prostitués hommes choquerait. Tout comme une femme qui aborderait un inconnu en lui disant : «Tu me plais bien, si tu veux, je te paierai»!

— *On affirme volontiers que la libido féminine est plus facile à contrôler.*

— Qui nous dit cela ? Des hommes. Mais personne ne l'a jamais prouvé. Par contre, on a toujours appris aux filles à canaliser leurs désirs, à les masquer. Tandis que chez les garçons ils sont vantés, valorisés. Il y a d'ailleurs une grande contradiction à évoquer la «nature des femmes» – qu'il faudrait mater, dresser, alors que les hommes seraient rationnels, maîtres de soi – et en même temps à affirmer que la «nature des hommes» ne devrait pas, et ne pourrait pas, être contrôlée. Quant aux hommes qui seraient esseulés, ou disgraciés par la nature, il faudrait des sœurs de charité d'un genre un peu spécial pour soulager leur détresse. Et les femmes esseulées ou disgraciées? L'idée qu'une femme vieille, handicapée, seule, puisse avoir des besoins sexuels est ignorée; pire encore, on s'en moque. À l'égard du viol tout comme de la prostitution, nous n'avons toujours pas les barrières mentales et sociales qui conviennent (la reconnaissance du viol comme crime commis contre une femme, et non contre son mari ou son père, est d'ailleurs très récente).

— Dans les temps anciens, les femmes n'ont jamais choisi librement de vendre leur corps?

— Dire que les femmes ont le droit de se vendre, c'est masquer que les hommes ont le droit de les acheter. Avec le paiement, l'homme est libéré de toute obligation ou culpabilité, et la femme est asservie. Raisonner ainsi, c'est oublier également le rôle – lui aussi très ancien – des proxénètes. C'est oublier qu'une femme qui serait entrée librement dans cette activité se trouve ensuite contrainte de continuer, toutes les portes lui sont fermées. C'est oublier les menaces, la violence, les crimes dont les prostituées ont toujours été victimes. Aucune femme n'a jamais rêvé d'être prostituée toute sa vie, et ce statut n'a rien d'inévitable.

Un petit espace de liberté

— Dans les communautés archaïques, y avait-il d'autres moyens d'accès, pour les hommes, au corps de femmes qui n'étaient pas leurs épouses légitimes ?

— Il existe bien peu de sociétés rigoristes au point de n'admettre que le mariage dans la monogamie et la fidélité *ad vitam aeternam* ! C'est vrai, les systèmes archaïques ne sont pas toujours sympathiques : quelques sociétés pratiquent le viol comme une méthode normale pour « dresser » les femmes, leur apprendre l'obéissance. Mais, heureusement, j'ai vu bien d'autres coutumes qui permettent aux jeunes gens et aux jeunes filles d'assouvir leurs désirs de manière consentie et pacifique.

— Par exemple ?

— Chez les Samo – ceux des femmes sauvages ! –, mais aussi dans de nombreuses autres sociétés de l'Ouest africain, existe une possibilité d'union préconjugale. Certes, la fille est promise en mariage, sans qu'elle ait son mot à dire, et souvent dès sa naissance, à un homme déjà adulte, ou au moins adolescent, mais elle continue à vivre dans sa famille d'origine. On attend qu'elle soit pubère et que son père accomplisse ce qu'on appelle le « sacrifice de puberté ». Avant, il est hors de question qu'elle ait des rapports sexuels. Le père peut d'ailleurs ne pas faire ce sacrifice dès sa puberté, et attendre plus longtemps. C'est à sa volonté. Quand le sacrifice a eu lieu, la fille peut se marier. Mais au lieu d'être donnée tout de suite à l'époux légitime – qui, entre-temps, a travaillé pour le père, lui a offert des cadeaux – elle choisit un amant prénuptial, qui n'appartient ni à sa famille ni à celle de son mari. Elle continue à habiter chez son père et, chaque nuit, ce garçon vient la retrouver. Cela dure deux ou trois ans. Quand elle a eu un premier enfant, la jeune femme rejoint alors son mari légitime.

— Quel est le sens de cette coutume ?

— Elle a un caractère religieux. Chez les Samo, les prémices — prémices sexuelles, mais aussi prémices de la fécondité — ne sont pas détenues par un lignage. L'enfant premier-né est de ces prémices, proche de la terre et des dieux. Il est dans la société des hommes, mais reste marqué du sceau du sacré, comme un cadeau des dieux.

— Dans la pratique, cela permet une certaine liberté.

— Les femmes connaissent ainsi une gratification amoureuse et sexuelle avant d'être néanmoins livrées en mariage à un homme beaucoup plus âgé, qu'elles n'ont pas choisi et qui sera le père légitime de tous leurs enfants, y compris de leur premier-né. Quant aux hommes, ils peuvent être choisis comme amant prénuptial par plusieurs jeunes filles, même s'ils sont déjà mariés. Puisqu'ils ne peuvent pas toucher leurs épouses pendant toute la période de l'allaitement, c'est pour eux une grande chance !

— Mais, pour les femmes, ce n'est pas l'égalité.

— Non. Il existe, parmi les sociétés primitives, beaucoup d'autres modèles, mais aucun ne reconnaît l'égalité entre les hommes et les femmes.

CHAPITRE 3

Aux origines du monde occidental

Platon et la virilité du grand fauve

Nicole Bacharan : *Ces rapports entre les sexes, de type archaïque, se sont évidemment prolongés dans notre histoire. À l'origine de la pensée occidentale, nous trouvons les philosophes grecs, et particulièrement Platon, disciple de Socrate. Platon a-t-il perçu la valence différentielle des sexes, qui régnait aussi à son époque ? Lui semblait-elle une anomalie ?*

Françoise Héritier : Platon a été pris dans la même contradiction que tant de philosophes qui l'ont suivi : il a envisagé l'égalité des deux sexes, de façon théorique et abstraite, mais sans échapper à la contrainte des systèmes de pensée de son temps. Même avec toutes les vertus de la réflexion, on reste à l'intérieur de son monde et de son époque, à tel point qu'on ne voit pas les points d'aveuglement qui vont avec. Nous avons tous des points d'aveuglement, c'est inévitable. D'ailleurs, les rares esprits qui, au nom de la raison, ont défendu des points de vue tout à fait contraires au discours dominant de leur temps n'ont en général pas été entendus, en dépit de la logique de leurs arguments.

— *Platon, cependant, a bien affirmé l'égalité des sexes ?*

— Oui, il affirmait qu'il n'y avait pas de raison logique de penser les femmes inférieures. Je crois cependant que pour lui, comme pour d'autres philosophes, persistait toujours une petite distinction entre l'idée abstraite de l'égalité entre les sexes et le rapport réel des personnes et des corps sexués. Ce qui me frappe le plus chez Platon, c'est que l'égalité entre les sexes telle qu'il la conçoit ne vaut que pour les femmes d'une certaine condition sociale. Seules en bénéficient les femmes qui font partie de la citoyenneté, nées de parents grecs et citoyens.

— *Et les autres : les femmes du peuple, les paysannes, les esclaves ?*

— Pour elles, pas question d'égalité avec les hommes. Platon ne sort pas du dilemme entre sa vision citoyenne (qu'il appelle « démocratie », mais qui relève en fait d'un gouvernement par une aristocratie, constituée par ce groupe privilégié nommé « citoyens ») et sa réflexion, qui le mène vers une vision vraiment égalitaire des hommes et des femmes.

— *Comment Platon envisageait-il la réalisation de cette égalité, même en la restreignant au groupe des hommes et des femmes citoyens ?*

— Il la voyait dans le cadre d'une séparation des sexes. Pour lui, les femmes étaient égales, mais différentes. Elles ne devaient pas partager les fonctions des hommes, mais accéder à des fonctions parallèles, dans le monde des femmes. Platon imaginait par exemple des banquets féminins, où les femmes se retrouveraient entre elles pour se divertir et philosopher. Je ne sais pas si ce double des fonctions masculines par des fonctions féminines a jamais existé dans la Cité grecque. Mais Platon le prévoit.

— *Et cependant vous soulignez que Platon reste prisonnier des systèmes de pensée de son temps. De quelle manière ?*

– On est frappé par la résurgence, dans ses textes, de façons de penser qui entérinent une différence entre masculin et féminin, toujours dans le sens d'une supériorité du masculin. Par exemple, Platon envisage la possibilité pour les esprits des défunts de se réincarner sous une forme animale, ainsi que la possibilité, pour certains animaux, de revenir sous une forme humaine. Ainsi, un lion mâle, particulièrement courageux, peut revenir dans un corps d'homme. Mais un homme qui n'a pas été courageux dans sa vie, et qui ne mérite donc pas le nom d'homme, peut, après sa mort, se retrouver dans un corps de femme.

– *Ce qui est moins bien…*

– Nettement moins bien ! Il est ainsi puni de son manque de virilité. Pour Platon, les animaux sont inférieurs aux humains, mais les qualités du fauve – majestueux, intrépide, féroce – sont en quelque sorte des qualités «viriles». Elles permettent à l'animal de devenir homme. Cela concerne toutefois certains animaux seulement, et non tous les animaux mâles de toutes les espèces.

– *Je suppose que cela ne concerne pas les lapins !*

– Les meilleurs des lapins devraient certainement d'abord passer par le purgatoire d'un corps de femme avant d'espérer devenir hommes ! Platon voit une proximité immédiate entre la virilité du fauve et la virilité de l'homme, une proximité plus grande que celle qui existe entre l'homme et la femme. Ce qui me fait penser que Platon restait pris au piège de sa propre culture. De même, le fait qu'il voit dans le sperme le vecteur de toutes les qualités qui font l'humain : la vie, la forme, la spiritualité… En somme, par réflexion, il reconnaissait aux femmes le droit à l'égalité, mais il ne pouvait aller plus loin que de le reconnaître à celles qui représentaient le *nec plus ultra* de la société, selon un idéal porté par les hommes : c'est-à-dire aux filles, épouses et mères de citoyens.

La cuisson d'Aristote

— *L'idée du sperme vecteur de toutes les qualités humaines a été reprise par Aristote, élève de Platon et l'un des fondateurs essentiels de notre pensée occidentale.*

— Oui, dans l'ouvrage *De la génération des animaux*, on trouve des passages cruciaux sur cette question. Aristote se doit d'expliquer la situation telle qu'elle lui apparaît : une situation d'asservissement des femmes au domestique et à la fonction de mère. Et il l'explique à travers un montage philosophique complexe, mais qui n'est rien d'autre que la rationalisation, en langage savant, des croyances de son temps. Il commence par envisager les leçons des auteurs qui l'ont précédé, et qui lui paraissent assez ridicules. L'un pensait que, selon que la femme portait le fœtus plutôt à droite ou plutôt à gauche, elle aurait une fille ou un garçon. Un autre affirmait que le sexe de l'enfant était déterminé par la provenance du sperme : du testicule droit, le plus chaud, un garçon était conçu, mais du testicule gauche, moins chaud, une fille allait venir.

— *Comment Aristote se dégage-t-il de cette pensée ? Il ne dispose pas d'un savoir scientifique plus avancé.*

— En effet. Et la pensée philosophique d'Aristote, pourtant si raffinée, reprend *de facto* le chemin emprunté par toutes les sociétés primitives. Il se fonde sur des constats d'évidence, qui sont les mêmes depuis la nuit des temps. Pour lui, le sang est primordial, parce que porteur de chaleur et de vie. Comme nos ancêtres, il établit une chaîne entre vie, chaleur, mobilité et sang ; et une chaîne inverse entre écoulement du sang, immobilité, froideur, et mort. Aristote explique que le sang, présent évidemment dès la naissance, se constitue la vie durant, par l'alimentation, grâce à un processus de «cuisson» : la digestion. Elle permet d'obtenir du sang, et, bien sûr, cela vaut pour les hommes et les femmes. Mais les hommes sont dotés d'un pouvoir de chaleur supplémentaire, parce qu'ils ne perdent pas leur sang au moment des règles. Ce pouvoir de chaleur supplémentaire – qui fait que l'homme est chaud et sec, et la femme froide et humide – leur permet d'opérer une seconde cuisson, qu'Aristote nomme «coction» : ils cuisent le sang. Cette coction interne aboutit à la version totalement épurée du sang : le sperme. La femme, elle, ne peut parvenir à cette coction, et réussit tout juste à transformer le sang en lait.

– *Ce n'est pas si mal...*

– Oui, mais Aristote ne se limite pas à constater la différence des fluides, il les hiérarchise, de manière à justifier l'ordre social. La chaîne nourriture-sang-sperme est supérieure à la chaîne nourriture-sang-lait. Selon Aristote, le sperme est parfait, d'une pureté telle qu'il est presque volatil. Il ne pourrit pas et, comme l'eau qui s'évapore entièrement, il ne laisse pas de résidu. Dans la semence se trouve le *pneuma*, l'origine de la vie. Le *pneuma* est souffle et puissance, et permet de transférer la vie dans le corps de la femme.

– *La femme, comme toujours, n'est qu'un réceptacle ?*

– C'est surtout une matière proliférante, anarchique, qui a besoin d'être domptée et régulée par le *pneuma* pour qu'elle produise un enfant qui ressemble à son espèce. Par des rapports sexuels réitérés pendant la grossesse, l'homme nourrit le fœtus, il le modèle, lui donne forme humaine. S'il ne le faisait pas, la femme risquerait de produire n'importe quoi.

— *Par exemple ?*

— Aristote donne plusieurs « preuves » de la monstruosité due à la matière féminine qui prolifère toute seule. La première, c'est la naissance d'une fille. Si le sperme du père était assez fort, et que cette force fût présente dans les trois puissances qui caractérisent le masculin, il n'y aurait que des garçons.

— *Les trois puissances ?*

— La première est une puissance générique (celle de l'homme en général), la deuxième une puissance individuelle (celle de cet homme-ci, à ce moment-ci de sa vie) et la troisième une puissance qui tient aux circonstances de l'acte sexuel. Dans le cas idéal, si ces trois puissances masculines dominent, la femme mettra au monde un garçon qui ressemble à son père. Si la puissance générique fait défaut, ce sera une fille. Mais si la puissance individuelle de l'homme a été importante, cette fille pourra tout de même ressembler à son père. Le pire, c'est quand les trois puissances font défaut en même temps : pour la troisième, un homme âgé, ou très jeune, qui a des rapports sexuels par une nuit froide, dans une région venteuse, après avoir mangé des laitages…

— *Évidemment, s'il faisait chaud et qu'il avait mangé du gibier…*

— Il pourrait encore espérer avoir un garçon. Mais si les trois puissances font défaut, la femme mettra au monde une fille qui ressemblera à sa grand-mère maternelle : une situation vue alors comme vraiment horrifique ! Cependant, rappelle

Aristote, les filles sont nécessaires, donc il faut bien que, de temps en temps, le féminin l'emporte.

— *Mais la naissance d'une fille reste bien, selon Aristote, la première «preuve» de la monstruosité de la matière féminine?*

— Oui. Si on les laissait faire, les femmes se reproduiraient à l'identique, elles n'auraient que des filles. La deuxième preuve de monstruosité, ce sont les naissances gémellaires. Nous sommes une espèce unipare, et les naissances multiples sont l'exception. Par contre, on trouve les espèces multipares chez les animaux: Aristote cite le cochon, qui met au monde une dizaine de petits (il ne pense pas à la vache, qui ne fait qu'un seul petit, mais il en voyait probablement peu). Il conclut donc qu'une femme qui porte plusieurs enfants se rapproche du modèle animal. Enfin, troisième preuve: les enfants anormaux. Ils ont quelque chose en plus ou en moins: quatre doigts ou bien six, sans compter toutes les anomalies congénitales qui devaient être les mêmes qu'aujourd'hui. Enfin, preuve supplémentaire, s'il en fallait: la naissance d'enfants en lesquels la forme humaine ne se reconnaît même pas, ceux qu'on appelait des «monstres». Jusqu'au siècle dernier, on a constitué des collections d'enfants monstrueux, dont on conservait les petits cadavres dans des bocaux, en les classant: ressemblant plutôt à un mouton, plutôt à un chien... Aristote pensait donc que si le *pneuma* ne contrôlait pas les femmes elles pouvaient mettre au monde des monstres, proches du règne animal, et non des enfants des hommes. L'excès de féminin, c'est le monstre!

— *Charmant... Pourtant, en reprenant et en développant des modes de pensée anciens, Aristote aura une influence déterminante sur notre monde occidental.*

— Il construit un modèle complet et rationnel de la génération, dans lequel le corps des femmes est présenté comme l'envers du corps des hommes (un «gant retourné»), uniquement fait pour recevoir le corps masculin. Toutes les valeurs positives sont associées à la puissance fécondante du sperme. Ce modèle sera repris souvent, jusqu'au XIXe siècle, par des auteurs médicaux (comme Galien) et on en trouve des traces même aujourd'hui. Ne dit-on pas d'un homme qu'il a un enfant «de son sang» – sang bleu ou non? Et que dire de la fameuse petite graine déposée dans le ventre de la mère? En fait, Aristote a cru trouver, dans les différences biologiques évidentes, la preuve d'une nature éternelle de l'homme et de la femme. En réalité, il décrivait simplement l'ordre cognitif et social de son temps.

De mères en filles...

— Et l'ordre social se perpétue... De génération en génération, les mères apprennent leur rôle de femme à leurs filles, qui transmettront cette soumission à leurs propres filles.

— Tout le système est fondé sur l'intériorisation par les femmes de leur infériorité. Dans toutes les sociétés anciennes, les femmes sont appréciées en tant que mères, et surtout en tant que mères de fils. Si elles n'ont que des filles, bien souvent on considère qu'elles n'ont même pas d'enfant. La mère d'un fils est toujours dans une position supérieure à la mère d'une fille. Les maris attendent des fils. De nos jours encore, même des femmes très affirmées, «libérées», souhaitent devenir mères de garçons plutôt que de filles. Cette intériorisation par les femmes de ce que l'on attend d'elles nous vient de la nuit des temps, et elle est toujours transmise, très tôt, aux enfants.

— *De quelle manière ?*

— Par exemple, les petites filles sont «dressées» à être sages, à ne pas se battre, à préserver la paix. On leur transmet en général une image totalement lénifiante du féminin, on discrédite le goût de la bagarre, une certaine violence normale des enfants, que l'on laisse aux seuls garçons. Une fille doit céder, apaiser et se soumettre, un garçon doit s'affirmer et se battre. Pourtant, les filles aussi ont envie de se battre si on les laisse faire !

— *Les femmes peuvent être violentes ?*

— Bien sûr ! Même si les hormones – et particulièrement la testostérone – jouent leur rôle, aucun des deux sexes n'a l'exclusivité de la violence. Mais la violence est considérée comme contraire au féminin, ou comme la face sombre du féminin, l'expression de la nature animale des femmes quand elles ne sont pas maîtrisées par l'autorité masculine. Les femmes seraient «par nature» douces, compatissantes, passives. Et en même temps elles sont supposées incarner la sexualité sauvage, sans frein, qui dévore les hommes et échappe au rationnel.

— *La violence des hommes, elle, est supposée rationnelle ?*

— Elle est légitime, elle fait partie des qualités masculines ! Nous restons toujours dans la même contradiction : les hommes, nous dit-on, sont rationnels, il est donc bon qu'ils matent et domptent les femmes, mais les pulsions masculines – violence et surtout pulsion sexuelle – ne peuvent être contrôlées et doivent même être satisfaites sur-le-champ.

— *Vous nous avez permis de fouiller dans la tête de nos ancêtres pour retrouver comment « tout a commencé ». Vous décrivez ce système universel, perpétué de génération en génération… Y a-t-il moyen d'en sortir?*

— Passons directement du paléolithique au monde d'aujourd'hui. Je crois que des rapports nouveaux peuvent naître entre les hommes et les femmes pour deux raisons. D'abord, grâce au droit à la contraception, qui est un levier essentiel. Je ne parle pas seulement du fait technique, médical. Non, je parle de l'inscription de ce droit dans la loi. Ce droit reconnaît aux femmes le statut de personnes, libres de disposer de leur corps. La contraception ruine le pouvoir des hommes sur les femmes – c'est pourquoi, dans beaucoup de sociétés, elle paraît inacceptable.

— *Les pères ne peuvent plus « donner » leurs filles en mariage, les hommes ne peuvent plus échanger les femmes entre eux pour avoir des fils, puisque les femmes décident elles-mêmes si elles veulent des enfants, combien, avec qui…*

— Oui. Mais pour que ce levier atteigne le monde entier, il faudra du temps. Et une grande vigilance pour que, là où il existe, ce droit ne soit pas repris.

— *Quelle seconde raison vous semble à même de faire naître des rapports nouveaux entre hommes et femmes?*

— La connaissance scientifique des mécanismes de la procréation et de l'hérédité. Il a fallu des millénaires pour construire le modèle archaïque dominant, dont nous voyons la présence même dans nos sociétés, et ce modèle venait des constatations empiriques de nos ancêtres. Les constatations scientifiques nouvelles nous permettent de savoir que l'homme ne met pas une petite graine dans le ventre de la femme, que la femme n'est pas un réceptacle où pousse l'enfant déposé par l'homme. Un enfant est le résultat de la rencontre de deux gamètes : un ovule et un spermatozoïde. L'homme et la femme apportent chacun un patrimoine génétique dont la répartition se fait de manière aléatoire. Ces constatations datent de la fin du XVIIIᵉ siècle, la connaissance plus profonde des systèmes chromosomiques et des transmissions génétiques s'est développée au XXᵉ siècle. Il faut beaucoup de temps pour qu'un système abstrait de connaissances devienne un système concret de représentation du réel. Mais, oui, je crois que le droit à la contraception et les connaissances scientifiques peuvent changer notre manière de voir le monde, à condition qu'hommes et femmes veuillent bien œuvrer par des actions concrètes et politiques, toujours dans ce même sens.

Deux mille ans dans la vie d'une femme

CHAPITRE 4

L'ordre intime

C'est une fille… hélas!

Nicole Bacharan : *Françoise Héritier a posé les constantes – évidences naturelles ou préjugés enracinés – qui encadrent le destin des femmes depuis la nuit des temps, dès le commencement de l'humanité. Avec vous, nous allons progresser dans notre histoire occidentale, en observant comment chaque étape d'une vie de femme, de la naissance à la mort, a été vécue et a évolué selon les différentes époques. Au commencement, donc, est le bébé fille… J'imagine que son statut a beaucoup évolué au fil du temps.*

Michelle Perrot : Jadis, dans l'Antiquité gréco-romaine, le bébé n'était pas une personne. En l'absence de contrôle des naissances, il y avait alors dans les familles un foisonnement de nouveau-nés, dont beaucoup mouraient en bas âge. L'attachement maternel n'était probablement pas celui que nous connaissons aujourd'hui. On sait que des figures antiques de mères ont pleuré la mort de leurs enfants, mais jamais celle de leurs bébés. Cependant, s'il n'est pas considéré comme une personne, le nouveau-né a bien un sexe. Je dirais même : il est un sexe. Car ce n'est pas un bébé que l'on met au monde, mais une fille ou un garçon. Et ce que l'on désire, c'est un garçon. Les filles sont beaucoup moins prisées. Dans l'Antiquité comme dans les temps plus anciens évoqués par Françoise Héritier, il y a donc une inégalité fondamentale à la naissance. Bien plus que les garçons, les bébés filles risquent de dépérir, faute de soins, et sont parfois victimes d'infanticide.

– *Cela a-t-il duré longtemps?*

– Cela perdure encore aujourd'hui dans certains pays. Il existe en Inde et en Chine un tel déficit de petites filles qu'on a pu parler de génocide. En Occident, l'arrivée du christianisme a ouvert une première porte, en affirmant que «devant Dieu, il n'y a ni homme ni femme» (saint Paul). Mais cette idée d'une indifférence des sexes, au moins devant Dieu, n'a pas changé pour autant le statut de la femme dans la société. Au Moyen Âge, cependant, les filles de l'aristocratie commencent à acquérir de la valeur à la naissance, car elles servent de monnaie d'échange. Échange des femmes, échange des alliances, échange des fiefs : c'est ainsi que fonctionne la société médiévale. Le seigneur n'est donc pas mécontent d'avoir des filles, et il souhaite même ne pas avoir trop de garçons, car il est plus difficile d'assurer leur avenir.

– *Pourquoi est-ce plus difficile?*

– L'aîné des fils hérite selon le droit d'aînesse, mais comme on ne veut pas diviser la propriété les autres fils se retrouvent souvent dépourvus de terres. En revanche, les filles peuvent être mariées et procurer des alliances intéressantes à la famille. On conçoit donc des stratégies matrimoniales pour les filles dès leur naissance, et plus on est haut placé, plus on joue le jeu de la politique féodale, plus la stratégie est élaborée. Une petite fille de 2 ou 3 ans est déjà virtuellement mariée, non pas physiquement mais bien promise (dans la société grecque, on n'attendait même pas qu'elles atteignent la puberté pour que ces mariages soient effectifs). Ainsi «valorisées», les filles ne connaissent pas pour autant un sort plus heureux: elles ne disposent d'aucun choix et n'ont pas leur mot à dire. Plus tard, aux XVIIᵉ et XVIIIᵉ siècles, les bébés filles prennent encore de la valeur, car, dorénavant, les filles sont destinées au travail dès 10 ans, dans l'exploitation familiale ou comme servantes. Et quand la société commencera à s'industrialiser dans le cadre des ateliers familiaux, elles seront mises au travail très tôt, comme les petits garçons. Si le père de famille se montre toujours plus fier d'apprendre qu'il vient d'avoir un bébé garçon, il voit dorénavant la naissance d'une fille d'un autre œil.

Bébés filles, bébés garçons

— *Ce regard différent porté sur les nouveau-nés a-t-il conduit à ce que l'on traite différemment les bébés filles et les bébés garçons dans les premiers mois de leur vie?*

— Longtemps a régné une sorte d'indifférenciation sexuelle pendant les quelques années qui suivent la naissance. Petits garçons et petites filles étaient élevés ensemble, confondus. Dans les classes populaires, ils restaient auprès de la mère; dans les familles plus dotées, auprès des servantes et des nourrices. Les petits vivaient dans un monde féminin, les garçons portaient les cheveux longs et des robes. Pensez au tableau de Chardin, *La Blanchisseuse*: on y voit deux femmes, l'une qui étend le linge dans le fond, l'autre qui lave le linge dans un baquet. Près d'elle, un enfant fait des bulles de savon, il a posé sa poupée de chiffon. Il porte des culottes bouffantes, a les cheveux assez longs. Est-ce un garçon? Est-ce une fille?

Chardin a-t-il représenté une réalité qu'il observait ? L'intéressant pour nous, c'est cette indécision sexuelle.

— Une forme d'égalité de traitement chez les bébés, donc. Combien de temps cela a-t-il duré ?

— Il faudra attendre le XIXe siècle pour que l'on commence à différencier, parmi les tout-petits, entre filles et garçons. Cela viendra notamment avec le développement des « salles d'asile », des sortes de garderies, les ancêtres de nos écoles maternelles. À partir des années 1820, ces salles sont organisées par des dames philanthropes, soucieuses de la santé des classes populaires. Les artisanes, les commerçantes, mais plus encore les ouvrières qui, par nécessité financière, continuent à travailler à l'usine après la naissance de leur premier enfant (quand elles en ont plusieurs, cela devient très difficile). Les « salles d'asile » accueillent les petits à partir de 4 ans, parfois plus tôt, pour aider des familles très démunies.

— Qu'y fait-on ?

— On leur fournit quelques jouets, on leur donne à manger à midi, mais on s'en occupe peu. Le plus surprenant, c'est la disposition de ces salles : ce sont souvent des amphithéâtres où les enfants restent assis sans rien faire. Progressivement, certains adultes vont s'insurger contre cette situation : ces enfants ne peuvent quand même pas rester immobiles toute la journée, plaident-ils, il faut les occuper, organiser des jeux. Et c'est précisément par le jeu que garçons et filles, peu à peu, se différencient. Aux petites filles, on donnera des poupées ; aux petits garçons, des quilles, des soldats. Dans ces amphithéâtres, on finit par séparer les enfants en deux groupes : il y a le coin des garçons et le coin des filles. Au cours du XIXe siècle se développe une vraie réflexion sur le rôle de chaque sexe, et les éducateurs, laïques et religieux, s'efforcent de préparer les filles à leur futur rôle maternel.

L'apparition de la « petite fille »

— Pendant longtemps il n'y a eu pas de véritable enfance. À quel moment a-t-on reconnu le statut de la « petite fille » telle que nous la concevons aujourd'hui — celle qui n'est plus un bébé mais pas encore une adolescente —, avec ses jeux, son univers, sa richesse propres ?

— La petite fille émerge tardivement, et progressivement, au cours de ce même XIXe siècle. On commence alors à regarder les enfants différemment, les adultes se retournent sur leur passé, sur le temps où ils étaient enfants. La littérature joue un grand rôle dans l'épanouissement de la petite fille : Victor Hugo imagine Cosette, Lewis Carroll entraîne son Alice au pays des merveilles. George Sand dépeint la Petite Fadette et dans *Histoire de ma vie* raconte ses premiers souvenirs, quand elle prenait conscience d'elle-même, dès 4 ans ; elle se décrit avec ses parents, évoque ses poupées, ses jeux, ses désirs. La comtesse de Ségur écrit *Les Petites Filles modèles*, ouvrage destiné à de jeunes lectrices. Au même moment, la notion d'individu s'impose avec de plus en plus de force, et, bien avant Freud, on comprend que l'enfance joue un rôle important dans la construction d'une vie. Mais cela ne remet pas en cause la destinée des filles : elles sont toujours promises à leur avenir d'épouses et de mères.

— Car l'instruction ne les concerne pas. Pendant des siècles, les filles ont été formées à leur rôle familial, mais privées de l'accès au savoir.

— Oui. On *instruit* les garçons, on *éduque* les filles. Les garçons constitueront l'élite, ils doivent avoir accès au savoir intellectuel et religieux (pour les futurs clercs), au savoir militaire (les futurs soldats), au savoir professionnel (les futurs commerçants, artisans, créateurs). L'avenir des filles, lui, est tout tracé : ménagères, épouses, mères. Jusqu'à la fin du Moyen Âge, leur formation se fait au foyer, de mère en fille. Mais, peu à peu, cela suscite la méfiance des clercs comme celle des médecins. Ceux-ci redoutent la mauvaise influence des femmes, leur ignorance, leurs superstitions, et les « secrets de bonne femme » que les mères risquent de transmettre à leurs filles. Au Moyen Âge, on a peur de la sorcière, figure de femme puissante et dangereuse, très liée à ces mystérieux « savoirs du corps ». Et les clercs en concluent que l'Église ferait bien de prendre les enfants en main. D'où les « petites écoles » où les prêtres s'occupent des garçons, tandis que les religieuses se chargent des filles. Vers l'âge de 8 ou 9 ans, les filles apprennent ainsi le catéchisme et la couture. Progressivement, à partir du XVIIe siècle, elles commencent la lecture et l'écriture. La Renaissance a en effet bouleversé la société, et valorisé l'écriture. Mais il y a, à ce moment-là, une grande différence entre catholiques et protestants : chez ces derniers, il devient aussi important d'apprendre à lire aux filles qu'aux garçons.

— Les protestants veulent-ils ainsi revenir aux sources, à l'égalité de l'homme et de la femme devant Dieu dont vous parliez ?

— Sans doute. Mais surtout, selon le protestantisme, chaque individu, homme ou femme, doit pouvoir lire la Bible. On renoue ainsi avec saint Paul et l'Église primitive. La lecture des Écritures n'est pas l'affaire des clercs, même si le pasteur en est chargé à l'office du dimanche. C'est un homme marié, un père de famille comme les autres. Quand le père n'est pas là, la mère doit pouvoir ouvrir la Bible et la lire en famille.

Cette idée d'une appropriation personnelle et familiale de la lecture de la Bible est un facteur très important de l'alphabétisation des filles dans les pays protestants. La différence avec les pays catholiques deviendra vertigineuse. On dispose de statistiques qui montrent que, dès le XVIIIe siècle, l'Allemagne et la Prusse présentent une quasi-égalité entre filles et garçons quant à l'alphabétisation. C'est aussi le cas en Angleterre, aux Pays-Bas, dans les pays scandinaves. Alors que dans les pays latins et catholiques – Espagne, Portugal, Italie surtout, la France se situant là dans la moyenne – l'écart entre filles et garçons est beaucoup plus grand.

À l'écart de l'instruction

– *Dans la France catholique, on évoque pourtant des femmes lettrées – la célèbre Héloïse, les femmes imaginées par Rabelais – qui ont eu, dès leur enfance, accès au savoir. Sont-elles des exceptions, voire des aberrations ?*

– Là, la différence sociale est cruciale. Les jeunes filles de la noblesse étaient lettrées. Et même de plus en plus lettrées aux XIe, XIIe, XIIIe siècles. Dans les tableaux figurant l'Annonciation, on remarque que la Vierge fileuse fait peu à peu place à la Vierge au livre. Elle est représentée dans une chambre, dont on peut penser qu'elle est, dans l'imaginaire médiéval, le prototype de la chambre de jeune fille : une couchette, pure et sobre, et… un livre ouvert. Ainsi, la Vierge, la jeune fille modèle, lit. À ce moment-là, le mariage n'est plus l'unique destinée des femmes : si elles ne trouvent pas un bon parti dans le milieu aristocratique, elles peuvent éventuellement se réfugier au couvent. Même celles qui se marient passent quelques années dans ces couvents, qui deviennent des lieux de femmes, où l'on enseigne. Là, les filles prient, lisent, copient des manuscrits, tout comme le font les moines dans les monastères. Hildegarde de Bingen, abbesse très connue du Moyen Âge, a laissé un ouvrage, *Le Jardin des délices*, entièrement imaginé par elle-même.

— *Mais en dehors du couvent, dans la société laïque, les filles privilégiées ont-elles accès au savoir?*

— Au Moyen Âge, ce n'est guère possible. C'est la Renaissance qui va permettre cette ouverture. On voit alors des femmes qui ne passent pas par la piété et revendiquent quand même d'écrire, et d'écrire sur tout. Louise Labé compose des poèmes érotiques! Christine de Pisan, l'auteur de *La Cité des Dames*, ouvrage considéré aujourd'hui comme l'une des premières revendications «féministes», montre des femmes entre elles, dans des lieux de culture et de plaisir, voire retirées dans leur chambre pour pouvoir écrire. Au XVIIe siècle, Gabrielle Suchon, philosophe et religieuse défroquée – elle portera toute sa vie un petit voile sur la tête, comme un signe de reconnaissance –, a écrit des traités de morale et de philosophie politique de très haut niveau.

— *Mais on s'en moque, de ces femmes-là: au XVIIe siècle, Molière les qualifie de «précieuses ridicules», et elles sont cruellement raillées pour leurs prétentions intellectuelles…*

— Elles sont moquées par les personnages de Molière et dans les milieux bourgeois, où l'on pense en effet que «tout ça n'est pas pour les femmes». Mais dans la bonne société elles représentent une ardente revendication des femmes à manier le langage. Les filles de l'aristocratie sont instruites dans le droit-fil de ce qui se passait au temps de la féodalité. Les précepteurs viennent à domicile pour leur apprendre à lire et à écrire, à se former aux arts d'agrément : musique, danse, peinture. Les filles pratiquent également l'escrime et l'équitation. Ce n'est d'ailleurs qu'au XIXe siècle qu'elles seront contraintes de monter en amazone ; mais au XVIIe siècle, pendant la Fronde, la Grande Mademoiselle chevauche comme un homme.

— *Alors que dans la bourgeoisie montante les filles sont traditionnellement tenues à l'écart de l'instruction.*

— On prépare les garçons à développer le négoce et les filles à tenir la maison. La vie de famille est valorisée, et le rôle de mère et de ménagère n'est pas considéré comme secondaire, bien au contraire. Cela justifie que les filles y soient entièrement consacrées. Cette division sexuelle des rôles, au nom de l'utilité sociale, est renforcée par l'importance croissante des médecins. Ils deviennent les experts qui disent la vérité du corps. Voyant le corps des femmes comme d'abord destiné à la maternité, ils en tirent une conception de la différence sexuelle. Ils reprennent des thèmes très anciens, comme la force des garçons et la fragilité des filles, avec un discours scientifique. Dans son *Histoire naturelle*, Buffon passe ainsi sans peine de la différence mâle et femelle chez les animaux à la différence entre hommes et femmes chez les humains. Il exalte la virilité du lion.

L'invention de l'adolescence

— *Faisons grandir encore notre fillette à travers les âges. La voilà jeune fille. Comment considérait-on cette période indécise et complexe qui commence à la puberté, avant la maturité proprement dite, et que nous appelons aujourd'hui « adolescence » ?*

— Dans l'Antiquité, l'adolescence n'existe pratiquement pas. En Grèce, on marie les filles avant même leur puberté, et il semble qu'il y ait eu des mariages consommés. À Rome, on fait à peu près coïncider l'âge du mariage et celui de la puberté. Même si elles sont pubères, ces jeunes mariées ont 13-14 ans, et elles deviennent mères beaucoup trop tôt, ce qui est un facteur de mortalité accrue. Nous verrons que la progression de la longévité des femmes est toujours liée à un recul de l'âge du mariage et à une limitation du nombre des naissances.

— L'Église n'a-t-elle pas contribué à reculer l'âge du mariage pour les filles ?

— Oui. On s'est acheminé vers un âge du mariage à 14-15 ans, et cela a marqué un progrès. Petit à petit, l'âge du mariage va être repoussé encore plus tard. Sur ce point, les sociétés occidentales et non occidentales évoluent de façon très différente. La « jeune fille », l'« adolescente », c'est vraiment le monde occidental qui va l'engendrer. Au XVIIe siècle, grâce à l'étude des registres paroissiaux, on remarque que l'âge moyen des filles au mariage est de 23-24 ans. Au XVIIIe siècle, c'est 26-27 ans. À ce moment-là, la famille a pris plus de force, on se préoccupe de la transmission des biens, notamment dans le monde rural, qui représente encore 90 % de la société. Pour ne pas morceler la propriété, on essaie de limiter les naissances, et comme on n'a guère de moyens contraceptifs, le mieux est de restreindre la période féconde des couples. On se marie plus tard, et cela crée un temps de célibat, et donc un âge des jeunes filles.

— Cela vient donc d'un souci de la gestion du patrimoine, non de la santé des filles ou de leur épanouissement.

— Leur épanouissement entre peu en ligne de compte. Ce n'est guère avant le XVIIIe siècle que l'on commence à s'intéresser aux questions de santé spécifiques aux jeunes filles. Le discours alors est uniquement médical, et les filles sont réduites à leurs fonctions physiologiques. L'adolescence est définie par les médecins comme une crise de l'identité sexuelle. Pour les garçons, disent-ils, c'est un tumulte : le garçon devient un homme, il connaît l'érection, le sperme, la pollution, il prend conscience de son identité. Mais pour les filles, toujours selon les médecins du XVIII siècle, tout se passe en douceur. Pour les garçons, la tempête violente ; pour les filles, une mutation tranquille. On n'y voit guère de problème, il n'y a donc pas lieu de s'en occuper beaucoup.

Dangereuse beauté

— *Pour les jeunes filles qui n'entrent pas au couvent, le destin inévitable, c'est le mariage et la maternité. Longtemps, l'amour n'a pas fait partie du voyage, leurs sentiments n'étaient pas pris en compte, leur corps ne leur appartenait pas.*

— Le mariage et la maternité, c'est le devoir des femmes, et l'ordre social n'a jamais supporté qu'elles s'y soustraient. Même si les mères jouent un rôle dans la transmission des modèles, justifiant ainsi leur propre place dans la société. Le ventre des femmes est placé sous domination masculine : celle du père d'abord, celle du mari ensuite, puis celle de l'État et de l'Église. Au cours du temps, le ventre des femmes concentre toute une série de regards et de contrôles. À la limite, il devient public.

— *La jeune fille doit se marier, et, pour cela, son premier devoir est d'être belle.*

— La beauté est légitime et nécessaire. Les femmes sont belles, dit-on dans la mythologie grecque, les dieux les ont faites ainsi parce qu'elles doivent attirer les hommes. Pourtant, les Grecs avaient des visions très diverses de l'amour, où l'érotisme se vivait surtout entre hommes. Le mariage grec, plus encore que le mariage chrétien, avait pour seul but la procréation. Mais la beauté et la séduction restent un devoir pour les femmes, afin, justement, d'aider les hommes à la procréation. Une femme laide, privée de beauté, c'est une grande tristesse, la cause de beaucoup de problèmes. Cette attitude se transmet dans toutes les sociétés. La beauté devient une espèce de monnaie d'échange sur le marché matrimonial, elle peut compenser la maigre dot de certaines filles. On dit «échange des biens, échange des femmes», on pourrait ajouter parfois «échange de la beauté». Un homme riche veut une femme belle, selon les canons de son temps.

— D'une époque à l'autre, ces canons changent… La laide d'hier est peut-être la belle d'aujourd'hui?

— Pendant une longue période, on valorise ce que nous appellerions la «belle femme»: un corps robuste, une poitrine opulente, des hanches larges… tout ce qui signale la capacité reproductrice de la future mère, celle qui fera de beaux enfants. Pour les femmes du peuple, ces signes de bonne santé rassurent aussi sur leur capacité de travail. Les femmes de l'aristocratie peuvent être plus fines. Mais l'obsession de la minceur est contemporaine. On fait alors la distinction entre la femme, épouse et mère, et la jeune fille, qu'on préfère un peu frêle. De la poitrine, oui, mais la taille fine, resserrée, «bien prise», de longues jambes, promesses de plaisir. On valorise aussi le teint pâle, rose, délicat, comme un signe de distinction. On n'aime pas les peaux brunies au soleil, celles des femmes qui travaillent dans les champs. La séduction passe aussi beaucoup par le regard. Il est donc admis que les jeunes filles ne doivent pas trop regarder. Le jeune homme, lui, tâchera de décocher une œillade, et s'il en obtient une en retour, s'il arrive à voir la couleur des yeux, il sera très heureux.

— *Pour séduire, ne faut-il pas montrer un peu et cacher beaucoup?*

— La culture chrétienne, à la différence de la culture gréco-romaine, lie le sexe au péché. La femme doit être belle, mais cette beauté est dangereuse – c'est celle d'Ève, la tentatrice. Le corps de la femme devient autant objet de désir que de réprobation. Les Pères de l'Église ont écrit des textes étranges, que nous pouvons trouver érotiques, sur le danger représenté par les femmes. Il ne faut même pas les regarder, mieux vaut les cacher, les voiler. Ils ont développé toute une théorie sur le port du voile. Car les cheveux, c'est pire que tout, c'est l'érotisme incarné! Les variations du discours érotique, amoureux, se tissent beaucoup autour de la chevelure. Chevelure voilée, nouée, qui n'est défaite que pour le mari, le soir des noces, ou pour l'amant. Chevelure largement offerte dans les maisons de prostitution. Marie Madeleine, à la fois sainte de la sensualité et de la pénitence, est souvent représentée avec ses longs cheveux bouclés, et elle incarne la beauté féminine. Les religieuses, elles, se vouent au Christ et lui offrent leur chevelure, leur féminité. Dans la cérémonie de la «prise de voile», le rituel de la coupe des cheveux prend de plus en plus d'importance. Les femmes ordinaires, qui ne coupent pas leurs cheveux, doivent au moins se couvrir la tête. Le voile existait déjà dans l'Antiquité, mais le christianisme lui a ajouté cette connotation de péché, créatrice d'érotisme et d'imaginaire. Du voile médiéval aux voilettes des femmes victoriennes qui ne sortent pas sans chapeau, il y a une longue histoire de la pudeur, du corps qu'il faut masquer. «Cachez ce sein que je ne saurais voir!» Mais le sexe lié au péché nourrira le libertinage, et sera aussi le motif obsessionnel de la littérature, de la peinture...

Du voile au pantalon

— *Les femmes restent toujours en position d'objet, mais les hommes y trouvent une formidable source de création !*

— À partir de la Renaissance, c'est éclatant. On est au cœur de la représentation des femmes et de leur sexe, du corps dissimulé qui suscite les fantasmes. À certains moments, il faut cacher la gorge, on met des guimpes montantes, des voiles ; à d'autres, on dénude assez généreusement la poitrine. À l'époque romantique, même les jeunes filles respectables qui vont au bal sont largement décolletées – mais les jupes sont alors très longues, et les jambes, les chevilles deviennent extrêmement troublantes. Il y a tout un érotisme de la chaussure…

— *Au-delà de l'art, les femmes sont aussi mises en scène par la mode.*

— La mode est un perpétuel champ d'affrontements. D'un côté, les femmes y prennent plaisir, elles aiment se parer, porter de belles étoffes, des bijoux, se coiffer de manière plus ou moins extravagante. Le modèle vient d'en haut, des femmes les plus riches, et les femmes du peuple essaient de se l'approprier, au moins en partie. Mais, d'un autre côté, la mode est une contrainte, une mise en scène du corps de femmes. Pensons à tout ce qui entrave le mouvement, ou même la respiration : paniers, corsets, plus tard crinolines, ou jupes trop étroites. Sans compter l'obligation, imposée à la Cour, de changer de costume à toute heure du jour. La Princesse Palatine, belle-sœur de Louis XIV, remarque dans sa correspondance que les dames de la Cour passent un temps infini à leur toilette, qu'elles se font souffrir et deviennent ridicules. Pour sa part, elle sait que son mari est homosexuel, même s'il lui a fait des enfants, et elle s'est affranchie de toutes ces règles, faisant remarquer qu'elle est énorme, disgracieuse, et qu'elle peut donc s'habiller à sa guise et manger autant qu'il lui plaît. Mais toutes ces obligations vestimentaires, venues de la Cour, se sont ensuite imposées à la société bourgeoise. Au XIXe siècle, une femme de la bonne société ne peut pas porter la même robe à dix heures quand elle va faire ses courses, à deux heures pour se rendre au jour de Mme Unetelle, à cinq heures pour la vente de charité, le soir pour accompagner son mari à l'Opéra... Si le mari est riche, il exige que son épouse respecte ces règles, sinon on penserait qu'il n'a pas les moyens de l'entretenir. Pour les femmes, cela devient un devoir obsédant, elles s'en plaignent dans leurs lettres et leurs journaux intimes.

— Outre ces contraintes, certains vêtements plus « libres », comme le pantalon, n'ont-ils pas fait l'objet de véritables batailles ?

— Les vêtements sont un enjeu social crucial, et une femme qui rue dans les brancards, qui n'applique pas la règle, notamment en montrant ce qu'elle devrait cacher, cause toujours des problèmes. Une femme, donc, ne devait pas porter le pantalon, insigne des hommes. Une femme qui « porte culotte » usurpe le rôle masculin. C'est inacceptable ! Au XIXe siècle, le préfet de police de Paris exige que toute femme ayant besoin de porter le pantalon en fasse la demande écrite à la préfecture. Ainsi, Rosa Bonheur, peintre spécialisée dans la peinture des animaux qui souhaitait peindre d'après nature, plantant son chevalet où bon lui semblait, en fit la demande, qui lui fut accordée. George Sand, elle, portait le pantalon sans autorisation, et c'était une transgression, un véritable scandale.

— George Sand a brisé le carcan des rôles traditionnels et reste une exception. La plupart des femmes, à travers leurs vêtements, se soumettent à l'ordre social. Les « filles à marier », qui nous occupent, n'ont sans doute guère le choix ?

— En effet, la jeune fille doit faire honneur à son père, pour qu'il puisse arranger un bon mariage. Au XIXe siècle, on a une idée très précise de ce que doit être la jeune fille « bien », diaphane, blanche, pure. Elle ne met pas de fard, pas de parfum. Elle doit être discrète, inodore, à la limite sans saveur. Elle doit obéir et se soumettre au choix du père.

Contrats de mariage

— En scellant le mariage de sa fille, le père pense à sa stratégie d'alliance, à l'intérêt de sa famille, à la gestion du patrimoine... À quel moment le libre consentement des filles est-il pris en compte ?

— L'idée que, dans le mariage, il doit y avoir consentement de deux personnes vient de l'Église. Cela ne date pas des débuts du christianisme, mais s'installe au cours du Moyen Âge, particulièrement à partir du XIIe siècle. L'Église veut intervenir dans les mariages aristocratiques pour renforcer son pouvoir dans ses rapports avec les grands. Elle fait du mariage un sacrement qui ne peut être rompu et assoit les alliances sur un socle solide. Et pour donner ce sacrement elle requiert le consentement des deux époux.

— Pour les filles, ce consentement au mariage est-il réel ou théorique ?

– Non seulement il est théorique, mais bien souvent extorqué! Le seigneur, le chef de lignage – et à plus forte raison le roi –, dispose de ses filles, et ne leur demande pas leur avis. Mais l'Église a néanmoins introduit le principe du libre consentement, et dans un contexte de lutte de pouvoir, cela lui permet de s'appuyer aussi sur les femmes. Celles-ci, accédant au savoir, à la culture, vont faire de ce consentement un peu leur affaire. Autrement dit, pour les marier, on va progressivement prendre des gants, leur faire des propositions, accepter qu'elles repoussent un premier prétendant, puis un deuxième – on peut accepter jusqu'à trois refus, mais après cela, c'est le couvent! Peu à peu, le consentement des filles prend plus de consistance. Bien sûr, la fille ne choisit jamais, mais elle peut refuser.

– *Est-ce la même chose chez les paysans?*

– Le seigneur ne contrôle guère le mariage de ses paysans, les filles sont moins «promises», et cela laisse un peu plus de place à la liberté amoureuse. Néanmoins, le choix demeure restreint. Les paysans se marient entre eux, dans le même lieu. Cette règle structure le mariage et pèse sur les jeunes gens. Dès que l'on peut faire des contrôles statistiques, on constate une forte endogamie sociale et géographique. D'autre part, les stratégies matrimoniales jouent aussi leur rôle. Avec l'accès à la propriété, on calcule: si on a un petit champ, on marie sa fille avec le fils du voisin, cela agrandira la terre. Ces projets d'alliance dans les milieux populaires, on les retrouve plus tard chez les ouvriers: un métallo – l'aristocratie ouvrière – voit d'un très mauvais œil que sa fille épouse un manœuvre; elle doit épouser un égal, voire quelqu'un un peu au-dessus de sa condition. Les parents surveillent les relations de leurs filles, et interviennent si elles ne fréquentent pas à leur idée.

Certains ouvriers vont au bal, où ils rencontreront peut-être une «petite bonne» qui aura mis de l'argent de côté et, grâce à son apprentissage, saura bien tenir la maison.

— *Et, le cas échéant, on négocie les biens, le contrat, la dot?*

— Bien sûr. Si l'on n'a pas de bien, on se passe de contrat de mariage. Dans tous les autres cas, le passage devant le notaire et la rédaction du contrat restent un moment clé. Le père, s'il veut bien marier sa fille, et nouer des alliances favorables à la famille, a intérêt à apporter une bonne dot, une sorte de contribution à l'entretien de la future épouse. Si la dot – en terres ou en argent – est maigre, cela peut être compensé par des qualités personnelles. Dans les classes populaires, quand on sait que telle jeune fille est courageuse, bonne ménagère, bien formée dans une famille honorable, cela a son importance. Nous avons vu que la beauté, l'apparence jouaient peu à peu un rôle accru à mesure qu'on connaissait une plus grande aisance dans les campagnes. Au XVIIIe siècle, le fort développement des villes, celui des migrations poussent les gens à sortir de chez eux, et ils font des comparaisons. Une jolie fille, qui porte bien la toilette, contribue au statut d'un homme riche. Au fur et à mesure que le facteur personnel prend plus de place, le calcul matrimonial devient plus complexe.

— *Mais il s'agit toujours d'une affaire de famille, et non d'individu.*

— Oui, et cela d'autant plus que les enjeux sont lourds. Pour la noblesse du Moyen Âge, il s'agit des intérêts du fief. Dans la bourgeoisie, cela concerne les intérêts du commerce et de l'entreprise. Aux XVIIIe et XIXe siècles, la croissance du capitalisme s'opère par la famille : en mariant les filles, on s'allie entre mines, usines, filatures. Dans les années 1880, l'un des derniers Schneider avait, par amour, épousé une actrice, on l'a mis au ban de la famille! Il dérogeait en ne servant pas les intérêts de la firme. Les passions, l'amour, cela passe après. De toute façon, les hommes ont droit à des compensations en dehors du mariage, car, Françoise Héritier nous l'a rappelé, leur sexualité est considérée comme irrépressible. Les femmes, dit-on, peuvent «s'en passer». Si elles nouent des liaisons, il y a le risque de l'enfant, du bâtard, fréquent mais réprouvé. Les femmes doivent donc être sévèrement surveillées. Dès leur plus jeune âge, il faut les former, les modeler pour produire des jeunes filles puis des épouses pudiques, vertueuses, qui dominent leur corps, leurs sens, leur imaginaire. On ne leur apprendra que ce qui est nécessaire à leur rôle de reproductrice. Toute l'inégalité entre hommes et femmes vient de cette vision des rôles et des corps. Le corps maternel, qui produit des êtres, est certes fascinant, mais il fait peur aussi, et représente un grand danger. Les hommes doivent à tout prix le contrôler.

«Ma nuit de noces a été un viol»

— *Arrive le jour du mariage. On a pensé à tout, sauf à l'amour…*

— Selon l'Église, l'amour doit venir après. On se méfie de la passion, violente et passagère, qui ne peut fonder le mariage, fait pour durer. On valorise l'entente entre les époux, qui naît du mariage de convenance et se construit avec la vie commune, la naissance des enfants. C'est une manière pour l'Église de consentir aux faiblesses humaines, à ce désir de sexualité dont elle se méfie beaucoup. Il faut l'accepter pour la reproduction de l'espèce, mais que cela se fasse sans attirance mutuelle est plutôt rassurant. Dans ses *Confessions*, saint Augustin a écrit un passage saisissant sur la chambre conjugale : elle doit être fermée, personne ne doit voir le grand lit, et surtout pas les enfants. Si on saute par-delà les siècles, on retrouve cette idée dans la psychanalyse, où Freud s'interroge sur la scène primitive, à l'origine des problèmes de chacun d'entre nous : qu'avons-nous su de la sexualité de nos parents ? Nous restons dans cette morale judéo-chrétienne.

— *On ose à peine penser à ce qui attendait autrefois l'oie blanche le soir de ses noces...*

— George Sand l'a écrit sans détour : « Ma nuit de noces a été un viol. » Le mariage est un viol légal, parce qu'on n'attache pas d'importance au plaisir féminin, inutile à la procréation. On peut espérer que des couples se sont aimés, que des femmes ont éprouvé du plaisir, mais on ne le sait guère. Vers la fin du Moyen Âge, des médecins remarquent que lors de l'acte sexuel les femmes produisent un liquide, une « rosée », envoyé par Dieu, qui aide à faire de beaux enfants. Il est donc bon et légitime que la femme ressente du plaisir avec son mari, disent certains théologiens.

— *Ce n'est plus un péché ?*

— Ça l'est un peu moins, et on peut entrevoir des rapports sexuels moins brutaux. C'est un très long chemin, mais on remarque quelques signes. À la Renaissance, des femmes poètes, comme Pernette Du Guillet, Louise Labé, écrivent des poèmes érotiques, racontant la manière de faire l'amour, le plaisir qu'on peut éprouver, la lenteur des gestes. Visiblement, elles parlent d'expérience. Dans les tableaux de l'école de Fontainebleau, très influencée par l'Italie, on voit des femmes de la Cour au bain. Elles sont nues, les suivantes leur caressent les tétons. Pour que ces tableaux soient exposés aux regards dans les galeries royales, il fallait bien que des changements aient eu lieu. Au XVIIIᵉ siècle, les médecins valorisent l'«harmonie des plaisirs» dans le couple, comme l'a montré l'historien Alain Corbin. Ils en font même le fondement de la génération.

Frigides ou insatiables

— Les hommes ne redoutaient-ils pas des femmes trop avides de plaisir, insatiables? Cela semblait aussi faire partie des fantasmes...

— Il y a toujours eu deux pôles dans la représentation de la sexualité féminine. D'une part, la femme frigide, qui n'éprouve rien, une masse inerte que l'homme «laboure». N'oublions pas que le mot «labeur», à l'origine, se réfère à l'acte de l'homme dans la sexualité; le «travail» de la femme, ce sera l'accouchement. À l'opposé, on trouve le fantasme du puits sans fond: l'utérus est un gouffre dans lequel l'homme s'anéantit. Il le désire et le redoute, car sa virilité le pousse à toujours recommencer l'épreuve, et il s'y épuise.

— C'est la mort du guerrier...

— Oui. Cela est très présent dans les littératures grecque et romaine. Certains hommes éprouvent ainsi une angoisse qui les pousse à l'homosexualité. Ils ont peur de cette femme insatiable – plus tard, ce sera la sorcière – qui mange les hommes, les absorbe, et peut-être les rend impuissants. Au XIXᵉ siècle, ce n'est plus l'utérus mais le clitoris qui fait l'objet d'une grande méfiance. On a peur de la masturbation – véritable hantise pour les éducateurs de garçons –, mais on remarque aussi que les filles «se manuellisent», comme on disait alors. Certains médecins craignent qu'elles ne perdent leur précieux liquide, ou qu'elles ne deviennent obsédées, posant toutes sortes de problèmes à leur famille. Un certain docteur Zambaco a affirmé qu'il fallait exciser les filles! On a pratiqué l'ablation du clitoris dans des cliniques américaines, mais aussi en France. On dispose de très peu d'informations – quelques articles dans les revues médicales, des allusions, notamment dans *Fécondité* de Zola, quoique de manière marginale.

— *Ne préfère-t-on pas toujours la femme frigide, considérée comme une femme « bien » ?*

— C'est une femme respectable, en effet, et certains maris y voient une sécurité : « Ma femme ne me trompera pas, elle est au-dessus de ça. » Mais cela implique pour eux de fréquenter les prostituées. Balzac, dans *Physiologie du mariage*, s'attarde sur les constantes mésententes du couple. En Angleterre, remarque-t-il, les couples dorment dans des lits jumeaux, en France ils partagent le lit conjugal. Balzac y voit le signe du droit constant de l'homme sur le corps de la femme, et il ne s'étonne pas que les épouses souffrent toujours de migraines! L'acte sexuel les ennuie, elles tardent à se coucher le soir. Balzac fait partie de ceux qui souhaitent concilier mariage et plaisir réciproque, et cela marque un tournant. Les femmes le demandent, certains hommes aussi. La peur de la syphilis va jouer très fortement. Avec la tuberculose et l'alcoolisme, elle est l'un des trois fléaux sociaux dont on parle au XIXᵉ siècle. La contamination se fait par les prostituées. Les médecins pèsent alors de tout leur poids. La France n'a pas beaucoup d'enfants, constatent-ils. Pourquoi? À cause de la syphilis, qui infecte les hommes, puis les femmes, et entraîne la stérilité des couples. On en vient à faire la morale aux garçons, pour qu'ils se gardent purs, n'aillent pas au bordel. On diffuse l'idée d'un mariage sain, d'une hygiène des couples. Dans ces années-là, on procède au moment des fiançailles à des examens médicaux. Si le jeune homme est atteint d'une maladie vénérienne, le père de la jeune fille peut refuser le mariage.

La « bonne » épouse

– Mais, une fois le mariage dûment célébré et consommé, la jeune épouse, à toutes les époques, doit filer doux. Financièrement, elle dépendait jusqu'alors de son père, elle tombe désormais sous la coupe de son mari ?

– Les femmes sont très défavorisées dans le système des biens, que ce soit en matière d'héritage ou de régimes matrimoniaux. Les coutumes varient selon les époques, les pays, les régions, mais les femmes sont presque toujours perdantes. En Normandie, les filles n'héritent même pas, seuls les garçons reçoivent leur part de la propriété familiale. Quand la Révolution posera le principe de l'égalité entre frères et sœurs en matière d'héritage, les paysans l'accepteront difficilement, à cause de la division de la propriété. Certains refuseront d'appliquer la nouvelle règle, vivant la Révolution comme une catastrophe, une prise de pouvoir par les femmes. L'auteur du fameux crime de la Monarchie de Juillet, Pierre Rivière (« Moi, Pierre Rivière, ayant tué ma mère, ma sœur, mon frère… »), explique que s'il a tué sa mère, c'est parce qu'il considérait qu'elle avait pris le pouvoir. De toute façon, avec le Code civil, Napoléon met bon ordre à tout cela : même si les femmes héritent, elles perdent, du moins dans la communauté, tout droit à la gestion de leurs biens, elles n'ont plus le droit de signer, et leur autorisation n'est même pas requise si le mari veut vendre les possessions amenées par l'épouse. Cette perte du pouvoir économique des femmes est le grand scandale du Code civil.

— *Les femmes n'avaient-elles pas longtemps conservé le droit de gérer leur dot?*

— Jamais complètement. Là aussi, on trouvait de multiples systèmes. En région parisienne existait un «régime dotal» dans lequel la dot était scindée en deux parts, une qui entrait dans les biens communs contrôlés par le mari, l'autre que l'épouse pouvait gérer un peu à son gré, et qu'elle récupérait, le cas échéant, à la mort de son mari. Dans la «communauté réduite aux acquêts», on distingue les biens propres de chacun et ceux acquis par le couple, gérés par le mari. Mais dans le régime de la «communauté des biens», qui se répandra de plus en plus, tout est entre les mains du mari. C'est le régime préféré dans beaucoup de milieux bourgeois, pour la progression des affaires. Plus simple, il n'exige pas de contrat.

— *L'inégalité de droits entre époux, comment se vit-elle au foyer, au quotidien?*

— L'inégalité dans le couple est profonde, et cela engendre souvent la rébellion, plus ou moins ouverte, des épouses. Avant le mariage, on avait admis que la fille avait le droit de refuser un prétendant. Une fois mariée, on reconnaît, de manière implicite, qu'elle peut, en quelque sorte, «se retirer», c'est-à-dire faire sa vie, y compris dans l'espace commun, sans trop donner de soi. Il y a toutes sortes de moyens pour les femmes de s'abstraire d'une relation qui ne leur convient pas: refuser leur corps, leur parole, leur pensée, et quelquefois se taire totalement. Certaines se constituent un monde d'amies, de voisines:

il y a une sociabilité féminine qui peut être un recours, assez joyeux parfois, contre l'ennui du couple.

Rêves d'amour

— *Quelques « bons » couples finissent-ils par s'apprivoiser ?*

— Bien sûr ! Il y a de bons mariages, des gens qui s'aiment et s'entendent bien. Là, les femmes font leurs les projets du couple, elles trouvent à s'y épanouir. Les femmes de bourgeois, de commerçants, plus tard d'industriels, se chargent du foyer. Elles élèvent les enfants, harcèlent les domestiques, organisent les réceptions. Elles exercent leur pouvoir à la maison, dans leur domaine, et elles aiment cela. À tel point que quand l'homme rentre le soir, il n'a plus tellement son mot à dire. L'essentiel est qu'il soit « généreux », qu'il donne suffisamment d'argent. Dans ce cas, tout va bien. On voit des bourgeoises, opulentes, jacassantes, épanouies, qui trouvent un sens à leur vie en dirigeant cette vie domestique et mondaine. La maison victorienne peut être le lieu du bonheur qu'illustrent certains tableaux impressionnistes, dans la quiétude des jardins.

— *Vous n'avez pas l'air très convaincue ! En fait, celles qui mettent la pagaille dans ces vies bien ordonnées, ce sont les intellectuelles ?*

— Oui, celles que tout cela ennuie, qui trouvent que c'est vain… Elles sont très difficiles à marier ! Certaines se sont prises au jeu de l'écriture en rédigeant leur Journal, attirées par la page blanche, où peu à peu elles expriment leur « moi ». D'autres lisent « trop » (« les femmes qui lisent sont dangereuses »), voudraient étudier. D'autres encore ont pris goût aux « arts d'agrément » et rêveraient d'une carrière. On trouve trace de ces rêves inassouvis dans les journaux intimes, que les jeunes filles sont encouragées à tenir par leur mère ou leur confesseur, comme une manière de se contrôler. Chez ces jeunes filles dont la destinée est le mariage, et un mariage imposé, on trouve des rêves d'amour, et une grande peur de ce qui les attend. Marie Bashkirtseff, femme d'origine russe et d'une famille riche, qui vivait à Paris à la fin du Second Empire, a passionnément exprimé le désir d'« autre chose » qu'éprouvaient beaucoup de ces jeunes filles. Morte à 26 ans, elle a laissé un Journal de quelque neuf mille pages. Elle aimait peindre et dessiner : pas de problème, toute jeune fille bien élevée fait de l'aquarelle ! Mais elle voulait être reconnue comme peintre et créatrice. Sa famille considérait qu'elle était folle, mais finit par lui passer ce caprice. Marie a fréquenté l'Académie Jullian, exposé dans des salons, passé de petits concours. En même temps, elle est tombée amoureuse d'un garçon, Paul de Cassagnac, dont on peut penser qu'il partageait ses sentiments. Mais Cassagnac était un bonapartiste, un homme politique, et il tenait à « bien » se marier. Un jour, Marie a appris qu'il en avait épousé une autre, sans même la prévenir…

– *Même noble, même riche, une artiste n'était pas un « bon parti ». Cette femme est restée une extravagante, qui a introduit le désordre dans la famille !*

– Tout à fait ! En même temps, on voit dans son Journal que Marie était aussi amoureuse d'elle-même. Elle a écrit des pages presque érotiques. Elle aimait se regarder nue dans la glace, se trouvait belle – et elle l'était –, et on voit bien qu'elle désirait être aimée, caressée… D'une certaine manière, elle a porté à leur paroxysme les désirs et les conflits que devaient éprouver nombre de jeunes filles « à marier ».

Le cœur oublié

— *Les jeunes filles rêvaient d'amour, mais avaient-elles la moindre chance de le connaître quand leur seul horizon était un mariage contraint? Nous avons vu que, dans l'Antiquité, les émois du cœur n'étaient pas le lot des épouses. Au Moyen Âge, on exalte l'amour courtois, sorte de rituel idéalisé et platonique où la femme est placée sur un piédestal. Mais était-ce un mythe ou une réalité?*

— Il y a plusieurs théories sur l'amour courtois. Certains le voient comme un adoucissement des mœurs, où les femmes auraient joué un grand rôle. À l'époque des croisades, les filles de la noblesse étaient souvent plus lettrées que les garçons, envoyés à la guerre dès l'âge de 14 ans. Cette différence dans le savoir a pu amener les femmes à manifester un désir d'hommes plus doux, plus cultivés.

— *Mais le chevalier admiré par les dames, n'est-ce pas celui qui a prouvé sa valeur à la guerre, et donc qui a beaucoup tué?*

— Celui qui a triomphé de nombreux ennemis est un héros — on retrouve là le poids du sang — et les femmes l'apprécient. Mais la chevalerie exige aussi que le guerrier ne verse pas le sang inutilement. La scène centrale de l'amour courtois, plus que la guerre, est le tournoi, c'est-à-dire un combat édulcoré, un exploit sans le sang versé. On ne tue pas, la prouesse et le courage se montrent dans l'habileté et l'adresse. On peut voir là une forme de civilisation. Les scènes de tournois représentées dans les miniatures nous montrent les femmes trônant sous un dais, et les chevaliers se battant pour elles. Tout cela semble distant, élégant. Mais Georges Duby, qui ne conteste pas l'importance du tournoi, pense que les femmes n'étaient qu'un leurre. Le seigneur les mettait en avant pour attirer les chevaliers. Ils devaient, disait-on, se distinguer aux yeux des dames, et le seigneur, lui, en profitait pour recruter les meilleurs pour son armée. Qu'ensuite il récompense certains par une bonne alliance, pourquoi pas? C'est lui qui a le pouvoir et qui décide. Les dames, exposées, désirables peut-être, ne concluent rien. Toute l'œuvre de Georges Duby sur les dames du XIIIe siècle montre que la domination masculine plane au-dessus des tournois et de l'amour courtois.

— Et le rituel du chevalier soumis à sa dame, les poèmes qu'il lui adresse, les épreuves qu'elle lui impose?

— Ces poèmes mettant en scène un amoureux dévoué étaient chantés, la dame pouvait donc les entendre. Cela pouvait avoir une certaine influence. Mais au-delà? Il est très difficile d'en déduire une réalité vécue. Les dames ne jouissent que d'une marge de liberté réduite. Elles ne s'éloignent guère du château. La nuit, elles dorment dans la chambre des dames, autour de laquelle les jeunes gens rôdent, où la violence peut s'exercer. S'isoler pour s'aimer, trouver un peu d'intimité, est très difficile. Les contrôles s'exercent sans répit, le code d'honneur ne relâche pas sa pression. On vit sous le regard constant des autres. Joinville nous raconte que Blanche de Castille ne supportait pas que son fils, le futur Saint Louis, se retire avec son épouse. Elle s'arrangeait toujours pour que sa propre chambre soit au-dessus ou au-dessous de celle du roi, et quand elle trouvait que ça avait duré trop longtemps, elle le faisait chercher! La vie privée est une idée moderne.

— Pendant les croisades, le seigneur parti au loin, les dames jouissaient-elles d'un peu plus de liberté?

— On peut l'imaginer. Mais même si la fameuse ceinture de chasteté relève du mythe, la femme prise en flagrant délit d'adultère risque très gros : sa vie dans le pire des cas, et au moins la répudiation. Le mariage est là pour garantir un certain mélange des sangs. Si on introduit un étranger, on pervertit le sang, ce n'est pas permis. Au-delà des poèmes, la réalité des mœurs reste très brutale. Dans cette aristocratie féodale, les hommes vivent longtemps entre eux, célibataires, et ont des relations homosexuelles. La femme, au fond, leur est étrangère, elle leur fait peur. Le christianisme véhicule cette peur : la femme, c'est le mal, l'épuisement. Le mariage est conçu pour être consommé rapidement et prouver la virilité de l'homme. Le lendemain des noces, on expose le drap : l'homme qui a pris une fille vierge a fait ses preuves. Les rencontres sexuelles transposent la guerre sur la couche conjugale : c'est le rapt, la conquête, la possession.

Petits plaisirs...

— Et les femmes restent avec leurs rêves d'amour...

— Oui, et les changements viendront d'elles. À partir des XIIIe et XIVe siècles, le développement de la culture urbaine entame une évolution : la bourgeoisie « monte » des bourgs. Chez les artisans, les commerçants, d'autres types de rencontres ont lieu entre hommes et femmes. On travaille ensemble, dans un monde plus mixte, avec plus de circulation, de voyages. À l'auberge, une femme va peut-être trouver un nouvel arrivant à son goût, avoir un échange avec lui, et comme il n'est que de passage, ça n'a pas d'importance. À la Renaissance, la société est plus riche, plus sensuelle, la parole de l'Église pèse moins. Et chez les paysans, le fait de retarder l'âge du mariage pour limiter les naissances ouvre aux jeunes gens une «saison des amours», avant les choses sérieuses. On fait des concessions à une sexualité que l'on retarde mais dont on sait bien qu'elle existe; du moment qu'il n'y a pas d'enfant, l'Église tolère. Les promis, notamment, peuvent se rencontrer (dans le Poitou, on parle de «maraichinage») et s'autoriser des privautés, jusqu'à la barrière de la consommation. On s'arrête à la porte, on ne pénètre pas. On a des relations sexuelles graduelles, on découvre une à une les parties du corps, le baiser sur la bouche étant particulièrement érotique, car c'est déjà une forme de pénétration. Et dans ces mignotages, ces petits baisers, ces caresses, les femmes reprennent de l'avantage. Elles demandent, elles exigent, trouvent du plaisir, peut-être plus que leur galant. Et elles sont amoureuses.

— Enfin! Du côté des dames de la noblesse, on cherche aussi le raffinement, voire la complication. N'est-ce pas le sens de la «Carte du Tendre»?

— Mlle de Scudéry, l'auteure de la «Carte du Tendre» et de nombreux romans, participe à l'émergence, au début du XVIIe siècle, de formes d'amour plus galantes. Madeleine de Scudéry élabore un code extrêmement exigeant. On reste à distance, on approche lentement. On observe des rites – signes, pas de danse, lettres… Dans la déclaration, l'écrit joue un grand rôle. Et plus ça dure, plus c'est beau.

— Elle s'inspire de l'amour courtois?

— De la chevalerie, de l'amour mystique, et d'une certaine tradition hispanique, peut-être même arabisante. On peut supposer qu'au retour des croisades quelques influences orientales – même si les femmes d'Orient étaient bien gardées – ont amené jusqu'à nous des rituels amoureux un peu plus raffinés, des aubades sous les fenêtres... La «Carte du Tendre» est presque conçue comme un jeu de l'oie, on progresse d'étape en étape, et le rôle de la femme, c'est de résister, de prolonger l'attente. Si elle succombe, il faut que cela reste secret. C'est sa défaite.

L'amour revendiqué

– Ce n'est que dans les prémices, avant l'accomplissement du désir, que les hommes déploient attention, adoration, douceur, toute cette romance qui fait vibrer les femmes... Pour éprouver les merveilleuses émotions de l'amour, elles doivent donc résister. Quand elles cèdent, c'est fini.

– Voilà. Après, c'est terminé, on les a «eues». Et en parallèle, pendant toutes ces manœuvres d'approche, le but de l'homme reste l'«assaut final», «posséder une femme», comme on prend une forteresse. Mlle de Scudéry rappelle bien qu'une femme n'a pas à se vanter d'avoir été conquise. Dans les milieux privilégiés – la Cour, les salons, mais aussi chez les bourgeoises –, son influence a été considérable. Les femmes ont été enthousiasmées par ce mode d'être. Les femmes mariées et malheureuses en ménage rêvent d'un amoureux qui les courtise tendrement, les jeunes filles attendent de leur fiancé qu'il fasse un peu palpiter leur cœur... Le XVIIe siècle est un grand siècle amoureux, avec une multiplicité de formes, certaines libertines, d'autres plus morales et plus convenues. Les romans, les Mémoires en livrent de multiples témoignages. Sur les mœurs de la Cour, très libres – on y pratique beaucoup l'homosexualité, la bisexualité –, il faut lire Saint-Simon, ou les lettres de la Princesse Palatine, dont nous parlions au sujet de la mode. Néanmoins, une vraie différence persiste entre hommes et femmes. L'épouse du roi, en particulier, doit être fidèle. Les bâtards de Louis XIV étaient parfaitement reconnus à la Cour, richement dotés et mariés, mais sa femme Marie-Thérèse, de l'avis général, n'a jamais eu d'amant. À sa mort, le roi a épousé Mme de Maintenon, qui lui a été très fidèle, mais dans ce mariage il semble aussi y avoir eu beaucoup de désir, d'amour sexuel.

— Il commence donc à y avoir des mariages amoureux... Retrouve-t-on cela dans des milieux moins privilégiés?

— Le mariage heureux exige la pureté de la jeune fille. Marivaux nous raconte la vie de Marianne, une jeune fille noble mais élevée modestement, et qui devra lutter pour préserver sa pureté en ville, lieu de toutes les perversions. Marianne est belle, mais elle saura résister à toutes les séductions dont elle fait l'objet, et ainsi elle sera heureuse. À la campagne aussi on attendait d'une fille qu'elle se fasse respecter, mais si un garçon lui faisait un enfant, il devait « réparer ». La communauté obligeait le galant à l'épouser, pour autant que la fille ait bonne réputation. Sinon, elle était abandonnée, elle n'avait eu « que ce qu'elle méritait ».

— À la Révolution, se marie-t-on enfin par amour?

— Ce fut une période, semble-t-il, extrêmement libre, tout au moins dans les milieux aisés. La correspondance de Bonaparte avec Joséphine est très érotique, le désir s'y exprime sans détour. L'Église a alors perdu une bonne partie de son pouvoir : on instaure le mariage civil, le droit au divorce, et dans 80 % des cas ce sont les femmes qui le demandent. Mais cette bourrasque est brève. D'une part, parce que la Révolution instaure un idéal du couple républicain très hiérarchisé sexuellement ; d'autre part, parce que Bonaparte, devenu Napoléon Iᵉʳ, impose une formidable remise en ordre. Avec le Concordat, l'Église joue à nouveau son rôle dans les mariages, le divorce par consentement mutuel n'est plus possible. Et à partir de la Restauration il n'y a plus de divorce. Seule demeure la « séparation de corps » – une pratique ancienne –, qui permet à deux époux, sans divorcer, de ne plus vivre sous le même toit. Mais ils restent mariés, ne divisent pas les biens, ne quittent pas le sein de l'Église et peuvent communier. Théoriquement, ils doivent rester chastes, obligation qui s'impose bien davantage aux femmes qu'aux hommes. Au XIXᵉ siècle, la séparation de corps devenant un acte légal, il faut présenter au tribunal un dossier argumenté. Les femmes se plaignent fréquemment de « mauvais traitements » : c'est souvent vrai, et, quelquefois, cela sert juste de prétexte pour échapper à un mariage devenu insupportable. Le plus célèbre exemple de séparation de corps, c'est celui de George Sand et son mari Casimir Dudevant. Pour le vrai divorce, il faut attendre 1884 et la loi Naquet, que ses détracteurs antisémites qualifient de « loi juive ». Pourtant, Naquet n'est pas allé jusqu'au bout, car le consentement mutuel n'est toujours pas de mise. Jusqu'à une époque récente, il n'y avait guère d'autre solution pour les femmes que de s'accommoder de leur mari !

L'ange du foyer

— Quand arrive l'amour romantique du XIXᵉ siècle, n'est-ce pas le moment où la société accepte de concilier mariage et sentiments ?

— Cela s'est amorcé dès le XVIIIᵉ siècle, avec une intériorisation profonde des rôles et des devoirs des époux. L'amour romantique a probablement trouvé ses racines dans l'individualisme anglais. La vie privée, dans un espace à soi, protégé des regards, prend plus d'importance. Là, se développe tout un monde du sentiment, de l'intimité familiale, et aussi du désir légitime dans le couple. Les grandes romancières anglaises du XIXᵉ siècle écriront des romans d'amour, dont l'aboutissement est une union stable. Chez Rousseau, l'amour dans le mariage est très important, mais le rôle de la femme est de compléter l'homme, de satisfaire à ses besoins. Dans *Émile ou De l'éducation*, Sophie est une jeune fille pure, préservée et même formée pour Émile, qui aura besoin d'une compagne qu'il puisse aimer, une bonne épouse qui prendra soin de ses enfants. Julie, dans *La Nouvelle Héloïse* – roman qui a été passionnément lu, et lu par des femmes –, est présentée comme une héroïne positive : épouse aimante, douce, soumise, bonne ménagère, mère attentive…

— L'ange du foyer…

— Oui, et ce rôle se révèle très contraignant. En France, le Code civil a repensé la société autour de la famille, cellule de base et interlocutrice de l'État. L'individu est géré par l'État et la famille. Le mariage revêt donc une très grande importance, et il repose sur l'autorité du père et du mari. La femme a peu de droits et se voit véritablement assignée au foyer. Si elle n'y trouve pas l'amour, il ne lui reste que la possibilité d'un amour rêvé, poétique, un amour de cœur, peut-être fugitivement réalisé, mais dans le secret. Là, elle pourra parfois se sentir aimée, désirée, et pas simplement contrainte par le devoir conjugal.

— Ce mode de vie bourgeois – où les femmes sont très enfermées – concerne toutes les classes sociales ?

— Le droit favorise la famille nucléaire, notamment en matière de biens et d'héritage. Et même à la campagne, où la cohabitation entre générations reste fréquente, on resserre les liens avec son conjoint et ses enfants directs. Mais les filles qui émigrent à la ville, placées comme domestiques, élaborent leurs propres projets de couple. Certes, il peut leur arriver les pires choses, mais beaucoup ne veulent plus revenir en arrière, pour épouser le fils du voisin et devenir la servante du mari. Elles espèrent mieux, une relation plus tendre, plus personnelle, elles vont au bal pour faire des rencontres. Dans les milieux populaires, on se met aussi fréquemment en ménage avant le mariage. L'union libre avait été prônée à la Révolution, mais le XIXᵉ siècle parle de «concubinage», terme très péjoratif. La Restauration – pour des raisons morales – puis la République – pour des raisons d'ordre – poussent au mariage et à la solidité des familles.

— L'union libre reste le fait des milieux artistes, ceux qu'on appelle la « bohème » ?

— Artistes, intellectuels, militants anarchistes… Les étudiants vivent «en concubinage» avec les grisettes, jeunes filles de milieu modeste, qui savent bien qu'ils ne les épouseront pas. Le moment venu, l'étudiant se «range» selon les vœux de la famille, la grisette épouse un ouvrier. On dit d'elle : « elle a vécu son rêve »… Même dans l'union libre, l'inégalité entre hommes et femmes reste profonde. Dans les milieux artistes, les filles tombent facilement dans la galanterie et risquent de vieillir seules. C'est aussi le sort des « demi-mondaines » : pas vraiment des prostituées, car elles ont peu d'amants et ne sont pas payées à l'« acte », mais des femmes entretenues, avec tout de même une contrepartie sexuelle. Elles appartiennent au « demi-monde », à l'entre-deux.

— Dans tous ces milieux-là, mieux valait tenter de « se ranger » tant que l'on était jeune et belle… Les compagnes des anarchistes, qui pratiquaient eux aussi l'union libre, étaient-elles mieux respectées ?

— Le mot d'ordre était « Ni Dieu ni maître », donc ni Église ni État ! Mais on s'aperçoit que, dans ces milieux qui se disent modernes et égalitaires, les hommes sont souvent terriblement volages, et les femmes en souffrent, elles préféreraient s'installer dans des unions de longue durée.

— Le mariage constitue toujours le passage obligé…

— Oui, il faut se marier pour accéder à l'état de « femme ». Rester fille, ne pas trouver de mari, cela veut dire passer à côté de la vie, ne pas accomplir son destin. Les jeunes filles doivent devenir épouses et mères, et pour concilier ces contraintes avec leur accomplissement personnel elles aspirent désormais au mariage d'amour.

La maternité fait la femme

— *Pour être reconnue comme femme, il ne suffit pas de se marier, il faut devenir mère… Y a-t-il un moment de l'Histoire où la maternité n'a pas été la seule raison d'être des femmes ?*

— Je crois que non. La maternité a toujours et partout constitué l'identité même des femmes : leur place, leur fonction, leur destin… Tant qu'elles n'ont eu aucun contrôle sur leur fertilité, elles étaient constamment enceintes, ou en train d'allaiter. Ce sort qu'elles subissent, c'est aussi leur puissance. Les hommes respectent et redoutent ce pouvoir, ils savent que le ventre des femmes constitue la véritable limite à l'engendrement, que seules les femmes peuvent leur donner les fils qu'ils désirent. Chez les Romains, la procréation semblait être l'unique but du mariage – si certains couples se sont aimés, c'est venu en sus, une heureuse surprise dans une histoire individuelle. Sociale-ment parlant, une épouse romaine devait mettre au monde trois enfants vivants, pour assurer la descendance – beaucoup mouraient en bas âge. Dès lors, elle avait rempli son rôle, elle devenait la matrone, respectée dans la maison, et pouvait se dispenser de relations sexuelles. Il était entendu que son mari avait recours à des concubines. Cette abstinence de l'épouse était certainement aussi le moyen de limiter les naissances. Mais en tout cas la femme mariée n'était vraiment considérée que si elle avait mis au monde ces trois enfants.

— *Et si la première grossesse tarde à venir, la jeune épouse s'angoisse…*

— Oui, la stérilité a toujours été vécue comme un grand malheur, une malédiction. Celle qui ne peut pas donner

115

un enfant n'est pas une femme. Le mari était en droit de la répudier. Dans les familles royales, où la reine n'était épousée que pour donner une descendance, les conséquences pouvaient être terribles. Pensez à Napoléon et Joséphine : il était amoureux d'elle, mais la raison d'État a primé, il lui fallait une descendance, et il a sacrifié Joséphine.

— Jamais on ne considère que, dans un couple infécond, l'homme peut être en cause ?

— Si l'homme n'est pas impuissant, seule son épouse est tenue pour responsable. Encore aujourd'hui, il faut bien souvent qu'un médecin ait épuisé tous les recours du côté de la femme pour enfin proposer des examens au mari. Cela reste délicat, presque inconvenant, de soupçonner un problème du côté du mâle ! Par contre, à toutes les périodes de l'histoire, l'impuissance de l'homme a été reconnue comme une cause indiscutable de stérilité du couple. C'est alors la honte, la catastrophe. Cela a été repris par nos cultures. Pensez au film *Le Bel Antonio*, de Mauro Bolognini, en 1960. Antonio (Marcello Mastroianni) vit en Sicile ; ses parents, vieillissants, veulent qu'il se marie, mais il se montre très réticent, on pense même qu'il est homosexuel. Mais non, il est impuissant, et c'est un drame : pour lui-même, pour la famille, pour la ville – car tout se sait. On se demande s'il ne va pas se suicider. Dans une société machiste comme la société italienne, qui s'inscrit dans le droit-fil des cultures méditerranéennes antiques, être impuissant, c'est le pire. Tout comme la femme qui ne donne pas d'enfant n'est pas une femme, l'homme stérile n'est pas considéré comme un homme.

— Mieux vaut donc, dans la mesure du possible, faire porter la responsabilité de la stérilité à sa femme ! Et l'épouse qui ne

met au monde que des filles n'est-elle pas, elle aussi, très mal considérée?

— Le mari est probablement fort mécontent, mais elle échappe tout de même au péché de stérilité. Elle ne sera pas répudiée, on peut la plaindre, mais aussi la blâmer. Cette absence de fils est de sa faute.

Le corps enceint

— Avant les tests de grossesse de l'époque moderne, à quel moment la jeune épouse savait-elle qu'elle était enceinte?

— Quand les règles s'arrêtent. Cela semble avoir été compris depuis des temps très anciens. L'«arrêt du premier sang», comme on dit, donne l'alerte. Si on désire un enfant, c'est l'annonce de la bonne nouvelle. Cependant, on sait aussi que cela peut être un simple retard de règles, alors on surveille, on attend le deuxième mois pour être sûre… Mais cela ne se passe pas ainsi dans tous les milieux. Dans une même époque, il y a plusieurs manières d'être femme et de vivre sa grossesse. Plus encore qu'entre riches et pauvres, la dénivellation sociale entre ville et campagne est énorme. En ville, on sait plus de choses, mais à la campagne, bien souvent, on semble ne pas connaître son corps. On cite maints exemples, dans l'histoire ou la littérature, où les filles accouchent sans avoir compris ce qui leur arrivait. On ne soupçonne pas le degré de dénuement qui régnait – règne parfois encore – dans certaines couches sociales.

— Pour celles – heureusement les plus nombreuses – qui ont conscience de leur état, la grossesse se vit-elle différemment à la ville et à la campagne?

— Les attitudes vis-à-vis du travail varient beaucoup. Une femme de l'aristocratie, et même de la bourgeoisie, ne devait pas travailler, cela aurait été un déshonneur. Aucun obstacle donc, pendant sa grossesse, à ce qu'elle prenne son temps, qu'elle soit entourée, soignée, mignotée… La paysanne, au contraire, travaillait jusqu'au bout, elle mettait un point d'honneur à ne pas rester couchée, à assumer la maisonnée, la ferme, les enfantements. Une femme robuste, il n'y a pas mieux! C'est davantage dans le monde industriel qu'on verra des incompatibilités entre les futures mères et le travail. L'usine, les machines apparaissent comme un milieu violent, plutôt masculin que féminin. Les jeunes filles vont bien à l'usine, mais tant qu'elles ne sont pas mariées, ou jusqu'à leur premier enfant. Ainsi naîtront les lois de protection de la maternité, les congés avant et après l'accouchement.

— *Selon les époques, comment s'habille la femme enceinte? On se montre sans complexe ou on cherche à dissimuler?*

— Le corps de la femme enceinte ne semble pas poser de problèmes. Ainsi, dans un très beau tableau, Rembrandt a représenté sa femme, Saskia, visiblement grosse, et lui-même lui pose la main sur le ventre. C'est un point de vue très biblique, issu du judaïsme, où la fécondité et, donc, le corps de la femme enceinte sont valorisés. Cela se transmettra au christianisme, probablement avec un peu moins de panache. À la Cour, les femmes élargissent leurs corsages, leurs jupons. Il n'y avait pas tellement de tabous sur tout cela, c'était normal. «Mme de… est grosse», disait-on…

Tu enfanteras dans la douleur

— *Puis venait, inévitable, l'accouchement. Était-ce toujours une source d'angoisse, voire de terreur? On entrait dans de grandes souffrances, on risquait sa vie...*

— C'était un acte effectivement dangereux, et on le savait très bien. Il y a longtemps eu un très fort taux de mortalité maternelle, qui expliquait l'écart d'espérance de vie entre les hommes et les femmes. Il y avait les hémorragies, les infections... Quand l'enfant se présentait mal, on ne savait pas quoi faire. Pendant longtemps, tout cela est resté assez secret, les femmes s'occupaient des femmes, c'était leur affaire. Peu à peu, les médecins s'en sont mêlés, avec l'idée qu'il fallait rationaliser, définir les bonnes méthodes, former les sages-femmes. L'invention de la césarienne ne date guère que du XVe siècle, et c'est vraiment un acte chirurgical. En Italie, les chirurgiens l'ont alors beaucoup pratiqué sur des femmes pauvres, un peu pour s'entraîner, car l'intervention était en général mortelle pour la mère; on tentait d'abord de sauver l'enfant.

— *Que disait l'Église sur ce point?*

— Elle n'a jamais donné de directives très fermes là-dessus, mais son choix allait plutôt vers l'enfant. Le vrai débat avait lieu entre médecins. Progressivement, ceux-ci, mais aussi les maris, ont donné la préférence à la femme, jugée plus importante, plus utile que l'enfant à venir. À l'époque des Lumières, on cherchait à sauver la mère.

— *Alors que le monde des femmes était voué au secret, et même à la honte, ces accouchements pratiqués par des hommes ne semblaient-ils pas gênants?*

— Il y avait un vrai tabou, et une très forte réticence des femmes elles-mêmes. De là date l'antagonisme entre médecins et sages-femmes. Historiquement, ces dernières se sont beaucoup appuyées sur la pudeur des femmes. Mais l'idée que le médecin détenait la science, et donc une plus grande sécurité, s'est imposée peu à peu, à partir des milieux aisés. Aujourd'hui encore, les médecins se montrent assez paternalistes envers les sages-femmes, qui tentent, elles, de faire reconnaître leur savoir.

— *Et la douleur de l'enfantement, les médecins s'en préoccupaient-ils?*

— Non, pas du tout! La science médicale a longtemps été très indifférente à la souffrance en général, et particulièrement à celle des femmes qui accouchent. C'est dans la nature des choses, disait-on, Dieu l'a voulu: «Tu enfanteras dans la douleur.» Par contre, entre femmes, on se transmettait des recettes, des secrets pour soulager. Toute une culture féminine s'est développée autour de la douleur, source de terreur, mais aussi de fierté: «J'ai bien souffert, il sera plus beau.» Il faut avoir subi l'épreuve, et l'éthique chrétienne n'est pas contre la douleur. Plus tard, on doit pouvoir éventuellement dire à son enfant que cela a été dur. L'accouchement sans douleur – une façon de parler! – a été introduit par des gens qui se revendiquaient de gauche, et cela a suscité de vrais débats politiques. Mais de toute façon, avec l'accouchement, les femmes ont le sentiment d'entrer dans un club. Elles se racontent leurs accouchements, c'est une grande tradition: «pour mon premier, mon deuxième, mon troisième… ». Elles valorisent les incidents, le sang perdu. Elles ont livré une bataille.

Sœurs de lait

— *Vive la péridurale! En attendant ces temps bénis, la jeune mère qui vient d'accoucher et qui a survécu est soignée par les femmes de son entourage. Qu'appelait-on les « relevailles », le « retour de couches » ?*

— Les relevailles étaient une cérémonie religieuse : après un certain nombre de semaines, la femme revenait à l'église pour être, en quelque sorte, purifiée. Elle recevait une bénédiction, réintégrait la communauté des fidèles et reprenait la vie conjugale. Le retour de couches signifie le retour des règles. La femme est de nouveau féconde, et, bien souvent, elle n'y tient guère. Alors elle allaite longtemps, sachant qu'une femme qui allaite est moins féconde.

— *Néanmoins, l'allaitement n'était pas considéré comme très convenable pour une femme de milieu aisé… Ne préféraient-elles pas employer des nourrices ?*

— Si. C'était le cas des femmes riches, mais aussi de femmes très occupées, comme les épouses d'artisans, de commerçants, qui travaillaient à l'atelier ou à la boutique et n'avaient guère le temps de s'occuper de leurs enfants. Elles les mettaient donc « en nourrice ». Dès le XVIIIe siècle, dans les milieux très aisés — car c'était beaucoup plus cher —, il y avait la nourrice « sur lieu », qui faisait partie des domestiques. Sinon, on confiait l'enfant à la nourrice « à emporter » : l'enfant était emmené à la campagne, autant que possible pas trop loin. Autour de Paris, il partait ainsi vers la Normandie, la Bourgogne, le Morvan…

— *Les enfants confiés à une même nourrice devenaient ainsi frères et sœurs «de lait».*

— Oui, et cela tissait des liens très forts. Si on a tété le même sein, on est presque frère et sœur. Cela crée aussi des interdits : il vaut mieux ne pas se connaître sexuellement.

— *Qu'en est-il de ces récits terribles d'enfants en nourrice qui mouraient en grand nombre, parfois même pendant le transport ?*

— Pour les enfants de familles aisées, qui avaient les moyens de payer, les choses se passaient relativement bien. Mais on envoyait aussi à la campagne les orphelins, les enfants abandonnés, qu'il fallait bien nourrir. La mortalité était très forte – on a estimé au XIXe siècle que c'était peut-être un bébé sur deux –, soit pendant le transport, soit parce que les nourrices se chargeaient de trop d'enfants et n'avaient pas assez de lait pour les nourrir tous. On considérait que cela n'avait guère d'importance, étant donné ce qui les attendait, ces pauvres petits sans parents, bâtards, abandonnés…

— *Et on peut supposer que leurs mères se trouvaient aussi dans une condition misérable…*

— Oui, la mère est coupable, et l'enfant bâtard, dans la culture chrétienne, mérite à peine de vivre. C'est l'enfant du péché, on le cache, on essaie de l'abandonner, de le perdre. L'Église le baptise comme les autres, mais dans la société il n'existe pas légitimement, il n'a pas de droits. Ni nom ni biens. Même à la Cour, où les bâtards ne sont pas rejetés, ils ne peuvent pas accéder au trône. Le roi les dote, leur donne des titres et des terres, mais rien ne l'y oblige.

La « bonne » mère

— *De quand date l'amour maternel ? Du fond des âges, ou à la suite d'une progressive construction sociale ?*

— Il serait trop simple de dire que l'amour maternel est une pure fabrication sociale. Nous avons des signes d'amour très fort liant une mère à ses enfants bien avant l'avènement de la limitation des naissances et de l'enfant-roi. Je pense à certains textes de l'Antiquité chrétienne, où l'on voit une femme bientôt livrée au martyre et dont l'unique souci est de savoir qui prendra soin de ses enfants après sa mort. Cet exemple ancien de véritable amour, de souci de l'autre, est loin d'être unique. Dans le christianisme, le personnage de la Vierge constitue un formidable éloge de l'amour maternel. Au XVIIᵉ siècle, époque où les dames de la Cour ne s'occupaient guère de leurs enfants, Mme de Sévigné a toute sa vie exprimé pour sa fille un amour passionné. Cependant, il reste vrai que, à l'échelle de la société, les normes en matière d'amour maternel étaient relativement limitées. Pendant très longtemps, on n'attendra pas d'une mère qu'elle prenne véritablement soin de ses enfants.

— *Cela était-il vrai dans tous les milieux ?*

— Dans les milieux aristocratiques, bourgeois, la mère était très tôt séparée de ses enfants, mis en nourrice. Elle ne les voyait plus que de loin en loin, et ne s'impliquait guère dans les soins ou l'éducation. Il était même bien vu de prendre ses distances avec ses enfants, qui n'entraient pas dans l'intimité des parents, père ou mère. En revanche, dans les milieux populaires, les enfants restaient beaucoup plus proches de leur mère.

À la campagne, les petits vont et viennent dans les jupes des femmes, elles travaillent tout en s'en occupant. Curieusement, l'exemple de la dévotion maternelle viendra donc plutôt d'en bas, alors que tant de transformations sociales ont été initiées dans les couches aisées de la société.

— *Comment se forme l'idéal de la « bonne » mère, dévouée, voire consacrée à ses enfants ?*

— Cela date des Lumières, notamment de Rousseau, mais il n'est pas le seul. À partir du moment où on prend conscience de l'enfant, le rôle de la mère prend beaucoup plus d'importance. On construit une véritable vision philosophique et sociale de la « bonne » mère, celle qui nourrit, qui soigne le corps mais aussi l'éducation de ses enfants, et pense en termes de projet. Elle s'investit dans la personne que l'enfant deviendra. La Révolution française ne donne pas la citoyenneté aux femmes, mais les célèbre néanmoins en tant que citoyennes sociales, parce qu'elles sont mères et éduquent les futurs citoyens. La littérature sur la « bonne » mère va devenir innombrable. Des traités entiers expliquent comment elle doit se comporter et ce qu'elle ne doit pas dire, ni faire. L'idée de l'utilité sociale et politique des femmes, mais uniquement en tant que mères, devient très forte.

Dévouée à ses enfants

— *Et avec l'idée de la « bonne » mère, vient certainement celle de la « mauvaise » mère, de la femme égoïste !*

— Bien sûr… Balzac, dans *Mémoires de deux jeunes mariées* (1841), nous livre un exemple romanesque très intéressant.

Il met en scène, sous la Restauration, deux amies de couvent qui poursuivent leur correspondance tout au long de leur vie. L'une, Renée de l'Estoril, issue de la bourgeoisie, désire être mère, elle aime ses bébés – elle dit d'ailleurs son «*baby*». Renée se préoccupe des tétées, des jeux, de l'éveil de l'enfant. Au contraire, son amie, Louise de Chaulieu, vit comme dans l'ancien temps; ce qui compte pour elle, c'est d'aimer et d'être aimée. Elle ne veut pas d'enfant – «c'est un dérangement», écrit-elle à son amie. Et effectivement elle n'en a pas. Mais elle finira seule, malade, sans amour. L'exemple à suivre selon Balzac, du moins selon la morale de son temps, c'est donc Renée, la bonne mère, qui ne recherche pas le plaisir et trouve son bonheur en se dévouant à ses enfants.

– *Le bébé est une valeur en hausse...*

– On observe cela à partir du XVIIIe siècle. Parallèlement, les soins au bébé prennent une véritable dimension scientifique. La maternité comme la petite enfance sont de plus en plus médicalisées et les mères deviennent les interlocutrices des médecins, servant de médiatrices entre eux et l'enfant. Elles reçoivent de plus en plus de conseils, et même de règlements, qu'elles sont tenues d'observer. Cette obsession culmine, en France, dans les années 1900, car la mortalité infantile reste très forte et la nation redoute la dénatalité. Les mères sont enrôlées aux côtés des médecins dans une sorte de croisade pour sauver les enfants. Il leur faut bien les laver, bien les allaiter. Les dispensaires, les «Gouttes de lait», datent de cette époque, qui est aussi celle de Pasteur. Là, on conseille aux mères d'allaiter leur bébé le plus longtemps possible, ensuite on leur apprend à stériliser le biberon. On commence à parler de vitamines. La mère a une lourde responsabilité, car le bébé appartient à la nation.

— Ces soucis d'hygiène, évidemment bénéfiques pour la santé, ajoutent à la charge domestique des femmes.

— L'hygiène, la propreté, c'est leur domaine. Le linge, en particulier, relève d'un univers très féminin : l'eau, le savon, le repassage, la couture… On représente les femmes au lavoir ou allant chercher l'eau. Laver le linge, nettoyer la maison, préparer la nourriture, soigner les enfants, on considère que c'est féminin. La séparation des rôles masculins et féminins est stricte, et les travaux domestiques incombent aux femmes. Sauf, peut-être, dans la période de proto-industrialisation, quand toute la famille travaillait autour du métier à tisser. Le père était le chef du métier, et si la femme avait encore des finitions à faire il pouvait se charger du repas, de certains travaux domestiques. C'est à peu près le seul cas d'un partage des tâches.

— Les hommes ne sont pas non plus étrangers à la cuisine, pour autant qu'elle sorte de la corvée quotidienne pour prendre un aspect festif, valorisant, plus « noble »…

— Le monde de la nourriture est très sexué. Aux hommes, la viande et le vin ; aux femmes, les légumes et le lait. La cuisson de la viande, c'est plus masculin. Tout ce qui concerne le porc, également, appartient aux hommes : tuer le cochon, fabriquer le boudin. Une femme qui a ses règles ne doit pas s'approcher, cela risque de gâter le boudin. C'est pareil au moment des vendanges. Dès qu'il s'agit d'une préparation noble, masculine, la femme est écartée, impure.

Les « *funestes secrets* »

— La jeune femme, parfois heureuse de se marier, puis de devenir mère, a bientôt un autre souci : ne pas avoir un enfant chaque année, ne pas s'épuiser totalement, et parvenir à nourrir sa famille de plus en plus nombreuse...

— Depuis toujours les femmes sont surchargées d'enfants, elles guettent avec angoisse le retour de leurs règles... Si elles sont pauvres, malades ou, pire encore, célibataires, leur situation est dramatique. En fait, la contraception, ou au moins la tentative de contraception, a toujours existé. On sait très peu de choses sur ce qui se passait dans l'Antiquité. Mais dès les premiers siècles du christianisme l'Église a identifié – et fortement désapprouvé – ce qu'elle appelait le « péché d'Onan », c'est-à-dire le coït interrompu : l'homme se retire, le sperme se répand hors du corps. L'Église est très claire sur ce point : c'est un péché. Au XXe siècle, elle condamnera même ce qu'on appelle alors l'« étreinte réservée », méthode pour empêcher l'éjaculation, car, toujours selon l'Église, Dieu a donné le sperme aux hommes pour faire des enfants. Elle considère la sexualité comme une faiblesse, qui ne peut être admise que dans le mariage, à des fins de procréation. Si on ne veut pas d'enfants, on ne doit pas avoir de relations sexuelles.

— Les fidèles en tenaient-ils compte ?

— Visiblement, guère. La France a été le premier pays d'Europe à pratiquer une contraception massive. La paysannerie pense en termes de transmission des biens, et tente donc de limiter les naissances. Pour cela, on retarde l'âge du mariage, dès la fin du Moyen Âge. À cause de la mortalité précoce, le couple dure beaucoup moins longtemps qu'aujourd'hui, rares sont ceux qui vivent ensemble jusqu'à 50 ans. La période de vie féconde est donc brève. On observe cependant une grande différence selon les classes. Dans l'aristocratie, on se marie très jeune, mais souvent on ne fait pas lit commun, c'est un arrangement mondain. Et partout on pratique donc très largement ce que les confesseurs du XVIIᵉ siècle appellent les « funestes secrets », qui sévissent « jusque dans nos campagnes » : le coït interrompu. Chacun sait que c'est absolument condamné par l'Église, mais qu'importe : pour une femme, un bon mari, c'est celui « qui fait attention ». Elle en est fière, elle le revendique comme un honneur, car cela signifie « il m'aime, il me protège, il sait se contrôler ». Et s'il ne fait pas attention, elle n'est pas contente. En plus, les voisines le savent : la malheureuse est enceinte tout le temps.

– Pour y échapper, il y a aussi l'abstinence…

– Oui, et elle aussi est largement pratiquée quand un couple ne veut plus avoir d'enfants. Les hommes ne couchent plus avec leur femme, ils vont voir les servantes de ferme, des femmes qu'ils rencontrent en ville, et, bien sûr, les prostituées. Il y a toujours, pour les hommes, deux circuits sexuels et, pour les femmes, un seul. D'où le discours, tellement commode, sur les femmes qui n'ont pas de besoins sexuels, voire qui sont frigides. Tandis que pour les hommes l'érection est incontrôlable, le sperme est un liquide précieux, qui coule comme un fleuve… Donc il faut faire quelque chose pour eux !

– D'où les prostituées… Celles-ci ont toujours pratiqué des méthodes contraceptives, avec plus ou moins de bonheur ?

– Oui, depuis longtemps elles pratiquent le retrait féminin, les lavements, les douches vaginales. Les bordels sont des lieux où il faut de l'eau, et les prostituées sont réputées plus propres que les autres femmes, car elles se lavent. En Angleterre, probablement dès le XVIIᵉ siècle, circulent les éponges, les capotes, des sortes de stérilets. Certes, les prostituées avaient quelquefois des enfants, car elles voulaient aussi être mères, mais elles s'enorgueillissaient de savoir contrôler les naissances, comme d'une qualité professionnelle. Mais cela était considéré comme un savoir de prostituée, qu'un mari n'aurait pas osé proposer à sa femme.

— Et la méthode des cycles, plus acceptable pour l'Église, car elle implique des périodes d'abstinence?

— Elle est très récente. Le mécanisme de l'ovulation n'a été découvert qu'à la fin du XVIIIᵉ siècle, on ne l'a pas vérifié avant le milieu du XIXᵉ, et, en fait, il a fallu attendre le XXᵉ pour qu'il soit véritablement pris en compte. Toute une évolution avait eu lieu vers le mariage d'amour, avec un désir de s'aimer corps et âme. On réhabilitait alors le plaisir, le sexe, on ne voulait pas se refuser à son conjoint. Les jeunes couples chrétiens — surtout catholiques, car les protestants étaient sur ce plan beaucoup plus ouverts — se sont ainsi affrontés aux pires tourments. En France, il y avait une «Association pour le mariage chrétien», qui valorisait l'amour dans le mariage tout en maintenant cet interdit sur la contraception. Des médecins catholiques — comme Knaus et Ogino –, témoins des difficultés de ces jeunes couples, ont mis au point la méthode des températures, pour repérer les périodes fécondes de la femme. Si un couple désirait un enfant, il était bon de faire l'amour à ce moment-là; dans le cas contraire, il valait mieux se limiter au début ou à la fin du cycle. Mais il y avait beaucoup d'échecs, au point que dans les milieux catholiques on disait fréquemment pour qualifier un enfant non désiré: «c'est un bébé Ogino»!

« *Faire passer* » l'enfant

— *En dépit de tous ces efforts de contraception «artisanale», que de femmes, depuis l'histoire la plus ancienne, se découvraient enceintes, à leur grand désespoir!*

— Oui, c'était pour elles une menace constante, avec son cortège de souffrances : la misère, la faim, la honte, l'enfant bâtard… Les femmes «prises», comme on disait, tentaient de «se débrouiller». En fait, l'avortement et même l'infanticide sont vieux comme le monde, et ont longtemps été tolérés. Dans toutes les cultures, à toutes les époques, il y a eu des moyens de «faire passer» l'enfant : des philtres, des breuvages, des exercices physiques, une culture de l'avortement, un peu secrète, dont certaines femmes étaient dépositaires. Au Moyen Âge, elles passaient pour sorcières. Leur statut était très ambigu, car c'étaient aussi des femmes qui soignaient, qui détenaient les savoirs du corps, connaissaient les pouvoirs des plantes, les secrets de la vie et de la mort. Au XIXe siècle, les sorcières ont disparu peu à peu, mais les rebouteux ont pris le relais. Et dans toutes ces médecines parallèles – celles des sorcières, matrones, sages-femmes, rebouteux – on pratiquait des avortements. Dans l'opinion populaire, c'était considéré comme tout à fait normal. On n'en parlait pas, mais on ne se sentait pas coupable. Une femme mariée qui avait déjà pas mal d'enfants considérait qu'elle avait bien le droit de se faire avorter, et les autres l'aidaient, parfois même les hommes de la famille. Personne n'y trouvait à redire. En fait, pour beaucoup, c'était une méthode contraceptive. D'autant plus que les familles populaires prenaient conscience de l'investissement que représente un enfant : il va faire des études, un apprentissage, et donc il va coûter cher. Lorsque l'enfant devient un projet, on s'efforce de contrôler la taille de la famille. Cela explique cette solidarité populaire autour de l'avortement.

— *Mais, légalement, l'avortement était toujours condamné ?*

— Dès François Ier on trouve quelques textes où l'avortement est considéré comme un crime. Mais cela reste surtout théorique. Le Code Napoléon taxe clairement de crimes l'avortement et l'infanticide. Pourtant, là encore, les poursuites, fréquentes pour l'infanticide, sont rares pour l'avortement. Il y a une espèce de tolérance à ce sujet : tout le monde le sait, mais on ne dénonce pas. Cela change à la fin du XIXe siècle, quand la démographie – la science de la population – se développe, avec des recensements plus raffinés. On considère que plus la population est nombreuse, plus l'État est fort. En France, on s'alarme, car la natalité baisse. Pourquoi ? On soupçonne une contraception cachée et des avortements multiples. On fait des statistiques dans les maternités et on voit que beaucoup de femmes viennent pour des fièvres puerpérales, souvent à la suite d'un avortement. On avance des chiffres astronomiques (dans les années 1900, on parlera d'un million d'avortements par an). Est-ce vrai ? Est-ce faux ? C'est impossible à mesurer. Mais, dès lors, les médecins se sont trouvés mobilisés pour aider les femmes à donner la vie, puis à soigner leur enfant. Zola écrit *Fécondité*, un roman qui célèbre la mère de famille nombreuse. Zola était de tendance socialiste, mais même les partis de gauche étaient hostiles à la contraception et à l'avortement. Depuis longtemps Marx s'opposait résolument à Malthus.

— *À partir de ce moment-là, on réprime ?*

— Dès les années 1860-1870, l'État a commencé à poursuivre les « faiseuses d'anges » et les médecins « marrons ». Nouveau tour de vis dans les années 1890 : le gouvernement prévient les procureurs généraux qu'il faut sévir. Les gens du peuple ne comprennent pas, et sont même choqués. De quoi se mêle-t-on ? Une affaire a été plaidée devant le tribunal d'Évreux, qui a fait pas mal de bruit. Un rebouteux pratiquait des avortements. Dès qu'une femme était « prise » elle allait le trouver. Tout d'un coup, les autorités décident d'un véritable coup de filet : on arrête le rebouteux et les femmes qui sont passées chez lui. Mais la population prend la défense du rebouteux : cet homme leur rendait service. On a beaucoup de mal à persuader les gens que « c'est mal », qu'ils n'ont « pas le droit ». C'est le langage des autorités, de l'État, qui tâche de convaincre que l'avortement est un crime contre la nation : la mère doit mettre au monde son enfant, même illégitime, car il appartient à la nation. Entre deux guerres, la loi de 1920 interdit toute propagande contraceptive, et la loi de 1923 décide que l'avortement doit être traduit devant les tribunaux correctionnels.

— N'est-ce pas moins grave ?

— En apparence, oui, mais dans la réalité il s'agissait de traduire les femmes devant des magistrats professionnels, qui avaient pour consigne de durcir la répression, alors qu'aux assises l'État redoutait l'indulgence du jury, qui représente le peuple. De toute manière, on se montre plus indulgents avec les patientes qu'avec les faiseuses d'anges et les médecins marrons. Eux risquent des peines très importantes. Toutefois, malgré ce durcissement, la faiseuse d'anges n'encourait plus la peine de mort depuis le début du XXe siècle. Le régime de Vichy, très anti-féminin, reviendra sur cette règle : en 1943, une avorteuse est guillotinée, comme le raconte le film de Claude Chabrol, *Une affaire de femmes*.

– Et l'Église ?

– Comme l'État, l'Église ne s'en est vraiment mêlée qu'à partir de la fin du XIXe siècle. Auparavant, certes, elle désapprouvait, mais au fond n'en parlait guère. Les confesseurs comprenaient, et de manière tacite ils savaient qu'ils n'étaient pas supposés s'en mêler. Il régnait une espèce de silence de l'Église autour du lit conjugal et de ses suites. C'était l'affaire des couples, et les prêtres s'étaient peu à peu écartés des affaires de morale sexuelle. Mais quand l'État s'empare de la natalité, donc de l'avortement et de la contraception, l'Église sent la morale lui échapper. La chair, le péché, c'est son domaine ! Depuis Rome, des consignes sont alors communiquées aux évêques, transmises aux prêtres, pour qu'ils enjoignent aux femmes de ne pas pratiquer la contraception et encore moins l'avortement. Certains en seront profondément gênés, convaincus que cela ne les regarde pas. Mais une espèce de compétition est désormais lancée entre l'Église et l'État, qui chacun affirment : la sexualité et le corps de femmes, c'est nous !

Séduites et abandonnées

– Pour les femmes qui ne pouvaient en aucun cas prendre soin de l'enfant non désiré, il restait encore le triste infanticide, lui aussi, vous le disiez, vieux comme le monde.

– Le bébé est une valeur récente, et le fœtus, ou même le nouveau-né, encore davantage. Chez les Romains, le père, propriétaire de ses enfants, en disposait comme bon lui semblait. Longtemps on s'est débarrassé de l'enfant en trop sans le dire. Le nouveau-né n'était pas considéré comme un être humain, on le disait «avorton», à la limite du fœtus. Souvent les femmes prétextaient : il était mort-né. Et on ne leur en demandait pas plus… La condamnation de l'infanticide date du Moyen Âge : si le nouveau-né crie, c'est qu'il a une âme, il doit donc être baptisé pour ne pas aller en enfer mais rejoindre cet univers étrange appelé les «limbes», où il ne verra pas Dieu mais ne souffrira pas non plus. Il faut attendre le xve siècle pour que des édits royaux punissent l'infanticide. Mais il reste pratiqué assez largement, y compris par des femmes mariées. On n'y regardait pas tant que ça. Ces femmes avaient de larges robes, elles étaient grosses, puis plates, et voilà ! On fermait les yeux… Progressivement, au fil des décennies, l'État est intervenu davantage, et on s'est mis à y faire attention, comme s'il y avait peu à peu une prise de conscience du bébé. Dans les villages, on guette, la rumeur circule, on s'étonne de ces femmes à dimensions variables, et on va jusqu'à les dénoncer à la gendarmerie. Sous le Second Empire, beaucoup de femmes – de l'ordre de mille par an – ont été condamnées pour infanticide. En consultant les archives judiciaires, on voit très bien ce que fut leur terrible situation. En réalité, on laissait tranquilles les femmes mariées, et dans 80 % des cas c'étaient les pauvres filles de ferme que l'on traînait devant les tribunaux.

– *Séduites et abandonnées..*

– Oui, des filles toutes jeunes, de véritables proies sexuelles, plongées dans la promiscuité de la chambre commune ou de l'étable, où couchent servantes et valets. Elles sont guettées, même dans les champs, par le maître, les valets, les colporteurs, elles n'arrivent pas à se «garder». Enceintes, les voilà abandonnées, livrées à elles-mêmes, et cela d'autant plus s'il s'agit d'hommes mariés. Alors elles essaient de «faire passer» l'enfant. Celles qui n'y parviennent pas – la plupart – tentent de dissimuler leur état pour ne pas être renvoyées, elles portent ces larges robes-tabliers des paysannes et grossissent sans rien dire. Les maîtresses de ferme veillent, quelquefois l'une d'elles tente d'aider sa servante et devient complice. Mais c'est rare. Le jour venu, les malheureuses accouchent seules et se débarrassent de l'enfant en secret. Le lendemain, elles reprennent le travail. Si on s'étonne de leur minceur, c'est, disent-elles, qu'elles ont été malades. La plupart du temps, les gens ferment les yeux. Mais ceux qui sont mal disposés à leur égard les dénoncent. La gendarmerie fait une enquête, et si on découvre un avorton quelque part elles sont traduites devant les tribunaux.

– Que risquaient-elles?

– En principe, il s'agissait d'un crime, elles risquaient donc la mort. Mais on observait une indulgence assez grande des tribunaux. Ces filles, si jeunes, étaient souvent considérées comme des victimes, et leur enfant, né hors mariage, dans de telles circonstances, avait finalement peu d'importance. À partir du milieu du XIXe siècle, on commuait généralement la peine de mort en travaux forcés. On envoyait ces filles en Guyane ou en Nouvelle-Calédonie. Là aussi on avait besoin de femmes, pour les bagnards qui, après leur peine, restaient bannis. On voulait qu'ils puissent fonder une famille.

– Pour les femmes qui n'avaient pas voulu – ou pas pu – recourir à l'avortement ou à l'infanticide, il restait encore la ressource de ne pas soigner, de négliger, ou même d'abandonner l'enfant non désiré.

– En effet. L'abandon d'enfant n'était pas permis et ne se faisait que clandestinement. Au Moyen Âge, les religieuses tentaient de prendre en charge ces nourrissons: le nouveau-né a une âme, il ne faut pas le laisser mourir. À partir du XVIIe siècle, cela s'est organisé de manière beaucoup plus systématique. On a inventé le «tour»: une sorte de tourniquet installé à la porte des couvents, avec des compartiments. Une femme pouvait y déposer son bébé dans l'anonymat le plus complet, les religieuses le faisaient pivoter et recueillaient l'enfant. Ce système a existé en Europe jusqu'au milieu du XIXe siècle. En France, Napoléon III a interdit les tours. À l'époque, on pensait qu'il valait mieux que la fille mère, même couverte de honte, s'occupe de son enfant. On a commencé à lui donner des secours. Car, dans les orphelinats, il y avait une véritable hécatombe, les enfants y mouraient en très grand nombre. La Troisième République organise l'Assistance publique, admet l'accouchement sous X et place les enfants à la campagne – ainsi, Jean Genet.

Seules ou scandaleuses

— *Et puis venait l'âge mûr, puis la vieillesse, périodes qui, de tout temps, ont rendu les femmes particulièrement vulnérables…*

— La vieillesse a toujours été redoutable pour les femmes. Elle signifie souvent la solitude et la misère. Qu'elles soient célibataires ou mariées, les femmes se sentent toujours menacées par la perte de leur séduction. Au XIXe siècle, la peur de vieillir travaille visiblement la société. Dans les romans de Maupassant, on voit des femmes – des hommes aussi – affrontées à leur miroir et contemplant leurs traits qui se déforment, leurs cheveux qui blanchissent. Balzac dit que dans la société de son temps les femmes de 30 ans n'existent plus comme femmes. Ce n'était pourtant pas son avis. Son amie, Mme Hanska, était beaucoup plus âgée. L'héroïne du *Lys dans la vallée*, Mme de Mortsauf, est mère de famille, et pourtant très séduisante. Le jeune héros en est fou. Mais elle ne lui cède pas, et elle en meurt. Au fond, Balzac suggère qu'elle aurait mieux fait… Pour lui, comme pour Flaubert, la séduction des femmes d'âge mûr existe bien. Mais peut-être sont-ils des exceptions, des artistes qui cherchaient des figures plus maternelles. Pour les autres femmes, en tout cas, l'âge mûr est souvent vécu comme une perte.

— *Un âge où les célibataires se retrouvent souvent très seules et où beaucoup de femmes mariées deviennent veuves.*

— Seules à leur tour, elles plongent souvent dans des conditions misérables, ou de grande dépendance. Il y a toujours eu beaucoup plus de veuves que de veufs. Cela tient à l'écart de l'âge au mariage, à la différence sexuelle de longévité, et au fait qu'un veuf, généralement, ne reste pas veuf très longtemps et se remarie.

— *D'où vient cet écart qui progresse entre espérances de vie masculine et féminine ?*

— Ce n'est pas un fait de nature. Il tient aux modes de vie et aux risques encourus. Aujourd'hui, l'écart est d'environ huit ans. Mais si on remonte au milieu du XVIIIe siècle (époque des premières statistiques) l'avantage des femmes est déjà de deux ans. Cela s'accentue à la fin du XIXe et au XXe siècle. Les guerres, et tout particulièrement celle de 1914-1918, ont créé une surmortalité masculine effroyable. La révolution industrielle a aussi accentué la différence : les femmes restent davantage à la maison, alors que les hommes travaillent à l'usine, et les accidents du travail sont légion. De plus, l'identité virile se construit sur la prise de risques : on n'est pas un homme si on ne se met pas en danger. L'identité des femmes, au contraire, penche du côté de la précaution. Elles font moins d'excès.

Autrefois, elles fumaient peu, ne buvaient pas du tout. Dans les milieux populaires, on voyait parfois des femmes saoules, mais c'était peu répandu. Et puis les femmes consultent plus les médecins, ne serait-ce que quand elles sont enceintes. Elles sont plus soucieuses de leur corps.

— Le prolongement de la vie des femmes est-il lié à l'espacement des naissances, et aux meilleures conditions d'accouchement?

— Oui. Les principaux dangers pesant sur la vie des femmes étaient les grossesses fréquentes, les accouchements qui se passaient mal, les infections et les hémorragies qui pouvaient suivre. Mais, peu à peu, les couples ont trouvé le moyen d'espacer les naissances, bien avant que n'intervienne la véritable contraception. Les femmes ont eu alors moins d'enfants, l'hygiène et l'obstétrique se sont développées, on a pris soin d'elles. Mais des jeunes femmes meurent toujours en couches.

— Dans ce cas, le jeune veuf ne reste pas veuf très longtemps…

— Et même le veuf plus âgé! Il se remarie, souvent avec une femme plus jeune. Cette nouvelle union est approuvée par tous – à commencer par l'Église – au nom de la vie sexuelle des hommes, considérée comme nécessaire, inévitable, sans quoi le veuf risque de «traîner», de mettre en danger le patrimoine de la famille. Et puis il lui faut une femme pour tenir sa maison.

— Et si une veuve souhaitait se remarier?

— Cela était très mal vu, comme si elle commettait une infidélité. Certes, si la veuve était très jeune, si elle attendait suffisamment, c'était admis. Mais si elle avait un certain âge, sa famille ne l'acceptait pas, ses enfants poussaient les hauts cris. On lui prêtait, là encore, une concupiscence honteuse.

Qu'une femme, passé un certain âge, puisse désirer une vie sexuelle, cela apparaissait comme une folie. La morale et l'Église le condamnaient. Traditionnellement, la ménopause est vue comme la fin de la féminité. En contrepartie, une fois passé l'âge de la sexualité et de la séduction, certaines femmes acquéraient parfois une liberté nouvelle, comme s'il y avait un échange entre sexualité et pouvoir. On admettait qu'elles aient leur mot à dire sur les intérêts de la famille, le mariage des enfants, voire les affaires de la Cité ou du village, comme si elles accédaient à un statut viril.

Le partage des larmes

– *Que devenait la veuve qui restait seule ? Allait-elle vivre chez ses enfants ?*

– Dans les milieux bourgeois, une réserve financière – le douaire – était souvent prévue, et la veuve n'était alors pas trop à plaindre. Parfois, elle vivait même cette période comme un moment d'épanouissement. Mais, fréquemment, les enfants considéraient qu'on avait soustrait une part trop importante à leur héritage, d'où l'animosité classique entre la belle-mère, veuve, et le gendre ou la belle-fille qui convoitait ses biens et attendait sa mort. Par contre, si la quote-part de la douairière n'avait pas été prévue par contrat, les enfants étaient héritiers avant elle. Pour la veuve, cela représentait une perte de statut économique considérable, et bien souvent elle n'avait plus les moyens de garder sa maison. C'est pourquoi, en effet, on voyait beaucoup de femmes âgées contraintes de vivre chez leurs enfants, se repliant sur une seule chambre.

— Et dans les milieux populaires ?

— C'était très dur pour les femmes âgées. Il n'y avait pas de retraite, sauf pour les veuves de guerre. La première loi pour les retraites des ouvrières et des paysannes date, en France, de 1910 ; et encore, beaucoup n'y avaient pas droit. Les femmes qui n'avaient pas eu de métier n'avaient plus rien. Tant qu'elles pouvaient rendre des services, travailler un peu, garder les vaches, ramasser du bois, elles arrivaient encore à s'en sortir. Mais ensuite, plus âgées, plus fragiles, elles pouvaient tomber dans une misère noire. Elles n'étaient plus considérées que comme des bouches à nourrir, souvent maltraitées. Il y avait même des régions – la Lozère, le Gévaudan – où on les mettait à l'écart, dans des espèces de petites huttes où on allait leur donner à manger, presque comme à des chiens.

— Cela fait froid dans le dos...

— Pour faire face à cette misère, les femmes seules tentaient de se regrouper. Les veuves plus jeunes, avec des enfants, partageaient une petite maison ou un appartement. À partir de la seconde moitié du XIXe siècle, la famille devient nucléaire, les enfants prennent moins souvent les personnes âgées à domicile et on ouvre alors des hospices, souvent gérés par des religieuses. En majorité, on y trouve des vieilles femmes, qui végètent dans des conditions misérables. Et à notre époque on assiste à l'apparition non du troisième âge, mais d'un quatrième âge, qui concerne essentiellement des femmes. Elles sont très âgées, souvent malades, appartiennent à des générations qui, officiellement, ne travaillaient pas, ou à temps partiel, dans des emplois peu qualifiés. Elles se retrouvent avec de toutes petites retraites et vivent dans la pauvreté.

— La grand-mère est aujourd'hui pourtant un personnage très aimé, un pilier de la vie de famille. Cela n'a-t-il pas toujours été le cas?

— Bien sûr, aujourd'hui, on voit des femmes de 60 ou 70 ans – loin du quatrième âge – qui sont très actives, jouent un rôle dans les associations, prennent soin de leur mari, de leurs petits-enfants, et même de leurs parents qui atteignent les 90 ans! Mais en fait cette importance accordée à la grand-mère est relativement récente. On la voit monter en puissance au XIXe siècle, à travers les romans et les autobiographies. Dans ces récits, la grand-mère joue un rôle fondamental, dans la vie individuelle comme dans la vie collective. Elle est celle qui transmet le souvenir du temps qui passe. George Sand, dans *Histoire de ma vie*, met en scène son enfance, où sa grand-mère joue un rôle essentiel. Elle a vécu sous l'Ancien Régime et lègue à sa petite-fille un riche héritage culturel. Soixante ans plus tard, Proust fait lui aussi de sa grand-mère un personnage clé, témoin du «temps perdu» – et qui lui offre un livre de George Sand, *François le Champi*…

— Les femmes transmettent la mémoire. Et elles sont chargées de tout ce qui a trait à la mort. Elles mettent au monde, mais elles aident aussi à sortir du monde…

— C'est un rôle que l'on retrouve dans beaucoup de religions, dès l'Antiquité. Dans les représentations grecques, le rôle des femmes au moment de la naissance n'apparaît guère, mais on les voit accompagnant les guerriers qui partent pour la guerre, puis attendant aux portes de la ville pour accueillir les corps de ceux qui sont morts au combat. Elles doivent les pleurer, suivre les obsèques avec toutes les démonstrations de la douleur. On en retrouve des traces dans les cultures méditerranéennes d'aujourd'hui, avec un partage quasi théâtral des rôles entre les femmes, qui crient et pleurent bruyamment, toujours en noir, toujours en deuil… et les hommes, qui au contraire doivent rester impassibles, ne rien montrer.

— *Un « partage des larmes » présent à travers toute l'Histoire.*

— Oui, un homme qui pleure n'est pas un homme, et, à la limite, une femme qui ne pleure pas n'est pas une femme ! La femme est celle qui soigne, qui ferme les yeux des mourants, fait leur toilette, les veille et, finalement, les ensevelit. Les femmes sont les dépositaires de la mémoire des morts, elles transmettent les souvenirs de la famille et des ancêtres. Elles sont chargées du privé, en effet, de la naissance jusqu'à la mort.

CHAPITRE 5

Réfractaires et fugitives

L'Église, c'est l'affaire des hommes !

Nicole Bacharan : *Face à l'ordre intime qui a donc si longtemps reposé sur les femmes à tous les âges de leur vie, on peut comprendre que certaines d'entre elles aient tenté de se révolter contre leur destin tout tracé et d'échapper au mariage, au couple, à la maternité, et parfois aussi, tout simplement, aux hommes... Arrêtons-nous un moment sur ces femmes singulières qui, contraintes ou volontaires, se sont mises à l'écart. Longtemps, la seule manière de le faire, ce fut d'entrer en religion. Mais pas plus que dans la vie civile elles n'ont trouvé là un statut égal à celui des hommes. Même dans le panthéon antique, une déesse n'était pas l'égale d'un dieu !*

Michelle Perrot : En effet. Pourtant, il existait des déesses très importantes – déesse de la fécondité, de l'amour, de la sagesse. En général, celles-ci sublimaient des rôles féminins, elles ne les subvertissaient pas. Il n'y a pas d'égalité entre le masculin et le féminin, et Zeus, le pouvoir suprême, n'a pas d'équivalent parmi les déesses. Les figures subversives, comme les Amazones évoquées par Françoise Héritier, traduisent plutôt la peur des hommes face à un éventuel pouvoir féminin. Les Ménades, servantes de Dionysos, sont en proie au « délire dionysiaque » : ivres, dangereuses, elles représentent des figures du

143

désordre, que les femmes risquent toujours d'introduire dans la Cité. Par leur désir de possession, de puissance maléfique, par leur jalousie – comme la reine Médée tuant ses enfants –, elles jettent aussi le trouble dans le monde des dieux.

– En même temps, à cause de ce caractère supposé irrationnel, elles jouent un rôle important dans les rites.

– Tout à fait. Chez les Romains, elles sont gardiennes du feu, vestales, voire prophétesses, pythies. C'est toujours aux femmes qu'il revient d'enterrer les défunts et de garder leur mémoire. On pense qu'elles ont une relation particulière avec le monde des esprits, à la fois celui des dieux et celui des morts. Au Moyen Âge, cela perdure avec les sorcières, et plus tard avec les somnambules et les spirites. Au XIXe siècle, alors que l'on assiste au développement rapide des sciences, on aime faire tourner les tables, le spiritisme est très à la mode, et les femmes sont très présentes dans ces pratiques.

– Elles sont aussi très présentes à l'église, mais toujours dans un rôle secondaire.

– L'eucharistie, comme autrefois les sacrifices à Rome, c'est l'affaire des hommes. Néanmoins, au début du christianisme, Jésus a, avec les femmes, une attitude très différente de celle des hommes de son temps. Certes, celles qui le suivent – sa mère et les «saintes femmes» – se tiennent en arrière, dans une position traditionnelle. Elles sont là pour servir Jésus et les apôtres. Mais le Christ entretient avec elles des relations de grande courtoisie et de familiarité. Quand Marthe, la femme active, vient se plaindre de Marie, la contemplative, qui ne l'aide pas assez, Jésus leur parle longuement, apaise leur différend. Par ailleurs, il montre une grande indulgence envers des figures féminines mises au ban de toutes les sociétés: la prostituée, mais aussi la femme adultère, qu'il protège en disant aux hommes : « Que celui qui n'a jamais péché lui jette la première pierre. » Il sait très bien qu'ils trompent leurs femmes et pratiquent la polygamie.

— Face à l'infidélité sexuelle, il ne reconnaît pas de double morale.

— En effet. De même, il ne condamne pas la prostituée. Quand Marie Madeleine — femme « de mauvaise vie » — s'approche de lui, il lui parle, lui demande de ne plus pratiquer la prostitution, et la convertit. Elle rejoint les femmes disciples, et sera là, avec Marie, la mère, au moment de l'ensevelissement du Christ, témoin de la résurrection. Plus tard, elle partira en barque, jusqu'en Provence, pour évangéliser le sud de la France. Madeleine joue un rôle apostolique. Ensuite, elle se retirera, comme les ermites, dans un lieu secret, continuant à faire pénitence pour ses péchés. Mais tout au long de sa vie elle conservera sa magnifique chevelure, qui est, comme nous le disions, l'incarnation de la séduction féminine.

— Jésus fait donc figure de révolutionnaire en la matière… Mais dans l'Église chrétienne qui se constitue peu à peu après sa mort, il n'est plus question d'égalité entre les sexes.

— Pierre, le fondateur de l'Église, n'admet comme clercs que des hommes. Et quand il s'agira d'ordonner des prêtres, il sera clairement affirmé que seuls des hommes peuvent succéder aux apôtres. Cette exclusion des femmes de la prêtrise marque une inégalité fondamentale. Par la suite, Paul fait du mariage un sacrement chrétien et proclame l'égalité des hommes et des femmes devant Dieu : dans le paradis, dit-il, il n'y aura plus ni homme ni femme. On le voit, cette attitude est très ambiguë, car l'égalité annoncée ne vaut que pour les âmes, dans le rapport avec Dieu. Sur terre, pour construire l'Église, la différence subsiste.

— *Dans son Épître aux Éphésiens, saint Paul prescrit : « Femmes, soyez soumises à vos maris comme au Seigneur ! »*

— Et dans la première Épître aux Corinthiens il leur adjoint de paraître à l'église la tête voilée : « Si une femme n'est pas voilée, qu'elle se coupe aussi les cheveux. Or s'il est honteux pour une femme d'avoir les cheveux coupés ou d'être rasée, qu'elle se voile. » Toujours cette hantise de la chevelure séductrice... Présentes à l'église, les femmes ne doivent pas y prendre la parole. À moins qu'elles ne s'expriment comme prophétesses — là aussi, toujours la tête voilée —, dans le prolongement de la pythie antique. On ne mélange pas le sacré et le profane, et donc la sexualité des femmes doit être sévèrement contrôlée. Les femmes sont dangereuses...

— *Pourtant, comme chez les Romains, certaines femmes sont actives pendant le culte.*

— Oui. Dans l'Église chrétienne antique, les femmes étaient plus présentes. Dans les catacombes, les orantes, mains tendues, pouvaient prier à haute voix. Au Moyen Âge, leur rôle se restreint : les diaconesses, les sacristines ne peuvent plus désormais que s'occuper des huiles et des instruments, des fonctions auxiliaires. Comme bedeaux, on préfère des hommes. Là encore, toutes ces femmes ont la tête voilée : on ne les tolère que si leur féminité est cachée.

Ève vaincue par la Vierge

— Cela est encore plus marqué dans les couvents… À partir de quel moment l'Église commence-t-elle à organiser la vie monacale, les ordres?

— Très tôt l'Église chrétienne fait de la chasteté un état supérieur, pour les hommes comme pour les femmes. Les premiers Pères de l'Église, ermites pour la plupart, avaient la hantise de la sexualité. Saint Augustin, au IVe siècle, écrit sur ce sujet des textes majeurs. Le fond de la pensée était toujours celui-ci: le péché de chair est le plus grave de tous les péchés, le corps est le principal véhicule du mal. C'est le moment où on réécrit la Genèse. Dans la première version, l'homme et la femme étaient censés avoir été créés en même temps; désormais, la femme vient en second, tirée de la côte d'Adam: c'est Ève, la tentatrice, la séductrice perverse, celle qui écoute le diable et apporte le péché dans le monde. Dès lors, la tâche principale des femmes sera d'expier. Heureusement, le culte de la Vierge va permettre aux femmes de s'en sortir. «Ave Maria», c'est Ève inversée. En saluant Marie, on triomphe d'Ève.

— La virginité est valorisée.

— Alors que dans l'Antiquité la virginité n'était pas valorisée, le Moyen Âge en fait un état supérieur. Bien sûr, l'Église considère le mariage comme l'état normal, et saint Paul affirme que les couples mariés peuvent être sauvés devant Dieu. «Croissez et multipliez», telle est la volonté divine. Mais ceux qui veulent vraiment chercher la sainteté, se vouer à Dieu, doivent rester célibataires et chastes. Les Pères de l'Église assimilent la sexualité au péché et présentent la femme comme une dangereuse tentatrice. Le modèle inaccessible, c'est la Vierge Marie, qui a donné naissance au Christ sans connaître l'homme. Vierge *et* mère : quel piège infernal pour les femmes ! Pour imiter la Vierge, certaines deviennent religieuses. Les autres, destinées au mariage, voient la virginité comme un état provisoire, mais important. Au Moyen Âge, la jeune fille, c'est la *puella* (la pucelle), la *virgo*. Elle représente une figure si valorisée qu'on lui attribue des miracles. Jeanne d'Arc, la Pucelle, est une fille vierge. C'est pour cela qu'elle peut entendre des voix, que Dieu lui confie une mission, et qu'elle sauve le royaume de France.

— Jeanne d'Arc, sainte et guerrière, tentait peut-être d'échapper à son destin traditionnel de femme, comme les mystiques… La valorisation de la chasteté à la fois pour les hommes et pour les femmes établirait presque une forme d'égalité.

— Dans le principe, du moins… Il faut noter que cette valorisation du célibat est un phénomène de civilisation très rare. On le retrouvait un peu en Chine, chez les bouddhistes, où les moines étaient plutôt chastes et où existaient des monastères de femmes. Mais cela n'a jamais concerné qu'un tout petit pourcentage de la population. Dans le Coran, on dit que la sexualité est bonne pour les hommes comme pour les femmes, que ne pas l'exercer est une faute. Autrement dit, un homme doit se marier, une femme aussi. Il y a bien des harems, mais pas de place pour les célibataires. L'idée d'une femme sans mari, sans sexualité, sans maternité, est impensable. Les sociétés occidentales sont les seules à avoir créé un état – le célibat – et des lieux – les couvents – qui permettent de se soustraire à la sexualité.

Dans le secret des couvents

— *Pour les femmes qui choisissaient de se retirer, quelle était la réalité du couvent ? Un lieu où l'on pouvait étudier, s'épanouir, échapper à des maternités non désirées ? Ou une prison où on jetait les filles désobéissantes ?*

— Le couvent est un lieu d'une extraordinaire ambiguïté, qui durera jusqu'à la guerre de 1914. Aujourd'hui, les filles qui entrent au couvent le font vraiment par choix, mais autrefois on trouvait trois cas de figures. D'abord, les filles que la famille mettait au couvent parce qu'on ne pouvait pas les doter ou les marier. Chez les nobles, c'étaient des filles qui représentaient une gêne dans la stratégie de mariage. Mais cela existait aussi chez les paysans : une fille malingre, boiteuse, qui ne paraissait pas assez robuste pour travailler ou donner des enfants, on la mettait au couvent. Cas de figure opposée : les filles qui choisissaient la sainteté, ne voulaient pas être mariées contre leur gré et entraient volontairement dans les ordres. La plupart étaient vierges — condition indispensable de la sainteté —, mais des veuves pouvaient aussi décider de rejoindre le couvent. Entre ces deux situations — contrainte ou libre choix —, on trouvait beaucoup de femmes qui, forcées à entrer au couvent, finissaient par s'en accommoder et par en faire un lieu vivable.

— *Lieu d'étude, de spiritualité, mais aussi de pouvoir ?*

— Avec le temps, l'Église s'est montrée beaucoup plus machiste que ne l'était le Christ, et les femmes n'ont pas eu le pouvoir dans ses institutions. Les ordres de femmes ont toujours été soumis à une instance masculine. D'ailleurs, la plupart étaient des doubles d'ordres masculins. Ceux qui ont été fondés par des femmes (comme les Ursulines, qui se consacrent à l'enseignement) doivent toujours répondre devant l'évêque. Dans leur couvent, c'est vrai, certaines mères supérieures exercent une forte autorité ; elles parviennent à mettre les directeurs de conscience sous leur coupe, avec parfois des scènes de jalousie. Le monde du couvent est loin d'être idyllique. Il est le centre des rivalités entre religieuses, des jeux de pouvoir entre le confesseur et la mère supérieure, qui revêtent des formes para-sexuelles. Quelques mères supérieures tentent de passer par-dessus les évêques en faisant appel à Rome, mais le pape est aussi un homme ! Robert d'Arbrissel, au début du XIIe siècle, a joué un grand rôle dans l'évolution du monachisme féminin, car il voulait donner aux femmes un rôle égal ; ce qu'il fit à Fontevraud. Ce fut également le cas de saint François d'Assise : sainte Claire était son amie, et les Clarisses ont développé une forme de mysticisme, certes séparé, mais tout à fait parallèle à celui des Franciscains. Néanmoins, il n'y a jamais d'ordre féminin indépendant du pouvoir masculin.

— *Les grandes saintes n'exerçaient-elles pas un pouvoir dans leur couvent et même à l'extérieur ?*

— Certaines saintes ont en effet eu une énorme influence sur les religieuses qui les entouraient, ainsi qu'à travers leurs écrits, et bien sûr par les ordres qu'elles ont fondées. Cela allait même au-delà des murs du couvent. Thérèse d'Ávila, par exemple, a eu un rayonnement mystique considérable. Ses écrits étaient lus et respectés, les fidèles – y compris des évêques – venaient de loin pour la consulter, Jean de la Croix l'appréciait profondément. Morte à 24 ans, Thérèse de Lisieux, la «petite sœur», a suscité une incroyable ferveur, et son *Histoire d'une âme* a été un best-seller.

— Mais les saintes suscitaient aussi le soupçon...

– Oui. L'Église révérait ses saintes, mais s'en méfiait. Ces femmes contemplatives, qui prétendaient avoir un lien direct avec Dieu, étaient vues comme des rivales du prêtre dans l'interprétation de l'écriture. Thérèse d'Ávila, entre autres, se montrait très critique envers l'Église de son temps. Et puis on se méfiait aussi de la « folie » des femmes, de l'hystérie, et, bien sûr, de l'anorexie. Beaucoup de ces femmes mystiques, qui se réfugiaient dans les couvents, mettaient l'accent sur la contemplation, la prière, la mortification, et notamment la privation de nourriture. C'était le cas de Catherine de Sienne, « mère » de toutes les anorexiques. Au XIXe siècle, Thérèse de Lisieux, elle aussi, refusait de manger, en dépit des supplications de ceux qui l'entouraient – on ne sait d'ailleurs pas si elle est morte de tuberculose ou d'anorexie. Comme le mot « adolescence », le terme « anorexie » n'apparaît qu'au XIXe siècle, et on y voit alors un problème de jeune fille, d'origine physiologique. Il faudra attendre l'entre-deux-guerres pour identifier l'anorexie comme un trouble psychologique.

Le refus d'être pénétrée

— L'anorexie date d'il y a bien longtemps. En se soumettant à des privations extrêmes, ces mystiques d'autrefois voulaient-elles nier leur féminité et leur sexualité ?

– Il est difficile de savoir ce qu'elles cherchaient véritablement. Peut-être ressentaient-elles leur corps de femmes comme impur... Dans toutes les grandes religions monothéistes on considère les règles comme une période d'impureté : la femme est souillée, il faut éviter son contact. Le sang des filles, pourtant lié à la vie, est un sang impur, alors que le sang masculin, versé à la guerre, est un sang glorieux. Les mères préviennent à peine leurs filles de ce qui va leur arriver. Jusqu'à une période récente, les petites filles qui constataient leurs premières règles étaient mortifiées. On considérait ça comme un secret honteux, on n'en parlait pas, et il fallait se débrouiller avec. Que certaines jeunes filles se soient réfugiées dans le mysticisme, en niant leur corps pour trouver Dieu et effacer cette impureté, c'est tout à fait possible. Si, de surcroît, elles ne mangeaient pas, les règles s'arrêtaient (c'est l'aménorrhée).

— *On peut penser que l'anorexie, au cours des siècles, n'a pas touché que des jeunes filles traversant une crise religieuse…*

— Des cas ont commencé à être répertoriés par les médecins au XIXe siècle, et il semble qu'ils étaient assez nombreux. Beaucoup de malades se trouvaient dans des mariages contraints – une situation qui depuis toujours constituait la norme et nous laisse supposer, en effet, que l'anorexie n'avait pas cessé depuis les saintes du Moyen Âge. Car, outre le regard porté sur les règles et le sang impur, les jeunes filles étaient prises dans une contradiction fondamentale. D'un côté, on glorifiait leur virginité; de l'autre, on leur disait: «Votre seule destinée est le mariage» – et un mariage imposé –, «dès lors, un homme a le droit de vous pénétrer». Car c'est bien le sens du devoir conjugal: être pénétrée quand le mari le souhaite. Dans l'anorexie, il peut donc y avoir le refus d'être ce corps disponible. En affamant son corps, devenu amaigri, infécond, peu attrayant, la jeune femme échappe à son destin. Elle cesse de n'être qu'un corps voué à la procréation. L'Église se montre très réticente vis-à-vis de cette forme de mysticisme qui sombre dans la folie, l'attitude suicidaire.

— *L'Église se méfie, mais canonise les saintes. Elle agit bien autrement avec les sorcières, pourtant elles aussi susceptibles de communication avec l'au-delà.*

— Quelquefois, la frontière est ténue. On le voit avec l'affaire des «possédées de Loudun»: en 1632, des ursulines accusèrent leur confesseur, Urbain Grandier, de les avoir ensorcelées pour les séduire. Condamné, le prêtre fut brûlé vif; les religieuses, «possédées», furent exorcisées. Il fallait chasser le diable qui les habitait, elles étaient donc bien à la limite de la sorcellerie. Mais pour les sorcières «avérées», celles que l'on soupçonnait de faire volontairement commerce avec le diable, il n'y avait pas de pitié. On recherchait souvent la preuve de leur faute en les jetant à la rivière avec une pierre au cou: si elles se noyaient, elles étaient peut-être innocentes; si elles remontaient, cela prouvait bien qu'elles avaient des ententes avec le diable et elles étaient brûlées sur le bûcher. Il fallait que rien ne reste de leur corps. Aux XVIe et XVIIe siècles, il y eut ainsi des milliers de femmes brûlées, notamment en Angleterre, en France, en Allemagne, en Bohême, en Pologne. La sorcellerie paraissait incompatible avec l'essor de l'esprit scientifique de la Renaissance.

Directeur des consciences

— *Elles perdaient donc dans tous les cas. Voilà ce qui arrive aux femmes qui tentent de prendre la parole! Les religieuses, les sorcières, mais aussi les jeunes filles à marier puis les femmes mariées, toutes se heurtaient au pouvoir des hommes d'Église.*

— Oui. L'Église catholique est une institution où s'affirme la domination masculine. Les prêtres administrent les sacrements, célèbrent la messe, opèrent la transsubstantiation, donnent la communion, confessent et dirigent les consciences. Le directeur de conscience est présent dans les couvents, aux côtés des religieuses, mais aussi dans la vie civile, auprès des jeunes filles et des femmes mariées. Par le sacrement de la pénitence, il a de l'influence sur leur conscience et leur conduite. À travers lui, l'Église contrôle ses ouailles, et ce contrôle sera encore renforcé à partir du XVIIe siècle et des consignes strictes de la Contre-Réforme. Certains se méfient beaucoup de cette emprise – pensez au *Tartuffe* de Molière. Les Jansénistes, plus proches du protestantisme, tâchent d'avoir des directeurs de conscience avec lesquels ils puissent dialoguer. Mais Louis XIV, en vrai souverain de la Contre-Réforme, ne supporte pas la moindre dissension et fait exiler les religieuses de Port-Royal. Après la Révolution française, l'Église mise fortement sur les directeurs de conscience pour «garder» les femmes. Et au XIXe siècle, les républicains, comme Michelet, se méfient de ces prêtres qui cherchent, par les femmes, à savoir ce qui se passe dans les familles.

— *Dans le protestantisme, en revanche, il n'y a pas de prêtres, donc pas de directeurs de conscience?*

— Luther conserve la prêtrise, alors que Calvin l'abolit. Selon Calvin, il n'y a pas de présence réelle du Christ dans l'eucharistie, il n'y a donc plus besoin ni d'élévation ni de la médiation d'un prêtre. Mais le pasteur est un homme, et Luther et Calvin restent très patriarcaux dans leur conception du mariage et de la vie privée. Pourtant, le protestantisme a été pour les femmes un véritable ballon d'oxygène à l'intérieur du christianisme.

— *Nous avons vu qu'elles apprennent à lire, donc à écrire. Peuvent-elles aussi prendre la parole?*

– La parole continue à appartenir aux hommes, néanmoins, une petite brèche s'est ouverte avec les protestants. Chaque fois que l'on assiste à un *revival*, un «Grand Réveil», ces moments de retour à une piété intense, les femmes sont présentes, et elles s'expriment. Pour les protestants, il ne s'agit pas d'une hérésie, mais d'une tolérance salutaire. On le voit chez les piétistes en Allemagne, chez les puritains anglais, les méthodistes, un peu chez les presbytériens. En Nouvelle-Angleterre, en Amérique, des prédicatrices réunissent parfois des milliers de personnes. Certes, ces mouvements restent marginaux dans le protestantisme, mais ils existent. L'Église catholique, elle aussi, se montre contradictoire dans ce domaine : elle contrôle les femmes au plus près mais peut leur donner accès à la lecture et à l'écriture dans les couvents. Et les femmes ne restent jamais passives. Même dans le mâle Moyen Âge, dans une Église cléricale, elles s'approprient des espaces de liberté, de culture, de pouvoir, de plaisir, de désir (même si c'est le désir de Dieu). Les religieuses développent des ordres d'enseignement pour les filles. Les Ursulines avaient ainsi une grande influence avant la Révolution, qu'elles retrouveront rapidement par la suite. Au XIXᵉ siècle, elles ont fondé et développé toutes sortes d'ordres enseignants pour les filles. Consciente de l'influence des femmes dans leur famille, l'Église s'est occupée de leur enseignement et l'a dosé selon les milieux sociaux : les filles de l'aristocratie ont des préceptrices, celles de la bourgeoisie vont dans des «petites pensions» (voyez par exemple Emma Bovary), et celles des classes populaires se retrouvent dans des «ouvroirs».

Femmes « en trop »

— *Outre l'enseignement, certaines religieuses ne conquièrent-elles pas aussi une forme de pouvoir social en s'occupant des pauvres ?*

— Cela concerne les religieuses qui ne sont pas cloîtrées. Sinon, la charité appartient aux femmes catholiques, aux « dames patronnesses ». Elles visitent les pauvres, soignent les malades, ferment les yeux des mourants dans les hôpitaux. Et, en effet, ces dames d'œuvre développent un pouvoir, et aussi un savoir, social. Quand elles prennent leur rôle au sérieux (certaines trouvent tout cela assommant et n'iraient jamais gravir l'escalier branlant des maisons des pauvres !), elles en arrivent peu à peu à détenir ce que l'on appelle alors une « science des pauvres ». Au XIXᵉ siècle, elles ouvrent des soupes populaires, contribuent à l'essor de la philanthropie, forme laïcisée de la charité. Certaines femmes d'industriel alertent leur mari sur la misère des ouvriers.

— *En somme, elles préfigurent l'assistance sociale.*

— Exactement. Parmi leurs compétences, il y a une amorce de médecine, de droit social, de psychologie. Elles fondent aussi des associations, organisent des ventes de charité, qui peuvent prendre des dimensions considérables. Ainsi, les femmes s'initient aussi à certains rouages de la vie économique. Au XIXᵉ siècle, chez les protestants, l'Armée du Salut fut une vaste entreprise. Le fondateur, William Booth, et sa femme avaient de nombreuses filles, et rapidement les femmes ont pris le pouvoir. L'Armée du Salut étant organisée selon un modèle militaire, elles sont devenues « commandantes », «colonelles», et ont embrigadé d'autres femmes, qui elles aussi se sont mises à porter l'uniforme.

— Finalement, les femmes font feu de tout bois. Dès qu'on leur donne un tout petit espace, elles l'élargissent.

— Oui. Et le biais de la vie religieuse a été non négligeable. Je ne fais pas ici l'éloge de l'Église catholique, puissance de domination masculine, extrêmement machiste. Mais toute vie sociale est ambiguë, et il est vrai que les femmes ont développé dans la vie religieuse un certain pouvoir. Néanmoins, elles devaient toujours être sous la protection d'un homme, qu'il soit père, mari, évêque ou abbé… Une femme seule est une femme en danger.

— Que devenaient les filles qui ne se mariaient pas mais n'entraient pas pour autant au couvent?

— Elles n'étaient pas très nombreuses et, dans ce cas, restaient dans leur famille d'origine. C'est le type de la tante acariâtre ou de la cousine Bette de Balzac. Une femme qui n'a pas trouvé d'homme, qui n'a pas été choisie par un homme, est suspecte. Pourtant, certaines ne sont pas des laissées-pour-compte mais des rebelles, qui ont bel et bien refusé le mariage. Il faudra attendre la fin du XIXe siècle pour que leur nombre augmente de manière significative, et cela ira de pair avec le développement de l'instruction des filles. Elles pourront désormais monnayer leur instruction sur le marché de l'emploi, devenir institutrices, préceptrices, gouvernantes. En Angleterre, on parle des *blue stockings* – ces «bas-bleus», des intellectuelles dont on se moque. Mais on parle aussi de *redundant women* – des femmes «en trop», dont on ne sait que faire. Une femme qui n'est pas sous l'autorité d'un homme inquiète, car elle ne correspond pas aux normes. Dans les romans, la *governess* apparaît souvent comme séductrice, et un peu perverse.

Le viol ordinaire

— Une femme qui « n'appartient pas » à un homme a toujours été perçue comme un danger, mais, surtout, elle est en danger...

— Oui. Et de tout temps, le danger, c'est le viol. Il y a toutes les raisons de penser qu'il a toujours existé. Dans l'Antiquité, on n'en sait pas grand-chose, les filles passant directement de l'enfance à l'âge adulte : dès la puberté, parfois même avant, elles sont mariées. Au Moyen Âge, l'Église affirme que le viol est un péché, et le chevalier est supposé protéger la veuve, l'orphelin, la jeune fille en danger. Mais les mœurs sont bien différentes. Les garçons réalisent très tôt leur virilité par le viol, et particulièrement le viol collectif, qui fait partie des exploits de la bande. C'est une prouesse à accomplir ensemble, qui liera le groupe. Des bandes de jeunes mâles sévissent ainsi dans les châteaux et les villages, et l'on compare les performances de chacun. Forcer une fille, surtout une fille vierge, qu'on n'épousera pas est un succès. La fille doit se « garder », préserver sa virginité, et le mâle conquérant doit la vaincre, comme une forteresse. Il y a une équivalence évidente avec la prise du château fort. Conquérir la fille, le château, la ville, c'est un rite de virilité. C'est une guerre.

— La fille violée peut-elle se plaindre ?

— La jeune fille qui n'a pas réussi à se défendre est considérée comme coupable. On la soupçonne toujours d'être consentante : « Elle l'a bien voulu. » D'une manière ou d'une autre, elle est responsable, elle n'aurait pas dû se trouver là, au mauvais endroit. Dans le village, elle est «déshonorée», et tout le monde le sait. Déflorée, elle n'est plus épousable. Elle n'aura souvent pas d'autre issue que de devenir prostituée en ville.

— *Quand le viol commence-t-il à être réellement répréhensible ?*

— Au XIXe siècle, il y a quelques procès pour «coups et blessures». Mais seul le viol en bande est vraiment puni : on reconnaît qu'une jeune fille, affrontée à plusieurs, ne peut rien faire. Mais si elle était seule avec un homme, dit-on, elle aurait pu se défendre. Si elle est violée, c'est donc qu'elle n'a pas vraiment résisté. Parfois, le père et la mère font confiance à leur fille, savent qu'elle a fait l'objet de violence ; ils essaient d'obtenir réparation, mais ils ont du mal à se faire entendre. Le violeur prétend généralement que la fille l'a «provoqué», et sa parole vaut toujours mieux que celle d'une femme (sauf si ce garçon a mauvaise réputation). C'est pourquoi il y a si peu de poursuites. On sait qu'il va falloir faire des examens médicaux, que ce sera très pénible. Dans l'immense majorité des cas, la fille se tait, et le mieux qu'elle puisse espérer est de ne pas être enceinte. Il a régné un extraordinaire silence sur le viol. Georges Vigarello l'a bien montré[1], les choses n'ont vraiment changé qu'à propos des enfants.

— *Et le viol en tant qu'«arme de guerre», bien sûr, cela fut de tout temps.*

— Oui. Le viol fait partie de la conquête. Le vainqueur entre, et la troupe a tous les droits sur les habitants, notamment sur

---

1. Georges Vigarello, *Histoire du viol, XVIe-XXe siècle*, Paris, Seuil, 1998.

le corps des femmes. Les officiers laissent faire. Rien n'est pire que les guerres civiles. Quand le village est pris, les femmes sont violées par les vainqueurs ; puis le village est repris, les hommes les accusent d'avoir fait bon accueil aux oppresseurs et à nouveau elles sont violées. Dans toutes les guerres, les femmes connaissent cette terreur. Beaucoup se suicident, les autres se taisent.

— *En dehors des guerres, elles se taisent aussi face au harcèlement sexuel, qui va souvent jusqu'au viol.*

— Autrefois, le harcèlement s'appelait «droit de cuissage» et, théoriquement, c'était le privilège du seigneur. Mais les historiens pensent que cela n'a jamais existé en tant que «droit». Jamais l'Église n'y a consenti.

— *Mais dans la pratique...*

— Dans la pratique, comme dans les représentations, le seigneur était le maître de ses sujets. Il était admis qu'avoir le pouvoir impliquait aussi avoir le pouvoir sur le corps des femmes. On l'a vu, au château, la chambre des dames était ouverte à tous les vents. Il y avait des viols, des attouchements. Pour les femmes de condition plus modeste, cela se poursuivait sur le lieu de travail. Le maître se sentait le droit de harceler la domestique, le fermier poursuivait la servante et la menaçait si elle ne cédait pas. Parfois, la maîtresse de maison était complice. Elle jugeait préférable que son fils ait accès à la petite bonne, fraîche arrivée de la campagne, plutôt que d'aller au bordel où il risquait d'attraper des maladies. Les femmes avaient bien du mal à protéger leur corps contre le désir des hommes, qui se considéraient dans leur bon droit.

— *Que pouvaient-elles faire ?*

— Elles se défendaient, rusaient, cherchaient protection…
Et aussi se réfugiaient dans les couvents, pour se soustraire
à une sexualité non désirée, trop dure, trop violente, pour
s'abriter ainsi derrière l'Église. On retrouve toute l'ambiguïté
du couvent et de la chasteté… Face à la force physique et à la
convoitise des hommes, le désir intime – et non reconnue –
des femmes de disposer de leur corps fut une lutte constante
et inégale.

— *Quand on se rapproche de l'époque moderne, les situations de harcèlement se répètent à l'usine, dans les magasins, les
bureaux.*

— Oui. Le contremaître ou le chef de rayon considère que
c'est normal, il faut qu'« elle y passe ». C'est d'ailleurs aussi
l'expression de certaines jeunes filles : « il faut bien y passer ».
Mais elles se rebellent de plus en plus. Les syndicats ouvriers
également : ils récusent ce « droit de cuissage » des contremaîtres.
Une telle affaire a déclenché une grève célèbre à Limoges, en
1905, qui inspira le roman de Georges-Emmanuel Clancier,
Le Pain noir. Le sous-directeur d'une usine de porcelaine
pratiquait le droit de cuissage de manière systématique ; une
fille avait porté plainte, et les ouvriers s'étaient révoltés. Plus
tard, la grève s'est transformée en grève pour les salaires, et
on a oublié le point de départ, qui était bien l'exaspération
des ouvriers face au droit de cuissage.

« *Et s'il me plaît à moi d'être battue !* »

— Voilà donc toujours les menaces qui pèsent sur la fille isolée ou sur celle qui « se révolte » : le viol, mais aussi les coups, parfois le meurtre…

— Cela ne concerne pas que les filles seules, mais aussi les épouses. Dans leur cas, c'est le mari qui exerce la violence. Battre sa femme, c'était considéré comme normal ! Au Moyen Âge, cela fait partie des pouvoirs de l'homme. La femme est assimilée aux enfants et aux animaux : elle n'est pas un être de raison. Bien plus tard, le Code Napoléon reconnaîtra tacitement ce droit du père et du mari. Celui-ci détient l'autorité, et il a tous les droits sur sa femme et ses enfants. Si sa femme lui résiste, il peut donc très bien la battre. Même la morale populaire l'accepte, pour autant que cela n'aille pas trop loin. La violence est tolérée, surtout dans les quartiers populaires. Les cloisons sont minces, les logements petits, et il est courant d'entendre : « Ah, Untel, ça y est, il bat sa femme ! » Le mari est allé boire, il rentre à la maison, et ça se termine par des coups. On bat aussi plus qu'on ne le croit dans les classes bourgeoises. Et puis il y a la fameuse réplique de Molière : « Et s'il me plaît à moi d'être battue ! » On croit volontiers qu'une femme mesure ainsi la virilité de son homme. S'il n'a pas d'autorité, s'il ne défend pas son honneur, ce n'est pas bien. Les femmes ont tendance à défendre leur couple et à justifier leur situation : « Ne vous mêlez pas de cela ! »

— Elles se retournent même souvent contre ceux qui tenteraient de les défendre ?

– Oui. L'attitude de certaines femmes, consentantes et soumises jusqu'au bout, est stupéfiante. Bien sûr, l'opinion réprouve quand la violence est jugée «excessive», mais sinon personne ne les soutient. Certaines tentent bien de porter plainte, mais elles sont rares. À partir du XVIIIᵉ siècle, cela devient plus fréquent. Le divorce n'existe pas, mais les femmes commencent à mettre en avant leurs «sévices» pour obtenir une «séparation de corps» auprès des juges. Lentement, les sensibilités se modifient, et on commence à penser qu'une femme a le droit de ne pas être battue – ou, en tout cas, pas trop! Mais il faudra encore beaucoup de temps avant que les femmes organisent des actions collectives pour protester contre les violences, et même chez les féministes, cela fait rarement partie de leurs priorités. Aujourd'hui encore, on estime que seuls 5 % des viols font l'objet d'une plainte. Le silence sur ce sujet est immense, d'autant plus que les brutalités de toute nature sont surtout perpétrées dans l'intimité de l'espace conjugal. Viols, coups, harcèlement moral: les femmes continuent à être victimes d'une grande violence, comme l'ont montré des enquêtes récentes[1].

– *La notion de «viol conjugal» est d'ailleurs toute nouvelle.*

– À peine plus de vingt ans. Autrefois, l'idée même de «viol conjugal» était impensable: il n'existait que le «devoir conjugal». À partir du moment où une femme était mariée, elle devait le service sexuel à son mari. Se refuser n'était pas légitime.

– *Et on excusait aussi le fameux «crime passionnel»…*

– En principe, le crime passionnel était puni par la loi. Mais moralement, socialement, il était légitime et assimilé

---

1. *Le Livre noir des femmes*, Paris, Fixot, 2006.

à un crime d'honneur. Un homme qui tuait une femme qui l'avait trompé était la plupart du temps acquitté. En France, il a fallu attendre 1875 pour que le débat s'ouvre. Les tribunaux ont alors commencé à juger le crime répréhensible, même s'ils continuaient à lui trouver des excuses. On a vu ainsi quelques condamnations. Mais Alexandre Dumas Fils a quand même cru bon d'écrire un texte en faveur des hommes qui «défendent leur honneur». Jusqu'à la fin du XIXe siècle, il a donc régné une extrême tolérance pour le crime passionnel – commis par un homme – dans tout le monde occidental.

Filles «perdues»

– «*Devoir conjugal*», coups, voire meurtre en cas d'inconduite: on comprend celles qui tentaient d'échapper au mariage! Mais les filles seules, sans ressources, ou, vous le disiez, «déshonorées», risquaient, elles, de tomber dans la prostitution.

– Oui. Dans leur immense majorité, les prostituées sont des filles ballottées, sans défense, qui ont déjà une histoire tragique. Violées, rejetées par leur famille, victimes d'une très grande pauvreté… On trouve ainsi la prostitution à toutes les époques, dans toutes les cultures, quoique avec des situations sociales différentes. Françoise Héritier rappelait que dans la Grèce antique la place de la courtisane était plutôt valorisée. De même à Rome, où, selon la norme, l'épouse légitime qui avait donné trois enfants vivants à son mari pouvait renoncer à sa vie sexuelle – c'était d'ailleurs souvent le cas, ce qui laisse à penser que la sexualité n'était pas très heureuse. L'épouse se retirait dès lors dans ses appartements, et le mari rencontrait des courtisanes dans des maisons de prostitution; il pouvait aussi les emmener à la maison, l'épouse légitime devait le tolérer. Plus tard, au Moyen Âge, les prostituées deviennent mal vues : l'Église condamne ces « filles perdues » tout en fermant les yeux. C'est un « mal nécessaire », en somme. Cette tolérance repose sur la conception de la sexualité masculine, vue comme un besoin légitime et irrépressible : la prostituée soulage les maris frustrés, initie les jeunes gens. Les « maisons » sont en bordure des villes (d'où le terme « bordel ») ou dans le centre, mais dans des rues mal famées. Ces arrangements tacites, dont on ne parle pas, sont remis en cause au XIXe siècle, car l'État veut contrôler et réglementer l'« égout séminal », surtout pour des raisons sanitaires. Cela commence en Angleterre, puis en France, où le docteur Parent-Duchâtelet écrit en 1836 *De la prostitution dans la ville de Paris*. C'est un ouvrage majeur, la première enquête de type sociologique sur ce sujet. Écrit par un médecin, ce livre reflète le pouvoir médical et les préoccupations sanitaires du temps, mais Parent-Duchâtelet essaie d'employer des méthodes modernes : il procède par statistiques et, surtout, il interroge les femmes. Guère à l'aise pour les rencontrer, il se fait accompagner d'un policier, ce qui doit légèrement perturber le dialogue ! Néanmoins, il a le souci de les entendre et de les comprendre.

– *Quel regard porte-t-il sur elles ?*

– En fait, il n'est pas tellement réprobateur. Ces « pauvres femmes », dit-il, n'ont pas le choix, et elles lui font pitié. Il fait preuve d'une vraie compréhension du milieu de la prostitution. Il nous montre des femmes qui n'éprouvent aucun plaisir dans l'exercice de leur « métier » et qui, quand elles recherchent la sexualité, le font souvent avec d'autres femmes – on parle de « tribadisme », de « femmes tribades », c'est-à-dire qui font l'amour entre elles et refusent désormais tout contact masculin. Parent-Duchâtelet montre aussi que certaines d'entre elles se laissent parfois faire un enfant, volontairement, et s'en occupent bien. D'autres encore ne se prostituent que pendant une période de leur vie : « Je mets de l'argent de côté, après je me marie. »

— *Était-ce possible ?*

— Plus souvent qu'on ne croit. Finalement, la réprobation populaire n'était pas si forte. Une fois mariées, ces anciennes prostituées redevenaient des « honnêtes femmes », comme les autres. Parent-Duchâtelet « démythifie » les prostituées, et il dégonfle aussi leur nombre. Au XIXe siècle, on se représentait souvent Paris comme un véritable « lupanar », « Babylone » ! Il ne faut pas exagérer. On a calculé qu'en 1835 il devait y avoir environ douze mille prostituées, pour une population de huit cent mille personnes. À la suite de Parent-Duchâtelet, l'État entend réglementer cette prostitution. Désormais, les maisons sont « closes » et tenues par des responsables (souvent d'anciennes prostituées devenues respectables) titulaires d'un permis auprès de la préfecture de police. Elles s'engagent à faire preuve de « bonnes vie et mœurs » et à faire contrôler les filles, qui doivent être « en carte » et sont soumises à des visites régulières dans certains dispensaires et hôpitaux. Saint-Lazare, à Paris, est à la fois hôpital et prison des prostituées.

— *La « carte », c'est une sorte de permis de travail. La prostituée qui est contrôlée peut ainsi montrer qu'elle est en règle, c'est cela ?*

— Exactement. Il y a ainsi les « bonnes » prostituées, les professionnelles, suivies, contrôlées, qui ne transmettront pas la syphilis, et même donneront aux hommes des conseils d'hygiène ou de contraception. Et il y a les clandestines, les « insoumises », les dangereuses, qui racolent dans la rue et fréquentent des hôtels non réglementés. Avec elles, la police se montre sans pitié. Tout est fait pour les pousser vers la prostitution réglementée.

Maisons de rendez-vous

— De la malheureuse clandestine à la «femme entretenue» de luxe, le monde de la prostitution est très hiérarchisé.

— Extrêmement hiérarchisé, surtout si on entend «prostitution» au sens large: vendre son corps pour de l'argent, des avantages, sans être épousée. Plus la société s'urbanise, se complique, plus le recours à la prostitution s'étend dans des milieux sociaux différents, et plus la hiérarchie se renforce. À Paris, au XIXe siècle, les migrants, qui arrivent de la campagne et n'ont pas beaucoup d'argent, vont voir des prostituées «bas de gamme», souvent les mêmes, des habituées qu'ils retrouvent à chaque visite. Mais ils tiennent à épouser une «jeune fille pure» de leur village; pour rien au monde ils ne se marieraient à Paris, capitale du vice! Le bourgeois, lui, qui se plaint de ne pas trouver dans son foyer une sexualité assez intense ou assez raffinée, préfère se rendre dans une «maison de rendez-vous». Dans toute ville de province il y a ainsi un bordel un peu huppé, comme celui que Maupassant décrit dans ses contes, notamment dans *La Maison Tellier*, où les habitués d'une maison close, sur la côte normande, la trouvent... fermée pour cause de communion: la nièce d'une de ces dames faisant sa communion, elles ont fermé la maison pour y assister toutes ensemble au village, accompagnées par quelques clients.

— *La « maison de rendez-vous », c'est un environnement moins brutal que l'« hôtel de passe » ?*

— Oui. Elle était composée de petits appartements privés où recevaient des femmes entretenues. Celles-ci fréquentaient généralement plusieurs hommes, mais beaucoup moins qu'une prostituée. L'élément essentiel était le temps : ces femmes prenaient en effet leur temps pour se préparer, parler, dispenser des gestes amoureux. On imagine là un érotisme plus raffiné que la simple « passe » rapide. Certaines demi-mondaines – des filles très belles, comme Liane de Pougy ou Cléo de Mérode – sont devenues célèbres et influentes, au point de servir de modèles à des femmes qui souhaitaient plus de liberté. Dans ses récits autobiographiques, Colette raconte comment Cléo de Mérode la faisait rêver…

— *On trouve cela également chez Proust.*

— Oui. Dans *Un amour de Swann*, Charles Swann est un « homme à femmes » qui tombe amoureux d'une ancienne actrice, Odette de Crécy. Lasse de jouer, elle s'est tournée vers la « galanterie », mais une galanterie fort élégante. Quand il va la voir, Swann emploie l'expression « faire catleya » pour « faire l'amour », ce qui est une marque de raffinement (les catleyas sont les fleurs qu'Odette porte sur la poitrine, et lorsqu'il lui fait l'amour il commence par lui demander la permission de les remettre en place). Néanmoins, plusieurs hommes fréquentent Odette, Swann le sait très bien, et il en souffre beaucoup. Pour l'avoir pour lui tout seul, il l'épouse… au moment où il n'en est plus amoureux.

— *On ressent à quel point, dans une ère victorienne très codifiée, les rapports entre hommes et femmes peuvent être étouffants, voire angoissants.*

– En effet. Un exemple : Franz Kafka parle beaucoup des jeunes filles qui l'attirent. Il les voit comme le symbole même de la pureté, de la beauté. Il voudrait les approcher, connaître une jeune fille et se marier par amour, mais il s'en fait une idée tellement inaccessible que cela lui devient impossible. Kafka va donc dans des « maisons » et a des rapports avec des prostituées. Ayant peu d'estime pour ces femmes, cela lui paraît plus facile.

Pauvres petits rats

– Le XIXe siècle, si prude, n'est pas à une contradiction près...

– D'un côté, on trouve une pruderie extrême, celles de ces jeunes filles et de ces épouses raides et confinées, devant qui on ne peut rien dire ; de l'autre, on voit s'afficher une sexualité très libre qui s'exprime avec une crudité de corps de garde, celle des femmes du demi-monde que les hommes fréquentent assidûment au bordel. Certaines actrices racontent qu'à l'arrivée de leur amant, très « porté sur la chose », elles se mettent tout de suite en position, les pieds sur deux chaises, et ensuite on peut passer à autre chose ! Tout un univers s'organise autour des actrices, des danseuses, des cantatrices. Le milieu des actrices, en particulier, est très hiérarchisé, et assez proche de la prostitution. Nombre de messieurs huppés essaient de conquérir les faveurs d'une comédienne célèbre. Pour un homme du monde, s'afficher avec Marie Dorval, Pauline Viardot ou Sarah Bernhardt, c'est le *summum*. Sarah Bernhardt, en particulier, venue d'un milieu très modeste, a mis tous les hommes à ses pieds, exerçant sur eux une véritable domination, avec un certain esprit de revanche. Elle n'était pas féministe, mais n'acceptait pas d'être dominée.

– Et les danseuses, les « demoiselles d'Opéra » ?

– À l'Opéra, les petites filles – les petits rats – viennent en général de milieux très populaires, et leur mère rêve pour elles d'une carrière magnifique, d'une « autre vie ». Dès son arrivée, le petit rat est pris en main par une « mère d'Opéra » et un « père d'Opéra », sortes d'entremetteurs qui lui trouvent un riche protecteur. Celui-ci donne de l'argent à la petite, à sa famille, et bien sûr à l'entremetteuse ou à l'entremetteur. Dès que la jeune danseuse est nubile, adolescente, il faut qu'« elle y passe ». Elle ne quittera plus ce circuit, sauf si elle est étoile. Reconnues pour leur talent, les artistes essaient alors de sortir de ce rapport de dépendance et d'acquérir une liberté de choix. Marie Taglioni – la première à être montée sur « pointes » – et quelques autres grandes danseuses étaient réputées pour ne pas accepter n'importe qui.

– Les femmes se sont-elles jamais exprimées sur ce grand mythe masculin : la « prostituée heureuse », fille simple au grand cœur ou courtisane adulée qui serait supposée choisir son sort et s'épanouir dans la prostitution ?

– On trouve peu de points de vue féminins sur la prostitution, à part ceux des féministes. Ces dernières ont souvent adopté à l'égard des prostituées une attitude « sororale » : « Les prostituées sont nos sœurs, des victimes comme nous. » D'autres sont allées plus loin en affirmant que « se vendre dans le mariage ou dans la prostitution, c'est la même chose ». D'autres encore considéraient la prostitution comme de l'esclavage, la « traite des Blanches » comme un mal absolu qu'il fallait abolir. À la fin du XIXe siècle, Josephine Butler, une Anglaise, a ainsi lancé une « campagne de pureté ». Des groupes de femmes, sachant que tel ou tel homme célèbre fréquentait une maison de rendez-vous, organisaient des sortes d'expéditions punitives – nous dirions des *outings* – pour montrer la réalité de la situation. En 1885, Josephine Butler a réuni à Londres des milliers de manifestantes qui, au nom de la «pureté», demandaient la condamnation des proxénètes, et non des femmes. C'était une revendication toute nouvelle, importante, mais qui avait alors bien peu de chances d'être suivie d'effet. En France, il a fallu attendre 1946 et la loi Marthe Richard pour que soient fermées les maisons closes. Le symbole était fort: «dans une France libérée, où la femme est libérée, il n'est pas tolérable que l'on vende le corps des femmes». La prostitution a continué, dans des conditions aggravées par l'exploitation des migrantes. Entre prostitution «réglementée» et prostitution «sauvage», le débat est loin d'être clos.

Le refuge de Sapho

– *Mais il s'agit toujours de chercher le moindre mal face à la licéité, à l'urgence jugée irrépressible de la pulsion masculine pointées par Françoise Héritier. Certaines femmes, qui n'ont pas la vocation du couvent et ne sont pas contraintes à la prostitution, cherchent parfois une autre voie: l'homosexualité. On imagine qu'elles provoquent le scandale...*

– Cela dépend des époques, mais il y a là une forte différence entre masculin et féminin. L'interdit de l'homosexualité masculine est beaucoup plus puissant. Certes, les Grecs la toléraient très bien, mais l'Église l'a condamnée, y voyant une déperdition du sperme, une force de procréation perdue. Pour les femmes, cela semble plus bénin. On la voit souvent comme une sexualité d'attente. Si des jeunes filles entre elles se prodiguent quelques caresses, ce n'est pas si grave. C'est mieux, en tout cas, que des relations précoces avec des hommes, car cela préserve leur virginité.

— *Et si le couple féminin s'affiche?*

— Là, c'est autre chose! On ne peut plus prétendre l'ignorer, et c'est mal toléré. «S'afficher» deviendra d'ailleurs une revendication de certaines femmes, notamment des artistes. À la fin du XVIIIe siècle, on parla beaucoup de la secte des Anandrynes, dont on n'est pas sûr qu'elle ait vraiment existé. Au XIXe siècle, George Sand fut un temps bisexuelle, et on a vu dans la première version de son roman *Lélia* une défense et illustration de l'homosexualité féminine. Au début du XXe siècle, des femmes de lettres anglaises en ont fait une pratique assumée, tout à fait compatible avec l'hétérosexualité; ce fut le cas de Virginia Woolf, Vita Sackville-West, Violet Trefusis, et toutes leurs amies. En France, le cercle des Amazones se réunissait autour de Natalie Clifford Barney, dans son salon de la rue Jacob. Celle-ci était l'amie de Renée Vivien, poétesse de talent, qui aimait s'habiller en page et cultivait tous les fantasmes de l'Art nouveau. Les romans de Colette – elle aussi bisexuelle – et de Lucie Delarue-Mardrus ont fait de l'homosexualité féminine un thème littéraire. Willy, premier mari de Colette, et le docteur Mardrus se montraient d'ailleurs très tolérants à cet égard, d'autant plus qu'ils jouaient les agents littéraires! Dans le Paris des années 1920 – à l'époque des «garçonnes», on disait «Paris-Lesbos» –, il y eut ainsi quelques tentatives pour donner à l'homosexualité féminine ses lettres de noblesse. Il y avait des lieux de rencontre, comme l'appartement de Gertrude Stein, rue de Fleurus, ou les librairies d'Adrienne Monnier et de Sylvia Beach, rue de l'Odéon.

*— Pour ces femmes, choisir l'homosexualité, c'était aussi reven-
diquer la liberté, le droit à l'initiative, à la création ?*

— Oui. Dans l'Angleterre victorienne, la volonté de culture
féminine, et avec elle, l'homosexualité, s'est développée dans
les collèges secondaires et universitaires. À côté d'Oxford et de
Cambridge, des femmes ont fondé des universités parallèles,
internats où elles restaient entre elles. Ce n'étaient plus des
adolescentes, mais des jeunes filles majeures. Là, elles vivaient
une homosexualité tolérée, heureuse – bien entendu avec les
drames que tout amour peut entraîner. En tout cas, de la
fin du XIXᵉ siècle à la Seconde Guerre mondiale, on a assisté
en Europe à une ouverture évidente à l'homosexualité, tant
féminine que masculine. On l'a vu également en Allemagne.
Les enfants de Thomas Mann, par exemple, étaient presque
tous homosexuels. Certains travaillaient au théâtre de la Rose
Blanche, centre très important de résistance au nazisme, mais
également lieu homosexuel.

À l'écart de l'art

*— L'art et la littérature pouvaient aussi être une forme de refuge
pour les femmes qui désiraient faire un pas de côté et se mettre à
l'écart. Mais cela fut loin d'être facile, et elles ont eu bien du mal
à s'imposer comme créatrices. On préférait les cantonner dans des
rôles d'objets et de fantasmes…*

— Longtemps il n'y eut que le regard des hommes porté sur
les femmes. Dans les fresques antiques et sur les vases grecs, les
femmes semblent bien être mises en scène par des hommes.
Au Moyen Âge, l'art religieux a transmis la vision des clercs.

Néanmoins, il y a eu aussi un art civil, des représentations de la vie quotidienne, souvent drôles, que l'on trouvait aussi bien dans les miniatures que sur les fresques et les chapiteaux. Dans les illustrations des «travaux des mois et des jours», on voit hommes et femmes travailler dans les champs, moissonner, tuer le cochon. Les femmes sont à la cuisine, au lavoir, à la boutique. Tout cela semble plus direct, plus proche de la réalité.

— *Mais quand l'art s'est érotisé elles n'ont pas pour autant échappé à leur rôle de femme-objet?*

— Elles étaient peintes par des hommes, mais étaient-elles totalement passives? À la Renaissance, le regard profane s'est libéré, même dans certaines peintures religieuses. Quand Lucas Cranach peint Ève dans sa splendide nudité, certes, il y a prise de possession, mais aussi éloge du corps féminin. Et, qui sait, plaisir possible des femmes à se voir libérées de leurs vêtements? À la fin du XVIe siècle, l'école de Fontainebleau met aussi volontiers en scène la nudité féminine. On voit des femmes au bain, la belle Agnès Sorel dénudant sa poitrine, une femme lavant une autre femme et lui touchant les seins. Est-ce que le peintre s'est fait plaisir en imaginant ces scènes presque saphiques? Ou représente-t-il des situations dont il a été témoin — cette époque était relativement libre, notamment dans l'aristocratie? Ou encore, les artistes peignent-ils pour plaire aux femmes et les séduire? On ne peut guère que poser des questions aux images énigmatiques.

— *À quel moment des créatrices ont-elles commencé à représenter leur propre vision des femmes et du monde?*

— À partir de la Renaissance, et en dépit de toutes les difficultés, des femmes parviennent à passer de l'autre côté du chevalet. Les premières que nous connaissons venaient d'Italie, comme Artémis (Artemisia Gentileschi), peintre de grand talent qui avait été formée par son père mais connut néanmoins les pires épreuves pour s'imposer. Au musée de l'Académie, à Venise, on voit des autoportraits très originaux réalisés par une femme peintre. En France, à la fin du XVIIIe siècle, des femmes travaillaient dans l'atelier du peintre David. Elles étaient beaucoup utilisées comme copistes dans les galeries du Louvre, mais, par la suite, des élèves de David ouvriront des ateliers. À la Cour, Mme Vigée-Lebrun, qui peint de nombreux portraits de la famille royale, et surtout de Marie-Antoinette, est très célèbre. Petit à petit, les femmes s'approprient l'art de peindre, et elles ne cesseront pas. Ainsi, Berthe Morisot, Mary Cassatt, Marie Laurencin, Sonia Delaunay… En 2009-2010, le Centre Pompidou a réuni des centaines d'œuvres de femmes artistes du XXe siècle, montrant, selon le titre de l'exposition, la diversité des talents d'« elles ».

– *Signent-elles de leur nom ?*

– Ces dernières y parviennent, mais c'est vrai, pour la plupart, cela reste difficile. En peinture comme en musique, on les confine dans l'art d'agrément et le cercle familial. Que les jeunes filles fassent des croquis, c'est très bien : plus tard, elles pourront dessiner leurs enfants, offrir de petits cadeaux. Mais pas question de les laisser accéder aux lieux publics et aux écoles (les Beaux-Arts restent fermés aux femmes jusqu'en 1900), et en particulier aux Salons, qui à partir de la fin du XVIIIe siècle deviennent les lieux de légitimation des artistes. Or, pour être reconnu, il faut être vu par le public mais aussi par la critique, qui prend de plus en plus d'importance. Les Salons accueillent Diderot, plus tard Balzac, Baudelaire… Mais une femme ? Cela semble extravagant. Les jurys sont masculins et ils considèrent toujours la peinture féminine comme mièvre.

Marie Bashkirtseff n'obtenait un compliment de son maître à l'Académie Julian que s'il pouvait dire de sa création : « C'est une œuvre virile. »

— Le vrai art est supposé « viril », c'est donc que la création appartient à l'homme, elle a une connotation sexuelle.

— Absolument. La création, c'est le Verbe au sens large, c'est Dieu. Créer quelque chose de nouveau dans le monde, cela relève du divin, du sacré. Au départ, seul Dieu est créateur. S'il a délégué son pouvoir, cela ne peut être qu'à la plus noble des créatures : l'homme, le mâle. Depuis l'Antiquité, tous les textes philosophiques affirment que la femme ne peut pas créer, qu'elle n'en est pas capable. Elle ne peut que copier, réciter, interpréter… Traductrice, cela a toujours été considéré comme un bon métier pour les femmes : transmettre d'une langue à l'autre la pensée d'un homme, cela leur va bien. Mais écrire pour elles-mêmes, c'est une autre affaire. Peindre, c'est encore plus difficile. Quant à composer de la musique, c'est le tabou suprême. Car la musique est la langue des dieux. Que les femmes se contentent de jouer du piano dans leur salon ou de soutenir leur grand homme, cela devrait leur suffire ! Cet état d'esprit apparaît de manière particulièrement aiguë dans les couples de créateurs. Avant leur mariage, Mahler écrit ainsi à sa fiancée Alma (c'est une grande artiste, qui pourrait, peut-être autant que lui, créer des œuvres) des lettres pathétiques pour la convaincre de renoncer à la composition. Et en effet, elle renoncera, mais on sait que leur mariage ne sera pas heureux. De même, Clara Schumann, elle aussi très douée : Schumann pense que si elle continue à créer, ils seront en rivalité constante, leur couple éclatera. Pour lui, c'est évident : si elle l'aime, elle doit renoncer.

Écriture réservée aux hommes

— *Alors qu'un homme qui crée peut tout avoir: carrière, gloire, foyer, femme (souvent au pluriel!) et enfants...*

— Un homme créateur met toutes les femmes à ses pieds, cela ajoute à sa séduction. Victor Hugo en est un parfait exemple, lui qui tenait registre de ses conquêtes féminines mais a exigé que Juliette Drouet abandonne pour lui son métier d'actrice. Elle s'est jetée dans la dévotion à Victor Hugo avec l'ardeur d'une religieuse...

— *Une femme qui choisit l'art et, plus encore, la création n'a pas de vie amoureuse possible?*

— Mme de Staël écrit cette phrase terrible: «La gloire est le deuil éclatant du bonheur.» Dans *Corinne*, elle met en scène le drame d'une femme créatrice incapable de le trouver. Mme de Staël a aimé beaucoup d'hommes — Benjamin Constant a été son grand amour —, mais elle n'a jamais voulu sacrifier sa vocation littéraire et, pour elle, rien n'a été simple. Pourtant, dans le domaine de la création, l'écriture est la forme la plus accessible aux femmes.

— *Difficile en effet de la leur interdire à partir du moment où elles savent lire et écrire!*

— Il suffit d'une table ou, dans le meilleur des cas, d'une chambre à soi. Tant qu'elles rédigent leur Journal ou qu'elles s'essaient à l'écriture sans que cela prenne trop de temps, tout reste possible. Mais si elles ont la volonté d'être publiées, d'entrer dans la sphère publique, c'est une autre affaire. Beaucoup de voies leur sont fermées. La poésie, proche de la musique, est considérée comme un art masculin. Aux femmes, on laisse l'élégie, vue comme un style un peu léger, qui fait pleurer.

— *Toujours la mièvrerie...*

— Oui. La «grande» poésie, la vraie, c'est *La Légende des siècles* de Victor Hugo : un style épique, lyrique, qui affronte l'Histoire. La poétesse Marceline Desbordes-Valmore écrit de son côté : «Une femme, je le sais, ne doit pas écrire ; j'écris pourtant.» De même, le théâtre – en tant qu'auteur – est très difficilement accessible aux femmes, car c'est un art public. Rares sont celles qui parviendront à faire jouer une de leurs pièces – George Sand y réussira, au XIXᵉ siècle. D'une manière générale, c'est par le roman que les femmes se sont affirmées dans l'écriture. Certaines ont laissé des œuvres importantes et reconnues à des époques où les femmes ne s'exprimaient guère : Christine de Pisan, Mme de Sévigné, Mme de La Fayette... Toutefois, concernant cette dernière, on a mis longtemps à savoir qu'elle était l'auteur de *La Princesse de Clèves* : cela restait secret, ce qui montre bien les difficultés de la création. Même au XIXᵉ siècle on assistera à des campagnes contre les *blue stockings*, les bas-bleus. On dénigre les femmes «auteurs», et elles se dissimulent. Beaucoup prennent des pseudonymes masculins : George Sand, bien sûr, mais aussi Daniel Stern, George Eliot, et bien d'autres.

— *Pourtant, au XIXᵉ siècle, les grandes romancières anglaises* *— George Eliot, mais aussi les sœurs Brontë — sont reconnues, elles* *ont un public.*

— Oui. En Angleterre, une vraie brèche s'est ouverte. Les femmes y représentent, vers 1900, 15 à 20 % des feuilletonistes (en France, elles sont moins de 10 %). Néanmoins, on ne peut exclure que leur public soit d'abord féminin. L'accès plus rapide des femmes à la lecture dans les pays protestants a aidé à la constitution de ce lectorat en Angleterre. En France aussi les femmes dévorent les romans de George Sand : *Indiana*, *Lélia*... George Sand, qui a brouillé les frontières des sexes, réussit même à se faire admirer par des hommes. C'est le cas de Balzac, et de Flaubert, pourtant assez misogyne. Au début réticent, il finira par établir avec elle un rapport très privilégié : quand ils s'écrivent, ils s'appellent « cher troubadour », « cher camarade », ils se masculinisent. Il faut noter que George Sand a alors plus de 50 ans et dit d'elle-même : « moi qui ne suis plus une femme ». Elle a parfois des représentations des sexes très traditionnelles ! Quant à Flaubert, il n'hésite pas à lui écrire : « vous qui êtes du troisième sexe »...

— *On admet donc que les femmes puissent « raconter des histoires ». Mais exprimer des idées nouvelles, produire de la pensée ?*

— Comme la création en arts plastiques ou en musique, la philosophie est particulièrement fermée aux femmes. Il faudra attendre le XXe siècle pour voir apparaître des philosophes comme Simone Weil – dans l'entre-deux-guerres – ou Hannah Arendt, les seules, jusqu'à présent, admises dans les manuels de philosophie (Simone de Beauvoir elle-même n'y est toujours pas). Hannah Arendt est presque l'unique philosophe femme étudiée sur un pied d'égalité avec les autres penseurs du politique. Encore reste-t-elle dans une position compliquée par rapport à Heidegger, dont elle fut l'*alter ego*, mais aussi la disciple et l'amante. Toute l'histoire nous montre ce désir des femmes de s'exprimer, d'écrire (George Sand parlait de la « rage d'écrire » qui l'habitait), mais, aujourd'hui encore, leur place reste marginale.

— On parle pourtant volontiers d'«invasion féminine» en littérature...

— Est-ce si sûr? Regardez les rubriques littéraires des journaux: il y a toujours beaucoup plus d'hommes que de femmes. Écrivent-elles moins ou le filtre opère-t-il, de manière inconsciente, au niveau des éditeurs, des journalistes qui rendent compte de la production littéraire? Dès qu'une femme obtient un prix, on pense que c'est gagné. La même chose si certaines se mettent à écrire des romans porno. Mais les femmes doivent toujours faire attention à ne pas être cantonnées dans le «genre féminin». Que les femmes s'approprient la sexualité, pourquoi pas? Mais on a parfois l'impression que les hommes la leur laissent par condescendance et que, pendant ce temps, ils s'approprient le roman fort, social, politique, qui parle de la sphère publique. Ils reconstituent un domaine qui, parce qu'il est masculin, sera dit «domaine d'excellence». Les vieilles tendances ont la vie dure.

CHAPITRE 6

La conquête du travail

Pauvre Bécassine !

Nicole Bacharan : *Sortons maintenant du foyer et de l'espace privé pour suivre les femmes à l'extérieur, dans la vie publique. Qu'elles soient mariées ou célibataires, elles ont toujours travaillé. Mais que de luttes avant que ce travail soit finalement reconnu et rémunéré !*

Michelle Perrot : Le travail des femmes a toujours été un devoir et une nécessité. À toutes les époques elles travaillent dans les champs, elles prennent soin du foyer, de la cuisine, et bien sûr des enfants. Elles filent, cousent, lavent, soignent... On n'imagine pas la survie d'un groupe de population quel qu'il soit, à aucun moment, sans le travail des femmes. Quand le mari est commerçant ou artisan, elles l'aident, elles jouent le rôle d'auxiliaire. Par exemple, dans l'atelier du tailleur où travaille toute la famille, l'homme conçoit les modèles et coupe (les coupeurs sont toujours des hommes), la femme assemble et coud ; elle n'a pas la part créative. Aujourd'hui encore on voit ce travail « en équipe » : c'est le boulanger qui fabrique le pain et la boulangère qui le vend. Dans ce cas, un élément inverse un peu les schémas que nous avons vus jusqu'à présent : la boulangère est à l'extérieur, au contact du public, alors que son mari travaille à l'intérieur – autrefois il était même au sous-sol.

– Jusqu'à une époque très récente, ces femmes commerçantes et artisanes n'avaient pas, officiellement, de métier. Historiquement, était-ce déjà le cas au Moyen Âge, au temps des corporations chargées de défendre, justement, les intérêts des différents métiers ?

– Il en a toujours été ainsi. Au Moyen Âge, les femmes n'étaient que rarement admises dans les corporations. Peu à peu, elles en ont même été systématiquement exclues. À la fin du XVIIIe siècle, il n'y a plus du tout de femmes dans les corporations. Une seule exception : les veuves. Par exemple, dans l'imprimerie, pourtant considérée comme un métier très masculin, il est tout à fait normal, si le mari meurt, que sa femme reprenne l'atelier. Dans la corporation, elle a alors un pouvoir de représentation, mais uniquement jusqu'à ce que son fils soit majeur ; à ce moment-là, elle doit céder la place, un peu comme une régente.

– Ces femmes-là appartiennent cependant à des milieux relativement aisés. Comment font les autres pour « gagner leur vie » ?

– De façon immémoriale, les filles pauvres sont placées comme servantes, c'est le travail féminin par excellence. Elles sont servantes de ferme, puis, avec l'urbanisation, femmes de chambre, cuisinières, « bonnes à tout faire ». En France, juste avant 1914, plus de la moitié des femmes qui travaillaient en dehors de leur foyer étaient domestiques. Nous avons vu le sort bien peu enviable et la vulnérabilité des servantes de ferme. Certaines, très souvent illettrées, restaient là jusqu'à la vieillesse, dans un système d'attaches un peu féodal. En ville, les « petites bonnes » s'en tiraient parfois mieux. Nourries et logées

– très mal –, elles remettaient leurs gages à leurs parents, mais certains acceptaient qu'elles en économisent une petite partie pour se constituer une dot et plus tard se marier. Une bonne qui avait la chance d'avoir de bons maîtres recevait parfois des toilettes de la patronne et pouvait se cultiver en vivant dans un milieu plus confortable. Mais dans d'autres familles leur sort était minable. Pour les patrons, « bonnes à tout faire », cela signifiait souvent « bonnes à coucher ». Et s'il y avait un enfant, dehors ! Tel était le côté noir de la domesticité.

– *La « petite bonne » typique, c'est Bécassine ?*

– Du moins sa caricature, que les Bretons exècrent. Au XIXᵉ siècle, la Bretagne est très pauvre. Les hommes partent travailler dans les usines parisiennes – produits alimentaires, chimie, métallurgie, grandes usines automobiles – et fournissent la main-d'œuvre de base, sans qualification ; à tel point que, quand les Nord-Africains leur succéderont, on parlera des « Bretons noirs ». Les filles, elles, sont placées chez les bourgeois. Le personnage de Bécassine naît dans *La Semaine de Suzette*, en 1905. Elle a des oreilles, mais pas de bouche, car elle ne doit pas parler. Le comique de Bécassine est très cruel : c'est une fille naïve, sans éducation, qui ne comprend pas les jeux de mots ni les ordres qu'on lui donne, et commet sans cesse des bévues... Dans la réalité, les parents sont très inquiets pour leurs filles placées en ville et craignent qu'elles ne deviennent enceintes. Paris a mauvaise réputation. Puis, petit à petit, le niveau de vie des Bretons s'améliore, et les familles préfèrent retenir leurs filles, qui travaillent alors dans les poissonneries et les conserveries et ne s'éloignent pas trop de la maison. « On ne peut plus se faire servir ! » disent entre les deux guerres les maîtresses de maison bourgeoises.

« *Ouvrière, mot impie!* »

— *Avec la révolution industrielle, les filles qui ne sont pas « placées » entrent à l'usine?*

— Oui, dès la création des premières usines, des femmes et des enfants y sont employés, et très souvent des mères avec leurs enfants. Dans la phase précédente, celle des ateliers proto-industriels, les familles travaillaient ensemble. Cela a commencé par le textile. Le père, tisserand, est chef de métier, il accomplit les travaux les plus importants, mais aussi les plus durs. Sa femme et ses enfants l'aident, passant et rattachant les fils. Cette proto-industrialisation a favorisé les mariages précoces et la fécondité, car le travail du couple et des jeunes enfants était très valorisé. Mais le patronat craignait toujours de se faire gruger, il soupçonnait les villageois de s'entendre pour ne pas trop en faire, et il a préféré réunir tout son monde dans des fabriques où il contrôlait la productivité et l'emploi du temps. Les ateliers ont alors fermé les uns après les autres, et le groupe familial – père, mère, enfants – s'est transporté à l'usine, où l'apprentissage des enfants, dès 8 ans, se faisait à côté des parents. Les tisserands ont tenté de résister à cette entrée à l'usine, mais ils n'ont finalement pas eu le choix : de plus en plus mal payés, ils ne trouvaient plus à vendre leurs produits.

— *À quel moment institue-t-on les premières lois encadrant le travail des enfants, filles ou garçons?*

— En 1841, une loi spécifie qu'on ne doit pas admettre les enfants à l'usine avant l'âge de 8 ans – ce qui montre qu'il y en avait de plus petits! – et que leur journée de travail ne doit pas dépasser huit heures – ce qui prouve aussi que, jusqu'alors, elle était plus longue. En complément de ce temps de travail, les patrons doivent soit leur permettre d'aller à l'école, soit organiser eux-mêmes des écoles de fabrique. En 1881, une loi impose l'enseignement scolaire obligatoire jusqu'à 12 ans, mais cela ne veut pas dire que l'enfant ne peut pas travailler tout en allant à l'école. Bien des familles traînent les pieds pour respecter la loi : elles ne voient guère l'intérêt d'instruire les enfants, et elles ont besoin des salaires de ces derniers, qui sont toujours versés aux parents. Ces lois concernent filles et garçons de manière indifférenciée. Les filles travaillent donc très tôt et restent au travail au moins jusqu'à leur mariage, dès lors moins précoce, car, là aussi, les parents veulent profiter de leurs salaires.

– *Pourtant, comme pour les « petites bonnes », les parents s'inquiètent pour la moralité de leurs filles qui travaillent en usine.*

– C'est une énorme préoccupation, d'autant plus que le travail d'une fille en usine a très mauvaise réputation. En général, les ouvriers préfèrent donc que leurs filles soient embauchés dans des ateliers féminins. On craint les contremaîtres et le droit de cuissage, mais aussi les rapports entre garçons et filles. Zola, dans *Germinal*, dépeint un monde de la mine pétri de sexualité : la Mouquette, c'est une fille qui s'offre à tout le monde. On sent bien que pour lui ces gens sont un peu des sauvages. Michelet, quant à lui, écrit : « ouvrière, mot impie ! ». Selon lui, les femmes sont en danger à l'usine. Le travail y est sale, brutal, opposé à la féminité, sans compter ce soupçon de promiscuité sexuelle. Certains patrons, catholiques en particulier, s'en préoccupent et organisent la séparation des sexes : ainsi, souvent, ouvriers et ouvrières ne sortent pas par la même porte, pour ne pas se croiser en quittant le travail. Pendant la guerre de 1914-1918, les femmes en usine sont beaucoup plus nombreuses que les hommes, partis au front, et on institue des «surintendantes d'usine». Pour la plupart issues de la moyenne bourgeoisie catholique, elles sont chargées de veiller sur les ouvrières. Elles organisent parfois des «chambres d'allaitement» pour les femmes, qui viennent alors travailler avec des enfants à la mamelle.

— Néanmoins, les lois sur le travail des femmes sont beaucoup plus liées à la protection de la maternité qu'aux abus des contremaîtres.

— Oui. Les premières lois qui parlent des femmes en tant que telles apparaissent en Angleterre dans les années 1860, et un peu plus tard en France. *Germinal*, qui se situe sous le Second Empire, n'est pas tout à fait exact dans sa description du travail des mineurs, car on y voit des femmes au fond, comme la fameuse Mouquette. Or, sous le Second Empire, les femmes sont trieuses en surface, mais on interdit qu'elles descendent au fond : l'«enfer noir» est trop dur pour de futures mères. Les premières lois sur le travail promulguées non en fonction de l'âge, mais du sexe, concernent donc les mines. En 1891, la Troisième République réduit la journée de travail des femmes et des enfants à dix heures, dans toutes les usines. Mais cette loi n'a pas été acceptée si facilement que cela, y compris par les femmes.

— Pourquoi?

— Beaucoup d'industriels, mécontents, ont renvoyé leurs ouvrières. Celles-ci ont parfois protesté, affirmé qu'elles préféraient travailler douze heures plutôt que perdre leur emploi. En fait, dans ce domaine, la France n'était pas en avance. En Allemagne, les lois bismarckiennes sur l'assurance maladie, la protection des femmes, la sécurité du travail industriel ont été beaucoup plus précoces. Dans cette réflexion, les protestants, une fois encore, ont joué un rôle important. Le patronat protestant, par philanthropie ou par conscience de ses intérêts, pensait qu'il ne fallait pas épuiser la classe ouvrière. Les pays protestants – Allemagne, mais aussi Angleterre, Pays-Bas – ont donc adopté des lois de protection avant les autres. Avec la conscription, on prenait conscience de l'état des jeunes gens (cela ne concernait pas les femmes) qui passaient le conseil de révision : ainsi, dans les régions industrielles, textiles, on observait qu'ils étaient scrofuleux, tuberculeux, déformés. En France, cette préoccupation est venue plus tard. En 1890, on a créé les inspecteurs du travail, et, pour les femmes, les inspectrices.

– Comme pour les surintendantes d'usine, voici donc des femmes en position d'autorité ?

– C'est une « première ». On ne voulait pas que des ouvrières soient inspectées par des hommes. Ces inspectrices du travail se sont battues pour obtenir une protection de la femme, et particulièrement de la femme enceinte, et la France a fini par adopter le congé de maternité (huit semaines, sans traitement) en 1909. La législation a d'abord été appliquée dans les manufactures d'État, comme dans le secteur du tabac, où la main-d'œuvre était féminine à 80 %. C'était le lieu idéal, car des femmes y faisaient carrière toute leur vie, revenant au travail après la naissance de leurs enfants ; pour elles, le congé de maternité avait vraiment un sens. Il a été ensuite rendu obligatoire dans tous les secteurs, et il y a eu moins de résistance que sur la durée du travail. Dans les années 1900, l'État français était enfin conscient de la mauvaise santé de la classe ouvrière et inquiet de la dénatalité, comparée à la poussée démographique en Allemagne.

Une bonne ménagère

— *Congé de maternité ou pas, on n'est pas ouvrière d'usine par vocation. Les femmes ne préféraient-elles pas, quand cela était possible, rester à la maison et s'occuper de leur famille?*

— Si elles pouvaient quitter l'usine, elles n'hésitaient pas. Avec la révolution industrielle, on a vraiment dissocié «intérieur» et «extérieur». Autrefois, maris et femmes travaillaient côte à côte, dans leur foyer. Désormais, le salaire de l'ouvrier se gagne «à l'extérieur». L'ouvrier salarié apparaît en même temps que la ménagère, qui veille sur son «intérieur». Cependant, les milieux populaires ne sont pas du tout opposés au travail des femmes, pour autant que le «vrai» salaire soit bien celui du père, qui doit pouvoir nourrir sa femme et ses enfants. Si les femmes gagnent un peu d'argent, cela ne peut être qu'un salaire «d'appoint».

— *Le font-elles volontiers?*

— Elles ont à cœur d'apporter ce petit plus, qui peut boucler un budget. Elles font quelques heures de ménage, de couture, de repassage dans le voisinage, elles gardent les enfants, portent le pain. Si le mari gagne assez bien sa vie (c'est le cas des ouvriers métallurgistes), elles le dissimulent parfois, gardant ce petit pécule pour offrir un extra à la famille ou pour le consacrer à l'éducation des filles. En effet, si le père est souvent prêt à des sacrifices pour que les garçons aillent à l'école, il pense que pour les filles l'instruction est secondaire. Les femmes qui contribuent financièrement au bien-être de la famille semblent en ressentir une fierté considérable. Comme si elles vivaient mal d'être écartées de la responsabilité de rapporter, elles aussi,

l'argent du ménage. Une mère au foyer qui « ne travaille pas »
se sent vite dévalorisée. Quand on arrive au marché, où tout
se compte en argent, on ne vaut rien si on n'en gagne pas.

*— Au contraire, dans les milieux bourgeois, une femme qui tra-
vaille, ce n'est pas acceptable. Cela signifierait que le mari n'a pas
réussi…*

— Absolument. Dans la société bourgeoise du XIXe siècle,
la femme reprend la vieille devise de l'aristocratie : « Vivre
noblement, c'est vivre sans rien faire. » Un aristocrate ne travaille pas. Dans la bourgeoisie, il y a une dissociation dans le
couple : l'homme travaille, certes pas de ses mains, mais dans
les affaires, il fait fructifier son capital, il est chef d'entreprise.
Et il a une « bourgeoise », sa femme, qui, elle, ne travaille pas.
C'est cela, « vivre bourgeoisement ». Néanmoins, l'épouse doit
se comporter en bonne maîtresse de maison, gérer les domestiques, le train de vie, les enfants, et organiser les dîners et
les réceptions. Dans les entreprises de petite envergure, il est
assez bien considéré que les épouses s'occupent aussi des écritures et des comptes, ce qui montre qu'elles ont un certain
niveau d'instruction. Mais si les affaires prennent de l'ampleur le mari sépare bientôt le lieu de travail et le domicile, et
sa femme se consacre uniquement à la gestion de sa maison.
On l'a très bien vu dans la bourgeoisie du Nord, où, dans
la première moitié du XIXe siècle, les patrons habitaient une
maison confortable, mais dans l'enceinte de l'usine. Là, le mari
attendait les ouvriers le matin, et sa femme faisait les comptes.
Avec l'essor de l'industrie, le mari a engagé un comptable, la
famille a quitté la proximité de l'usine et s'est installée dans
une belle maison d'un quartier résidentiel, comme le fameux
boulevard de Paris à Roubaix.

La dame du téléphone

— *Les femmes qui travaillent « officiellement » ont-elles d'autres possibilités que le travail domestique et l'usine ?*

— À partir du XIXe siècle, oui : le secteur des services va sauver les femmes. D'abord, le commerce : les jeunes filles sont embauchées comme vendeuses, aussi bien dans des petites boutiques que dans les grands magasins, qui se développent. On parle des « demoiselles de magasin ». Les horaires comme la discipline sont rudes, ces demoiselles sont très surveillées, toujours soupçonnées d'immoralité. Dans les grands magasins, un certain contrôle social s'établit, et les chefs de rayon ne peuvent pas se permettre n'importe quoi. C'est le cas chez les Boucicaut, gens de tradition catholique, qui fondent le Bon Marché dans un quartier de couvents. C'est aussi l'époque des « dames des Postes ». Elles reçoivent les gens derrière le comptoir, donc la morale est sauve. Dans les campagnes, être receveuse des Postes devient un métier très recherché, que l'on confie souvent à une veuve d'officier ou de fonctionnaire. Plus tard, il y aura aussi la « demoiselle du téléphone ». On aime cette voix féminine, et comme on ne la voit pas, elle ne risque rien.

— *Toujours cette préoccupation morale...*

— Oui, la séparation entre les sexes reste très forte. Devant l'arrivée progressive des femmes au travail, les hommes ont d'ailleurs protesté, craignant qu'on ne prenne leur place. En fait, non seulement cela ne créa pas de concurrence, mais ce fut au contraire une possibilité de promotion : il y eut des recompositions dans la hiérarchie des postes et les emplois les plus intéressants, les mieux payés, furent pris par des hommes.

— C'est la hiérarchie habituelle médecin/infirmière...

— En effet. Infirmière, voilà un métier considéré comme bien féminin! En Grande-Bretagne, la grande initiatrice est Florence Nightingale. Elle avait participé à la campagne de Crimée (1854-1856), avec d'autres femmes, pour soigner les soldats anglais, et avait bien compris la nécessité d'une formation sanitaire sérieuse. Elle s'est beaucoup battue pour que les soins soient non plus bénévoles, mais reconnus comme un vrai métier. Dès lors, des filles de la moyenne bourgeoisie anglaise se sont lancées dans ces études et ont ensuite obtenu des salaires relativement décents. Ainsi s'est développé, dans tout le monde anglo-saxon, le secteur du *nursing*.

— Et en France?

— Le modèle français est tout à fait différent. Depuis toujours les religieuses ont servi d'auxiliaires aux médecins dans les hôpitaux. Ces établissements seront laïcisés à partir de la Troisième République, sous l'impulsion du docteur Bourneville. Franc-maçon, radical, laïque et très hygiéniste, il ne voulait plus de bonnes sœurs comme infirmières, il ne les trouvait pas assez propres; par contre, il trouvait le modèle du *nursing* à l'anglaise trop cher pour l'assistance publique. Il s'est donc dirigé vers un recrutement populaire, recherchant des jeunes filles de milieu très modeste, qui recevaient une formation rapide, sur le tas, assez proche de celle des aides-soignantes d'aujourd'hui. Le docteur Bourneville a eu, lui aussi, recours aux petites Bretonnes, qui préféraient être infirmières plutôt que servantes. Toutes ces jeunes femmes étaient célibataires, nourries et logées à l'hôpital. Grâce à ce statut d'internes, leurs sorties et leurs fréquentations étaient très surveillées. Avec son recrutement très populaire et son héritage religieux qui met

191

l'accent sur le dévouement et la charité, ce modèle va peser longtemps. Les infirmières, même laïques, portent le voile. Mais pour faire enfin de vraies études, dans des écoles spécialisées, et être reconnues et correctement payées, il leur faudra se battre.

À travail égal, salaire égal ?

— Outre les magasins, les postes, les hôpitaux, il y a aussi les bureaux, où les hommes ont besoin d'auxiliaires et d'assistantes ?

— C'est par le travail de bureau que les femmes font massivement leur entrée sur le marché du travail. Au début du XXe siècle, puis dans l'entre-deux-guerres, les femmes ont travaillé dans l'industrie, sur les chaînes, à des postes très peu qualifiés. À partir de la Seconde Guerre mondiale, le travail de bureau prend une ampleur gigantesque. Toute l'Europe devient un dédale de bureaux et, désormais, la majorité des femmes y travaillent. Même les moments de récession n'y changent rien, car les familles ont plus que jamais besoin d'un salaire supplémentaire. Ces employées de bureau sont secrétaires, standardistes, sténodactylos. Le «dessus du panier», ce sont les secrétaires de direction, qui, auprès du patron, jouent aussi un rôle de maîtresse de maison : il faut savoir arranger des fleurs, apporter un cachet d'aspirine... Elles sont «aux petits soins», rôle féminin par excellence.

— Assez vite on a vu des femmes chargées de diriger des équipes de femmes. Mais quand ont-elles commencé à diriger des hommes ?

— Cela se voit d'abord dans l'industrie, quand les métiers se féminisent. Par exemple, dans la région de Saint-Étienne, dès avant 1914, les ateliers de rubans, de passementerie sont toujours un peu en crise, on y est moins bien payé, et les hommes les quittent pour la mine ou la métallurgie. Du coup, les femmes peuvent devenir contremaîtresses et avoir des hommes – très jeunes, encore adolescents – sous leurs ordres. Ces jeunes ouvriers sont « rattacheurs » dans la bonneterie, les filatures, c'est-à-dire qu'ils rattachent les fils. Ils restent là jusqu'à 15-16 ans, puis deviennent ouvriers techniciens, s'occupant de réparer les métiers. Dès lors, ils n'obéissent plus aux femmes. Parmi ces jeunes gens, certains se plaignent des « agaceries » des contremaîtresses – comme une sorte de droit de cuissage. Il faut dire que ces femmes, dans des positions d'autorité, restaient célibataires.

– *Une femme « chef », c'est un peu un homme!*

– Exactement. Leur position est mieux acceptée si elles dirigent des femmes, notamment dans les usines, ce qui règle les histoires de harcèlement sexuel. Mais pour que des femmes deviennent chefs d'équipe masculine dans des bureaux, et plus encore dans l'industrie, il faudra beaucoup de temps.

– *Comment définit-on un métier « féminin »? Quelque chose qui n'est pas trop dur physiquement?*

– Un métier – quel qu'il soit – où on trouve au moins 75 % de femmes! Et ce métier est systématiquement considéré comme sous-qualifié, et donc sous-payé. Le salaire n'est pas seulement lié au rendement, mais aussi au statut : le statut de l'homme est supérieur à celui de la femme, il est donc considéré comme normal qu'il gagne plus. C'est beaucoup plus une perspective d'Ancien Régime qu'un principe capitaliste, qui devrait ne tenir compte que du rendement. Mais, officiellement, on explique toujours que les femmes font des choses moins qualifiées que les hommes, qu'elles apportent juste leurs qualités « naturelles » ; ce que l'on paierait, ce serait donc l'apprentissage, la qualification. Quand les femmes travaillent dans le textile, on dit : « Elles savent coudre, elles ont les yeux fins. » Quand elles deviennent sténodactylos (ce qui nécessite vraiment un apprentissage), on dit : « Elles sont douées pour le piano, elles ont des doigts agiles. » Il faudra attendre 1946, après la Libération, pour que la loi Croizat proclame : « À travail égal, salaire égal. » Un idéal qui n'est pas encore réalisé aujourd'hui ! Les femmes se sont beaucoup battues pour que leurs compétences soient reconnues, et cela passe par l'accès à des écoles et des diplômes professionnels.

La soif d'apprendre

— *De tout temps l'accès à l'instruction fut le socle de toutes les revendications féministes.*

— Oui, car le savoir a toujours été chichement mesuré aux femmes. En 1836, François Guizot, ministre de l'Instruction publique sous la monarchie de Juillet, constate que le niveau d'instruction du pays doit s'élever. Il demande alors à toutes les communes de plus de cinq mille habitants d'ouvrir une école, mais cela ne concerne que les garçons. Et pourtant Guizot est protestant, plus ouvert que les catholiques à l'idée d'instruire les filles, et son épouse, elle-même très instruite, a écrit un traité de l'éducation des filles. C'est Victor Duruy, sous le Second Empire, qui demande à ces communes de plus de cinq mille habitants d'ouvrir également des écoles de filles. Sur ce plan, la France était nettement en retard par rapport à l'Angleterre, et plus encore par rapport à l'Allemagne.

– Ces écoles de filles établies par Victor Duruy, ce sont des écoles primaires?

– Oui, dans un premier temps. En 1867, il instaure aussi des «cours secondaires» pour les filles de plus de 12 ans. Une cinquantaine de cours sont alors créés dans les villes les plus importantes, mais il ne s'agit pas encore d'une véritable scolarisation. Les jeunes filles s'y rendent accompagnées de leur mère, et reçoivent quelques heures d'instruction par semaine. On leur enseigne le français, les langues (toujours bien vues pour les filles), les arts d'agrément, quelques éléments de géographie et d'histoire, un peu de sciences naturelles. C'est vraiment un savoir minimal. À côté de ces cours secondaires organisés par l'État, on trouve des pensionnats privés, religieux ou laïques, beaucoup plus sérieux. Les familles de la bonne société y mettaient en général leurs filles en pension pendant deux ou trois ans.

– Était-ce bien différent des couvents?

– C'étaient des espèces de couvents, mais la différence essentielle était que ces jeunes filles n'y restaient pas très longtemps. Flaubert, dans *Madame Bovary*, nous décrit un de ces établissements. Le père d'Emma Bovary, veuf et ne sachant comment élever sa fille, l'a mise dans une pension religieuse, où elle a été très heureuse, car on lui a appris à lire. Mais ce goût de la lecture va la perdre, elle dévore des romans d'amour qui lui mettent en tête des idées folles… Flaubert fait ainsi peser un soupçon de perversion sur la pension, et sur l'instruction des filles.

– Gare aux femmes qui rêvent, ou qui réfléchissent! Quand les pensions sont tenues par des laïcs, qui choisit les enseignantes, les programmes?

– Au XIXe siècle, la petite bourgeoisie a du mal à gagner sa vie. Les parents, qui craignent de ne pouvoir doter et marier toutes leurs filles, veulent qu'elles puissent éventuellement sub-venir à leurs besoins. Dans ce cas-là, ouvrir une pension, faire des traductions, devenir préceptrice ou gouvernante dans une famille, c'est une voie honorable. Le désir d'instruction des filles vient des familles non pas tant de la grande bourgeoisie que de la moyenne et de la petite bourgeoisie. Des jeunes femmes instruites décident ainsi d'ouvrir quelques classes – il s'agit parfois d'externats – et enseignent les filles de leur ville. Elles s'efforcent de leur donner une bonne instruction, et les contenus s'établissent un peu «sur le tas», mais ce sont encore des rudiments. Ce sont les examens qui exigeront des programmes.

– *Il y a aussi les «Miss», et les «Fräulein», toutes ces gouver-nantes qui circulent en Europe...*

– Ce sont les préceptrices, embauchées dans des familles bour-geoises pour assurer l'instruction des enfants. Elles voyagent beaucoup, passant d'une famille à l'autre quand les enfants grandissent. Elles sont cultivées, et on les estime moins vulné-rables que les «petites bonnes», même si elles reçoivent tou-jours les mêmes conseils : rester à sa place, se méfier du maître des lieux, ne pas se laisser séduire. Mais il y a aussi beaucoup d'histoires d'amour.

– *Des jeunes femmes seules commencent donc à voyager, sans chaperon...*

– Si on lit les journaux féminins de l'époque, on voit une ouverture de l'imaginaire féminin vers les voyages, comme un espace légitime. *Le Journal des Demoiselles*, très célèbre au XIXe siècle, édité par des femmes de la bonne société pour des lectrices du même monde, consacre une bonne partie de ses pages aux domaines féminins traditionnels : arts d'agrément, peinture, couture, soins du corps, mode. Mais on est aussi frappé par la volonté de sérieux et le désir d'instruction du journal, particulièrement en ce qui concerne les langues étrangères et les voyages. Comme si on redoutait que l'imaginaire des jeunes filles ne soit entraîné vers des intrigues amoureuses, et que l'on jugeait plus sage de les emmener en Italie, en Sibérie, ou de les faire rêver à la forêt équatoriale. Cet intérêt est encore plus développé en Angleterre, et on verra ainsi de téméraires exploratrices. D'autres seront simplement traductrices, occupation toujours bien vue pour les femmes. Devenir médiatrice de la pensée d'un autre, quelle belle mission ! En maîtrisant une langue étrangère, la femme peut se mettre au service d'une œuvre et faire ce travail chez elle, à ses heures « perdues ». Aujourd'hui encore, traductrice est un métier très féminin, donc souvent mal payé.

La révolution des institutrices

— En France, la voie royale pour les femmes, c'est bien institutrice ?

— Oui, c'est l'objet de toutes les ambitions, de toutes les approbations aussi. Le métier d'institutrice conjugue le savoir, la respectabilité et le caractère maternant… Dans cette affaire, la lutte entre l'Église et l'État a joué en France un rôle important. Pensons à la formule de monseigneur Dupanloup, sous le Second Empire : « Les filles doivent être éduquées sur les genoux de l'Église ! » La stratégie de l'Église est très fine : par le biais de ses congrégations, non seulement elle éduque les filles dans la foi religieuse, mais pour attirer les familles elle offre de vrais savoirs, supérieurs à ceux dispensés dans des cours laïques. Dès lors, le parti républicain développe, contre l'empereur, un programme d'instruction pour les filles. Michelet, dans un livre très célèbre, *La Femme et le Prêtre*, montre le danger de la mainmise de l'Église sur les femmes : celles-ci se confient à leur confesseur, qui par leur entremise épie les hommes... La Troisième République voudra arracher les femmes à l'emprise des prêtres en leur donnant une instruction laïque et républicaine.

— *La Troisième République, c'est enfin l'école obligatoire pour tous, filles et garçons.*

— En 1881, Jules Ferry impose l'école laïque, gratuite et obligatoire. Les classes ne sont pas mixtes : comme l'Église accuse la République, et particulièrement l'école laïque, d'«immoralité», les républicains ne veulent pas prêter le flanc à la critique et séparent strictement les deux sexes. Néanmoins, les programmes sont quasi identiques pour les filles et les garçons, enseignements et manuels sont semblables, et il y a un seul et unique certificat d'études, qui se passe simplement dans des salles distinctes. Les filles suivent également un petit enseignement ménager, mais qui ne prend guère de place – celui-ci sera beaucoup plus développé sous Vichy. D'autre part, à partir des années 1885, des cours de gymnastique sont organisés pour faire des garçons de futurs soldats ; les filles, elles, font plutôt de la danse rythmique, plus gracieuse. C'est à travers le corps et les gestes que la distinction masculin/féminin continue. Pas par le savoir intellectuel.

— *Ce qui est déjà important. Qui dit classes de filles dit aussi institutrices ?*

— En effet, les lois Ferry feront beaucoup pour développer le métier d'institutrice. À la campagne, il arrivait que l'instituteur ou l'institutrice sépare la classe – garçons d'un côté, filles de l'autre – et enseigne les deux groupes. Mais dès que le village a une certaine importance on préfère avoir un couple, l'homme s'occupant de l'école des garçons et la femme de celle des filles. Dès lors, dans la petite et moyenne bourgeoisie, souvent appauvrie aux XIXᵉ et XXᵉ siècles, et qui ne parvient plus à doter ses filles, l'enseignement est un avenir honorable. Dans les classes populaires, il devient un modèle d'identité. Tous les parents, paysans ou ouvriers, y aspirent. Mais c'est difficile, car, même s'il y a des bourses, il faut bien entretenir les filles qui font des études. Un paysan pauvre ne peut pas y parvenir. De même pour les ouvriers les plus modestes, qui pourtant auraient souvent aimé voir leurs filles échapper à l'usine, très dévalorisée. Une enquête réalisée à Belleville dans les années 1880 demandait aux fillettes de plusieurs écoles primaires : « Que voudrais-tu faire plus tard ? » Un tiers répondait : « Être institutrice. » Mais beaucoup ajoutaient : « Papa ne veut pas. » « Pourquoi ? » « Parce que cela coûte trop cher. »

— Cette instruction a un autre prix : les institutrices ne sont-elles pas condamnées à rester « vieilles filles » ?

— Au début, beaucoup restent célibataires. Les institutrices sont le prototype de l'intellectuelle, avant même les professeurs, car elles sont beaucoup plus nombreuses. Dès avant 1914, on les trouve parmi les féministes, dans tous les mouvements politiques, syndicaux, pacifistes, néo-malthusiens. Beaucoup militeront pour le contrôle de la natalité, puis pour le droit à l'avortement. Et, en effet, elles font peur aux fiancés potentiels ! Néanmoins, petit à petit, elles finissent par se marier, d'autant plus que la République favorise les couples d'instituteurs, en leur offrant notamment un logement de fonction. L'instituteur et l'institutrice représentent l'idéal républicain : un couple instruit, laïque, égalitaire, et instruisant garçons et filles avec la même exigence. Mais les institutrices ne seront payées comme les instituteurs que dans les années 1920...

Premières bachelières

— *Formées dans les écoles normales, les institutrices ne passent pas le baccalauréat, n'ont pas accès à l'université. Quand voit-on les premières bachelières?*

— La première bachelière fut Julie Daubié, en 1861, sous le Second Empire. C'était une autodidacte, fille d'instituteur, et il lui fallut batailler sans relâche pour obtenir le droit – à plus de 25 ans! – de se présenter. Cela semblait tout bonnement impensable pour une fille. Julie Daubié et ses parents recherchèrent l'appui de hautes personnalités, comme l'industriel saint-simonien François Arlès-Dufour. Socialistes, les saint-simoniens défendaient l'égalité entre hommes et femmes, considérant que la société comptait deux sortes d'opprimés : les prolétaires et les femmes. Arlès-Dufour tenta donc de convaincre le recteur de l'académie de Lyon, mais sans succès. Il fit appel à Victor Duruy, alors ministre de l'Instruction publique. Sur le principe, celui-ci aurait été d'accord, mais cela lui semblait très difficile à faire accepter. Il fallut donc aller jusqu'à solliciter l'impératrice Eugénie. Celle-ci était très pieuse, pas du tout laïque, et pourtant assez féministe. Elle intervint auprès de Victor Duruy, lui demandant de donner des ordres au recteur... L'enjeu politique était énorme : l'impératrice, toute acquise à l'Église, trouvait normal qu'une fille passe son baccalauréat. Mais, même après avoir réussi l'examen, Julie Daubié dut attendre longtemps avant qu'un ministre veuille bien signer son diplôme...

– *Comment ce baccalauréat au féminin est-il peu à peu entré dans les mœurs?*

– Lentement, et difficilement. En 1880, Camille Sée ouvre les premiers lycées de filles. Elles y suivent un enseignement laïque, dispensé par des professeurs femmes qualifiées. Néanmoins, elles ne passent pas encore le baccalauréat. Elles vont jusqu'à un «brevet d'études secondaires», dont les épreuves sont différentes du baccalauréat réservé aux garçons. En particulier, les filles n'ont pas droit au latin ni au grec. Ces langues anciennes représentent le monde des idées, le droit, la philosophie, c'est-à-dire le sommet du savoir d'alors. Les sciences et les techniques sont moins valorisées, et l'ingénieur n'est pas aussi bien considéré que le lettré. Le latin, langue des clercs, conserve, même pour les laïcs, sa dimension sacrée. Jean Jaurès, socialiste, a soutenu sa thèse en latin. Donc, que les filles puissent un jour étudier le latin choque beaucoup, pas seulement chez les bourgeois. Jules Vallès – le communard – s'exclamera: «Quel monde! Que les filles apprennent le latin!» Il faudra attendre 1905 pour que le baccalauréat soit véritablement ouvert aux filles, et 1924 pour qu'elles passent les même épreuves que les garçons. Quant à la mixité totale des établissements, elle ne sera établie que dans les années 1970.

– *Mais, avec le baccalauréat, les filles peuvent désormais entrer à l'université.*

– Cela aussi se fait très lentement. En France, on estime que, en 1914, 7 % des étudiants sont des filles. Cela a commencé par la médecine, avec l'arrivée de réfugiés juifs venus de Russie. La Russie tsariste avait ouvert les universités médicales aux filles, et les jeunes filles juives, d'un niveau d'instruction supérieur aux autres, s'y étaient engouffrées. Mais la fermeture des universités puis les pogroms des années 1880 ont fait fuir beaucoup de Juifs, et à Zurich, Londres et Paris on a alors vu arriver ces jeunes filles qui demandaient à continuer leurs études. De jeunes Polonaises, dont certaines, comme Marie Curie, n'étaient pas juives, fuyaient aussi l'occupation russe, et l'interdiction pour les femmes de fréquenter les universités en Pologne. Le gouvernement de la République française a approuvé l'ambition de ces jeunes filles et les a imposées dans les universités.

— *Il fallait donc les imposer...*

— Beaucoup moins aux professeurs qu'aux étudiants! Ceux-ci organisaient des chahuts, refusaient de laisser entrer les jeunes filles. Il a fallu que les professeurs soutiennent ces dernières, que des appariteurs supplémentaires fassent régner l'ordre. Et, finalement, les étudiants s'y sont faits. En médecine et en droit, avant 1914, un certain nombre de filles sont parvenues à suivre des études complètes. Les premières à passer l'internat en médecine furent généralement des étrangères, mais pas toutes. Madeleine Pelletier, par exemple, sera la première à se présenter – après beaucoup de difficultés – à l'internat en psychiatrie. Ce secteur-là était considéré comme très masculin, et il a résisté plus longtemps que d'autres.

« *Étudiante : compagne de l'étudiant* »

— *Voici enfin le temps des étudiantes...*

— Même le mot pose un problème! Quand on ouvre le *Larousse* ou le *Littré* du XIXe siècle, quelle est la définition d'« étudiante »? « Compagne de l'étudiant. » C'est la grisette, la jeune fille venue d'un milieu populaire, qui vit avec l'étudiant, dort avec lui, tient son ménage, mais sait très bien qu'il ne l'épousera pas. À partir de 1900, on compte dans les statistiques les « étudiantes filles », comme si le féminin ne suffisait pas. Ce n'est qu'après 1918 que le mot prend son sens moderne. L'entre-deux-guerres sera vraiment l'âge des étudiantes : en 1939, les filles représentent 27 % des étudiants. Ce n'est pas encore l'égalité, mais le progrès est immense. On voit alors les premières agrégées, comme Simone de Beauvoir, qui passe l'agrégation de philosophie en 1929, ou Simone Weil en 1931, tandis que Colette Audry, futur Prix Médicis, réussit l'agrégation de lettres. Germaine Tillion passe, elle, ses diplômes d'ethnologie (en 1939, la guerre interrompt sa première mission d'ethnologue en Algérie). Les secteurs traditionnels du savoir – philosophie, littérature, sciences – restent néanmoins très masculins. Et ce sont alors des domaines émergents, moins reconnus, qui s'ouvrent plus facilement aux filles : la sociologie, la psychanalyse, l'ethnologie. Dans cette dernière discipline, on retrouve l'ouverture à la géographie, aux voyages ; sans compter l'esprit de mission que l'Église encourage elle aussi.

– Les femmes sont toujours poussées au dévouement, en somme. À partir de 1940, le régime de Vichy, lui, tentera de les « ramener à la maison ».

– Le discours de Vichy est très traditionnaliste, farouchement antiféministe, voyant même dans le féminisme une des causes de la défaite de la France. Le régime pétainiste n'est pas revenu sur l'accès des filles à l'école ou au lycée, mais il a modifié les programmes, développant l'enseignement ménager et la puériculture, et imposant une « instruction civique et morale » extrêmement traditionnelle, avec une distinction entre les sexes encore plus accentuée. Il s'agit bien de reprendre en main l'éducation des filles. Non seulement on les prépare à leur rôle d'épouse et de mère, mais on fait peser sur leurs épaules une culpabilité insidieuse : l'échec de la France, c'est la faute des femmes.

— Est-ce que cela a vraiment eu un impact ?

— C'est difficile à dire. Pour les adolescentes d'alors, ce discours devait peser, et il a dû détourner certaines de l'ambition de faire des études. Mais cela n'a duré que quatre ans et n'a pas ralenti l'entrée des filles à l'université. D'autant moins qu'à la Libération la paupérisation de la bourgeoisie les a obligées à gagner leur vie. Pourtant, les lendemains de guerre ne furent pas féministes, le *baby boom* a poussé les jeunes mères à rester au foyer. Le nombre d'étudiantes a continué à augmenter, mais souvent, quand elles se mariaient, les jeunes diplômées renonçaient à leur métier. Aujourd'hui encore, on le sait bien, nombre de femmes diplômées sont écartelées entre leur vie professionnelle et leur vie privé, ou laissent la préséance à leur mari en mettant leur carrière en veilleuse dès qu'un enfant paraît. Sur ce plan, l'égalité n'est pas encore acquise.

CHAPITRE 7

La prise de parole

Inquiétantes régentes

Nicole Bacharan : *Si depuis toujours, avec plus ou moins de bonheur, les femmes ont travaillé dans leurs foyers et aussi à l'extérieur – dans les champs, les ateliers, les magasins, les usines puis les bureaux –, elles n'ont jamais eu de place, en revanche, dans la sphère publique, dans la « cité », là où se prennent les décisions régissant la communauté.*

Michelle Perrot : Dans les siècles passés, peu de gens, qu'il s'agisse d'hommes ou de femmes, ont eu leur mot à dire dans les affaires publiques ! Les Grecs furent les premiers à parler de « droit de cité », mais cette évolution démocratique représente l'exception. La Cité grecque, qui décide du bien commun, de la guerre, de la paix, des impôts, du ravitaillement, des jeux, est constituée des hommes libres. Les Barbares, les esclaves et les femmes en sont exclus. Certes, les épouses des citoyens sont libres, mais elles ne sont pas citoyennes. Gouvernement, décision, droit de vote ou de représentation : tout cela appartient aux hommes. Même chose à Rome : les épouses des citoyens sont libres, mais elles n'ont pas « droit de cité ». Elles sont exclues de la sphère publique.

— Dans les régimes féodaux, puis monarchiques, qui s'installent ensuite en Europe, on a vu quand même des femmes décider des affaires publiques : les reines, les régentes, parfois les châtelaines...

— Dans les pays comme la Grande-Bretagne, qui ne connaissaient pas la loi salique, des femmes ont pu, en effet, exercer pleinement le pouvoir royal. Ce fut le cas d'Élisabeth Ire (aujourd'hui, si Élisabeth II n'a guère de pouvoir, cela tient aux institutions et non à son sexe, un roi n'en aurait pas davantage). En France au contraire, la loi salique, importée par les Francs, excluait les femmes des successions tant qu'il existait un héritier mâle. Mais dans les premiers siècles ce principe s'appliquait davantage aux successions privées qu'au trône, et des reines mérovingiennes, telles Clotilde, Brunehaut ou Frédégonde, ont exercé un pouvoir réel. À partir du XIVe siècle, la loi salique est devenue une règle fondamentale du royaume, cela afin d'écarter les Plantagenêt d'Angleterre (descendants des Capétiens par les femmes) au profit des Valois. Dès lors, les reines ont été éliminées du pouvoir : elles ne pouvaient plus être que les épouses du roi. Par la politique des alliances, c'étaient souvent des étrangères, à qui on ne faisait pas confiance, au point même qu'on leur constituait un douaire pour qu'elles n'aient jamais accès à l'argent public. Mais s'il arrivait qu'à la mort du roi leur fils aîné fût encore mineur, alors les reines devenaient régentes. Ces périodes de régence étaient redoutées.

— Un pouvoir par défaut, en attendant qu'un homme puisse reprendre le flambeau...

— Exactement. On se méfiait beaucoup des régentes, et elles avaient souvent du mal à imposer leur autorité. Henri IV avait mis sur pied un conseil de régence, chargé de surveiller Marie de Médicis. Anne d'Autriche, elle, s'est appuyée sur Mazarin.

Quant à Louis XIV, il refusa que le pouvoir puisse aller à sa seconde épouse, Mme de Maintenon, qui avait pourtant sur lui une influence considérable. À la mort du roi, le conseil de régence était déjà prêt pour instituer régent Philippe d'Orléans. Au fond, la seule régente qui ait trouvé grâce aux yeux de ses contemporains fut Blanche de Castille, mère de Saint Louis. Et encore… Les chroniqueurs la présentent comme une virago, terriblement autoritaire.

— *Mais n'est-ce pas le cas de toutes les femmes au pouvoir, même quand il s'agit de reines « de plein droit », comme Christine de Suède ou Catherine de Russie ?*

— Oui, on considère qu'elles sont « un peu hommes », on leur attribue volontiers une sexualité « virile ». La Grande Catherine et Christine de Suède étaient probablement bisexuelles. Élisabeth Iʳᵉ d'Angleterre, surnommée la Reine Vierge, ne se maria pas, n'eut pas d'enfants. Comme si féminité et pouvoir ne pouvaient pas faire bon ménage… Reines ou régentes, ces femmes ont toujours eu une réputation de cruauté. Catherine de Médicis représente le comble de la femme maléfique : une étrangère (italienne), mère abusive (ses fils sont homosexuels), influencée par les magiciens, avec une réputation d'empoisonneuse… On lui a longtemps attribué toute la responsabilité de la Saint-Barthélemy. Michelet laissait entendre : « Voilà ce qui se passe quand les femmes prennent le pouvoir. » Les historiens actuels l'ont largement réhabilitée.

— *Même quand les femmes restent dans l'ombre, leur influence auprès des hommes de pouvoir est perçue comme néfaste.*

— On se méfie du pouvoir occulte des femmes, dont on se fait souvent une idée exagérée. Au point que certains ont pu dire : « Mais de quoi les femmes se plaignent-elles ? En fait, elles ont le pouvoir!» Et il est vrai que, réduites à cette seule possibilité d'influence cachée, les femmes ont tenté de s'en servir. Mais leur pouvoir n'est jamais légitime, il dépend du bon vouloir du prince. Mme de Maintenon, aux côtés de Louis XIV, restait dans l'ombre: il n'a jamais admis publiquement qu'il s'était remarié. Comme elle usait de son influence en faveur de l'Église, elle fut détestée. Mme de Pompadour, favorite de Louis XV, jouait un vrai rôle culturel, avec beaucoup d'intelligence: elle protégeait les artistes et les philosophes, obtenant pour eux certaines libertés, luttant contre la censure. Mais les favorites ne devaient leur place qu'à l'intérêt que leur portait le souverain, et quand celui-ci s'en lassait elles étaient écartées.

— Sans être souveraines ou favorites, les femmes n'ont-elles pas aussi exercé un certain pouvoir par l'«art de la conversation», cette vie des salons dans laquelle les Françaises auraient excellé?

— Élaboré en ville plutôt qu'à la Cour, cet art de la conversation fait des femmes les arbitres des mœurs et des élégances, avec une parole relativement égale à celle des hommes. Ce fut le cas de la marquise de Rambouillet, avec sa «chambre bleue», ancêtre des salons. Mais il y a des limites: elles peuvent être les interlocutrices des philosophes, jamais philosophes elles-mêmes. Elles sont là pour diffuser les idées des autres et agissent comme de merveilleuses maîtresses de maison. Certaines ont pu préférer ce rôle de médiatrice et n'aspiraient pas au pouvoir direct. Dans l'élite bourgeoise et aristocratique, le XVIIIe siècle fut un moment privilégié pour les rapports entre hommes et femmes, la galanterie s'y épanouissait de manière plus égalitaire. Néanmoins, cette courtoisie raffinée était aussi une manière d'exclure les femmes de l'égalité de droits: on leur offrait des fleurs et des bijoux, puis on les écartait.

Ces mégères d'émeutières

— *Il arrive aussi dans l'Histoire que les femmes fassent irruption dans la sphère publique avec fracas, sans y avoir été invitées.*

— Elles peuvent même prendre les armes et conduire des émeutes! Pendant la Fronde, la Grande Mademoiselle et Mme de Longueville se sont habillées en hommes, ont chevauché et fait le coup de feu. Au cours des guerres de Religion, des femmes protestantes se sont postées sur les remparts pour participer à la bataille et défendre les villes assiégées par les catholiques. Pour les femmes du peuple, il existe une forme d'action privilégiée: les émeutes de subsistance. Sous l'Ancien Régime, quand le grain, la farine, le pain sont venus à manquer, les femmes s'en sont ainsi mêlées. Aux XVIIe et XVIIIe siècles, la productivité et les transports n'étaient pas du tout comparables à ce qu'ils deviendront plus tard, et ces émeutes de subsistance eurent une grande ampleur. Les hommes poussaient même les femmes en avant, c'était à elles de défendre le vivre, la nourriture: elles étaient ménagères, mères, elles connaissaient les prix. À cette époque, on parle d'une «économie morale» dont les femmes sont les gardiennes: on admet un certain prix légitime, le «juste prix», pour les produits, mais s'il va au-delà on le juge immoral, et les femmes ont le devoir de protester. Les maris trouvent alors normal qu'elles ameutent le quartier, crient jusqu'à en être cramoisies, renversent les étals ou fassent un mauvais parti au meunier, au boulanger, à ceux qu'on appelle les «accapareurs». Ces femmes-là prenaient des risques: elles pouvaient être arrêtées, condamnées, parfois pendues.

— *Pendant la Révolution, on voit les femmes marcher sur Versailles pour réclamer du pain...*

— Et ramener à Paris « le boulanger, la boulangère et le petit mitron ». Seraient-ils revenus s'ils avaient été entraînés par une manifestation d'hommes ? Ce n'est pas sûr. Ces femmes, elles, qui demandent du pain, représentent le peuple et paraissent légitimes. Michelet a fait le récit détaillé des journées où elles ont envahi l'Assemblée nationale et les lieux du pouvoir. Et lui qui souhaitait cantonner les femmes à la sphère privée, pour une fois, les approuve : elles agissent en mères.

— *Ces émeutes de la faim conduites par des femmes se sont-elles souvent répétées ?*

— Il s'en est encore produit en 1846 et 1847, années de très mauvais temps : on ne trouvait plus de pommes de terre ni de blé, les prix grimpaient d'une manière insupportable, une grave crise industrielle s'en est suivie... Puis au cours du Second Empire la disette a progressivement disparu. L'agriculture est devenue intensive, les grands navires à vapeur transportaient le grain d'Amérique du Nord et la viande d'Amérique du Sud, les chemins de fer en France et en Europe acheminaient le ravitaillement... Néanmoins, chaque fois que s'est posé un problème de « vie chère », on a vu resurgir les femmes. En 1910, par exemple, des émeutes éclatent dans toute l'Europe pour protester contre l'élévation du prix du beurre et du lait (ce qui prouve que le niveau de vie avait augmenté et que le pain, au moins, était assuré). À cette époque, les manifestantes – qui comme autrefois renversent les étals – sont plus organisées : elles se regroupent dans des ligues, brandissent des pancartes, ce qui inquiète les syndicats. Ceux-ci s'efforcent de reprendre le contrôle des revendications tout en se méfiant de la violence des femmes. Mais, une fois la crise passée, les émeutières n'ont conquis aucun pouvoir, et elles sont de nouveau renvoyées à la maison, exclues de la sphère publique… On a encore vu quelques émeutes de femmes à Paris, en 1942. L'une des émeutières, Lise London – déportée ensuite à Ravensbrück –, a d'ailleurs écrit ses Mémoires en reprenant le surnom dont l'avait affublée le gouvernement de Vichy : la Mégère de la rue Daguerre. Bien sûr, sous l'Occupation, ces émeutes pour le ravitaillement n'étaient pas complètement spontanées, et elles étaient en l'occurrence suscitées par le parti communiste, mais c'était aussi une forme de résistance.

Le droit de monter… à l'échafaud

— *Outre ces émeutes, les femmes n'avaient-elles pas, pour la première fois, joué un vrai rôle politique pendant la Révolution ?*

— Elles ont essayé. Mais très vite elles ont été exclues des sections, puis des clubs comme ceux des Jacobins et des Cordeliers, dès que ceux-ci se sont organisés de manière plus politique. Les députés étaient tous des hommes. Quand Sieyès a organisé le droit de vote, il en a d'emblée exclu les femmes, faisant une distinction entre les citoyens actifs, ceux qui participaient à la sphère publique, et les citoyens passifs, c'est-à-dire les pauvres (ils étaient souvent analphabètes, et Sieyès considérait qu'ils ne pouvaient avoir le sens des affaires publiques), les enfants, les malades mentaux, les étrangers et… les femmes. Toutes les femmes. On voit bien que beaucoup de ces « citoyens passifs » pouvaient changer de statut : les enfants deviendront adultes, les pauvres peuvent acquérir du bien et apprendre à

lire, certains malades guérir, les étrangers être naturalisés…
Mais les femmes? Elles resteront femmes. Donc exclues.

— *Personne n'a bronché?*

— Peu d'hommes ont protesté, à l'exception de Condorcet,
qui a écrit en 1790 un traité, *Sur l'admission des femmes au
droit de cité.* Il y réfute tous les arguments sur les incapacités
supposées naturelles des femmes, ajoutant, non sans humour:
«Il serait difficile de prouver que les femmes sont incapables
d'exercer les droits de cité. Pourquoi des êtres exposés à des
grossesses et à des indispositions passagères ne pourraient-ils
exercer des droits dont on n'a jamais imaginé priver les gens
qui ont la goutte tous les hivers et qui s'enrhument aisément?»

— *Certains révolutionnaires ne se servaient-ils pas de la figure
de la reine, Marie-Antoinette, pour mettre en avant l'influence
néfaste des femmes dès qu'elles s'approchent du pouvoir?*

— C'était un argument supplémentaire! Marie-Antoinette
était haïe, on la disait frivole, dépensière, légère, mauvaise mère,
mauvaise épouse et, en plus, traître à la patrie: elle était bien
la preuve que les femmes ne devaient pas exercer le pouvoir.
La fin du xviiie siècle était très libertine, mais parmi les révolutionnaires il y avait aussi une forte exigence de moralité…
En fait, dès que les hommes eurent, avec l'effondrement de
la royauté, la possibilité de jouer un vrai rôle politique, ils le
firent entre eux, loin des salons qu'ils fréquentaient auparavant,
et donc loin des femmes. Les révolutionnaires puisaient leurs
références dans la République romaine. Pour eux, la politique, l'art oratoire appartenaient au domaine de la virilité.
Égalité et liberté s'associaient à la fraternité, terme très masculin, qui désignait les hommes liés entre eux. C'est vrai, on
respectait les femmes, on les appelait «citoyennes», mais on

considérait que leur pouvoir devait s'exercer dans la famille, qu'elles étaient responsables de l'éducation des futurs citoyens. Le reste n'était pas leur affaire.

— Là encore, les femmes n'ont pas protesté ?

— Nombre de femmes ont tenté de réagir, elles ont essayé de se faire une place dans l'arène politique. Les « tricoteuses » se sont introduites dans les tribunes de la Convention pour apostropher les élus, ce qui a d'ailleurs horrifié Michelet. Des clubs de femmes se sont formés à Paris et en province. À défaut de journaux, certains ont publié des « feuilles », diffusé des pétitions. La fameuse Olympe de Gouges, actrice et écrivaine, a écrit en 1791 sa *Déclaration des droits de la femme et de la citoyenne*, dix-sept articles d'une clarté parfaite, un texte magnifique. Non seulement elle reprend, au féminin, l'essentiel de la Déclaration des droits de l'homme de 1789, mais elle va plus loin dans sa revendication d'égalité entre tous les citoyens.

— On a retenu sa formule célèbre : « La femme a le droit de monter à l'échafaud, elle doit avoir également le droit de monter à la tribune… »

— Et Olympe de Gouges est elle-même montée à l'échafaud en 1793, pour avoir pris la défense de Louis XVI, mais sans que les femmes aient obtenu le moindre droit politique. Après son exécution, Chaumette, procureur de la commune de Paris, écrivit dans *Le Moniteur* : « Rappelez-vous l'impudente Olympe de Gouges, qui la première institua des sociétés de femmes et abandonna les devoirs du ménage pour se mêler de la République et dont la tête est tombée sous le fer vengeur des lois… »

— *Triste oraison funèbre! Est-ce que, néanmoins, les revendications de ces pionnières ont pénétré dans la société?*

— Il ne faut pas se faire d'illusions : la France de la Révolution était une France rurale, la majeure partie des femmes vivaient à la campagne et n'entendirent jamais parler d'Olympe de Gouges. Dans les villes, c'était différent, on trouvait des femmes instruites, les journaux circulaient. Charlotte Corday, à Caen, était au courant des événements de la Révolution, au point de tenter de les infléchir en assassinant Marat. Les femmes ont aussi joué un rôle contre-révolutionnaire. Elles étaient souvent croyantes, et quand la Révolution a nationalisé les biens du clergé, demandé aux prêtres de prêter serment de fidélité à l'État et persécuté ceux qui s'y refusaient, beaucoup de femmes se sont senties liées à l'Église et ont protégé ces derniers. Parmi les républicains, cela servira longtemps d'argument pour refuser le droit de vote aux femmes.

— *Exclues des droits politiques, ont-elles obtenu des droits civils, individuels?*

— La Révolution française a ouvert une brèche pour les libertés individuelles en instituant l'égalité devant l'héritage, le mariage civil et le droit au divorce. Mais Napoléon reviendra rapidement sur une partie de ces avancées, et le Code civil rétablira pleinement l'autorité masculine. Les rapports entre sphère publique et sphère privée sont alors profondément réorganisés : la société civile repose sur la famille, chargée d'un domaine très large. Elle est responsable de la santé, l'éducation, la propriété, l'assistance. La famille est l'interlocutrice de l'État, et l'homme y exerce une autorité sans faille. Il gère la famille, et la représente. Toute la philosophie politique d'alors est fondée sur cette vision de l'unité familiale. À tel point qu'Emmanuel

Kant considère que si un enfant naît hors mariage et que la femme commet un infanticide, il ne faut pas la punir, car cet enfant n'a pas droit à la vie. Cette indulgence pour les femmes se fonde sur une logique familialiste et va en fait contre la reconnaissance des femmes en tant qu'individus. En France, à partir de 1816, la Restauration, catholique et conservatrice, interdit à nouveau le divorce. Cela perdurera jusqu'en 1884. Néanmoins, la Révolution a laissé des traces : le féminisme né pendant ces années de bouleversement ne s'éteindra plus. Il se définit par la revendication pour l'égalité des droits, qu'ils soient politiques ou civils. Il s'inscrit dans la logique des «Droits de l'homme», qui pourtant ne reconnaît pas l'individualité des femmes.

Trop frivoles pour voter

— *Dans un XIXe siècle étouffant, comment les femmes ont-elles exprimé ces revendications ?*

— Les pionnières étaient héroïques, car elles allaient à contre-courant, et souvent elles risquaient gros. Dans les années 1830, sous la monarchie de Juillet, les saint-simoniennes défendaient l'idée d'une société égalitaire et libre. L'une d'elles, Claire Démar, a écrit en 1832 un livre intitulé *Ma loi d'avenir* dans lequel elle proteste contre le Code civil et demande l'égalité des femmes dans le mariage, le droit au divorce et la liberté du choix amoureux (elle-même vivait en union libre). Mais elle n'a pas résisté à la pesanteur de l'époque et s'est suicidée.

— *On songe aussi à George Sand, que nous avons déjà évoquée.*

— Une autre grande figure du féminisme, assurément. Très libre dans ses amours, elle voulait écrire, à la fois pour créer et pour assurer son indépendance. Même si elle ne pouvait pas divorcer, elle s'est séparée de son mari, portait des vêtements d'homme, voyageait seule, se bagarrait avec ses éditeurs s'il le fallait. Très engagée en politique, républicaine et socialiste, elle a rédigé anonymement, en 1848, les bulletins du gouvernement provisoire de la République et lancé des journaux, comme *La Cause du peuple*, qui n'exista que le temps de trois numéros (la plupart des journaux de cette époque étaient très éphémères). George Sand n'était pas suffragiste. Pour elle, les femmes devaient d'abord obtenir l'égalité des droits civils avant de demander les droits politiques : que signifierait le droit de vote dans une famille où une femme ne peut rien faire sans l'autorisation du père ou du mari ? D'autres féministes, socialistes et saint-simoniennes (comme Eugénie Niboyet, qui animait *La Voix des femmes*, Jeanne Deroin et Désirée Gay, qui ont fondé *La Politique des femmes* devenue *L'Opinion des femmes*, Pauline Roland, institutrice et journaliste remarquable), donnaient, elles, la priorité au droit de vote : si les femmes pouvaient voter et être élues, elles tenteraient ensuite de faire réformer le Code civil.

— *Comment ont-elles vécu, en mars 1848, la proclamation par Lamartine et le gouvernement provisoire du suffrage « universel » ?*

— Elles ont été terriblement déçues. Car, pour les révolutionnaires de 1848, « universel » signifiait « masculin ». Les hommes représentaient la famille, qui incluait les femmes, lesquelles n'étaient pas des individus. Le 6 avril 1848, tandis que se préparaient les élections, *La Voix des femmes* a présenté la candidature à l'Assemblée constituante de George Sand, qui s'est récusée de manière assez méprisante.

— *En somme, elle n'aimait guère les femmes ?*

– Elle avait quelques amies, des femmes très «modernes», comme elle. Mais, c'est vrai, elle s'entendait mieux avec les hommes et considérait le monde féminin comme frivole, ennuyeux, voire rabougri. Elle était très déçue par sa fille, Solange, qui certes s'émancipait dans sa vie sexuelle, mais ne travaillait pas (les essais de Solange pour écrire, comme sa mère, ont été désastreux).

Une femme, une voix !

– *Dans la période qui a suivi, après le coup d'État du 2 décembre 1851, puis sous le Second Empire, il devait être plus difficile encore de militer pour les droits des femmes.*

– Toutes les libertés étaient muselées et les féministes ne pouvaient plus s'exprimer. Les militantes socialistes qui avaient proposé la candidature de George Sand à la Constituante ont payé cher leurs engagements. Jeanne Deroin et Eugénie Niboyet sont contraintes à l'exil. La courageuse Pauline Roland est condamnée à la prison pour son opposition à Louis-Napoléon Bonaparte. Déportée en Algérie, elle mourra à peine rentrée en France, en 1852. Mais à partir de la Troisième République les mouvements féministes prennent un essor remarquable. Les associations réclamant le droit de vote se multiplient, sur le modèle anglo-saxon. Hubertine Auclert est alors une des premières suffragistes françaises. Elle crée un journal, *La Citoyenne*, et affirme que tant que les femmes ne voteront pas, quoi qu'on puisse prétendre, elles ne seront pas citoyennes. Elle organise des manifestations le 14-Juillet où se déploient de grandes banderoles: «Les femmes doivent prendre la Bastille!» Elle se rend dans les mairies lors des cérémonies de mariage et apostrophe le maire quand il prononce la formule « Le mari doit protection à la femme et la femme obéissance au mari ». Il fallait la mettre dehors de force, c'était épique. Et pourtant, Hubertine Auclert avait l'allure fort convenable d'une dame de son temps, toujours coiffée d'un grand chapeau à plumes...

— *C'est l'époque où de nombreux journaux de femmes voient le jour.*

— Entre 1880 et 1914, plus de cent journaux de femmes ont été créés. Le plus célèbre, *La Fronde*, est paru pendant trois ans. Une vraie performance pour un quotidien féministe. Il avait été fondé par une ancienne actrice, Marguerite Durand. Très belle, elle avait mis toute sa séduction au service de sa cause. Elle disait volontiers : « Nul ne sait ce que le féminisme doit à mes cheveux blonds ! » Elle a eu plusieurs maris, des amants, des amis, et à tous elle demandait de l'argent pour sa bibliothèque. C'est ainsi qu'est née la seule bibliothèque féministe de France, qui porte le nom de sa fondatrice et existe toujours, rue Nationale. Marguerite Durand voulait que *La Fronde* soit fabriquée uniquement par des femmes, ce qui provoqua des mouvements de protestation parmi les imprimeurs et les typographes, métiers masculins et très misogynes. Elle employait des journalistes de grand talent, comme Séverine (Caroline Rémy), qui couvrit le procès de Rennes au cours duquel il y eut une première révision de l'affaire Dreyfus. *La Fronde* prit clairement parti pour Dreyfus. Pour Marguerite Durand, les causes démocratiques étaient inséparables du féminisme.

— *Défense des droits des femmes et défense de la démocratie vont toujours de pair ?*

— Oui, mais avec bien des nuances. À partir du moment où, sous la Troisième République, on s'est rendu compte du pouvoir social des femmes, où on a admis, même à contrecœur, que tôt ou tard elles iraient voter, toutes sortes de féminismes se sont développés, notamment un féminisme chrétien, beaucoup plus conservateur. Il a soutenu lui aussi le droit de vote des femmes – c'est l'époque où les catholiques se rallient à la république –, mais il n'était pas dreyfusard, et certainement pas favorable à la contraception.

– *La lutte pour obtenir le droit de vote est alors un point de ralliement pour les féministes, en France mais aussi dans le monde.*

– Tout à fait. En 1888, des femmes américaines fondèrent l'International Council of Women. Des déléguées de plusieurs pays – France, Canada, Grande-Bretagne, Inde, Danemark, Norvège, Finlande… – assistaient à cette rencontre décisive et des filiales nationales furent ensuite créées. En France, ce fut le Conseil national des femmes françaises, institué en 1901, qui existe toujours aujourd'hui. Des protestantes, comme Sarah Monod, Julie Siegfried, y étaient très engagées. Très républicaines (la Troisième République s'était appuyée sur les protestants pour la laïcité), elles militaient pour l'égalité entre hommes et femmes. Les associations organisaient de grands congrès internationaux, à Londres, Paris, Vienne, Berlin… Des reporters étaient présents, prenaient des notes, on en parlait dans les journaux. Pour ces femmes, jusque-là interdites de parole publique, monter à la tribune, prononcer des discours, c'était très angoissant, mais c'était aussi un apprentissage extraordinaire, si contraire à l'éducation des filles !

La paie au mari

— *C'est aussi l'époque des premières avocates, métier fondé sur l'art oratoire, considéré comme si peu féminin.*

— En France, il fallut attendre 1900 pour que le Parlement vote une loi le permettant, car le barreau était jusque-là interdit aux femmes. La première avocate française fut Jeanne Chauvin. Cette profession a ensuite attiré beaucoup de femmes, et de féministes, comme Maria Vérone ou Yvonne Netter...

— *Elles peuvent plaider, mais ne votent toujours pas!*

— Pas encore... Tous ces congrès, ces journaux, ces associations, ces manifestations amorcent la conquête de l'opinion. Les Australiennes obtiennent le droit de vote en 1902, suivies des Finlandaises (1906), des Norvégiennes (1913), des Belges et des Néerlandaises (1919). Pour les Britanniques, ce sera 1918, et 1920 pour les Américaines. En France, en mars 1914, une loi est adoptée en ce sens à la Chambre des députés. Mais le Sénat la rejette. Ce scénario se répétera à plusieurs reprises entre les deux guerres, en dépit des manifestations des féministes, dont Louise Weiss. Jusqu'à ce que, en 1944, l'Assemblée d'Alger, chargée de préparer les futures institutions de la France, donne enfin le droit de vote aux femmes. Seuls les radicaux tenteront encore de contester ce qui est devenu une évidence. Pourtant, ceux-ci étaient à gauche, mais, libres penseurs, ils se méfiaient toujours de l'influence de l'Église sur les femmes. Dans ce domaine, la France, pays de la Révolution et des droits de l'homme, n'était pas en avance.

— *Avec cette première conquête du «droit de cité», les femmes cessent-elles d'être, dans la famille, d'éternelles mineures?*

– En France, là aussi, les lois tardent… En 1907, les femmes ont acquis le droit de percevoir leur salaire. Jusque-là, c'était le chef de famille, ayant complète autorité sur la gestion des biens, qui recevait le salaire de sa femme. Cependant, entre théorie et pratique, il y avait souvent une différence. Car le salaire, à cette époque, n'était pas un chèque ou un virement: c'était de l'argent liquide que l'on «touchait» au sens propre; une ouvrière mariée, si elle s'entendait bien avec son mari, pouvait aller chercher sa paie et la rapporter ensuite à la maison. En 1907, ce sont les députés de gauche – socialistes et radicaux –, mais aussi les chrétiens sociaux, comme Albert de Mun, qui ont défendu la loi sur le libre salaire des femmes. Cela dit, ils se préoccupaient moins de l'individualité des femmes que de la responsabilité de la mère de famille: il arrivait que le mari boive sa paie et celle de sa femme et qu'il ne reste plus rien pour les enfants.

– *Et le droit de travailler sans l'autorisation du mari?*

– Il faudra pour cela attendre les années 1920. Jusque-là, en tant qu'individus, les femmes n'avaient pas de véritable droit au travail. Sauf si elles étaient célibataires: si elles devaient subvenir à leurs besoins, on admettait qu'elles aient des droits équivalents à ceux des hommes. Mais si elles se mariaient, elles rentraient dans le droit familial, sous la coupe du mari. En fait, il faudra attendre les années… 1980 pour que les Françaises deviennent vraiment les égales des hommes en matière de droit du travail et de gestion des biens! Quant à l'application du principe «À travail égal, salaire égal», cela a commencé par la fonction publique (l'Éducation nationale, les manufactures d'État, l'industrie du tabac, de l'armement). Dans le privé, ce n'est pas encore réalisé.

« *Ce que chaque fille devrait savoir* »

— *Contrôler les naissances, choisir le nombre d'enfants que l'on met au monde : on pourrait croire que cela relève de l'intime, de la vie privée. Pourtant, rien ne va bouleverser autant la place des femmes dans la Cité que leur accès à la contraception.*

— Le contrôle du corps des femmes a toujours été, depuis les origines, un enjeu central de la vie de la Cité. La contraception fut donc un des événements majeurs du XXe siècle, aussi important qu'autrefois la découverte de la rotation de la Terre. Le fait de séparer sexualité et procréation et l'idée que la femme dispose de son corps bouleversent complètement l'ordre sexuel et social. Pourtant, les pionnières du féminisme ont eu du mal à s'engager sur ce terrain : la plupart préféraient se concentrer sur les droits politiques et l'accès à l'instruction. Le corps restait tabou, caché, on n'en parlait pas... Sauf pour les « néo-malthusiens », un mouvement qui est né en Angleterre avant 1914. La fille de Karl Marx, Eleanor, en était une militante active. Les néo-malthusiens s'inspiraient de l'œuvre du pasteur anglais, Malthus, qui dans son *Essai sur le principe de population* (1798) avait jeté un cri d'alarme : attention, la population se développe beaucoup plus vite que les ressources, il faut limiter les naissances. À la fin du XVIIIe siècle, Malthus préconisait l'abstinence et les mariages tardifs. Au XIXe siècle, les néo-malthusiens ont voulu restreindre les naissances, mais aussi séparer sexualité et procréation : ils préconisaient la contraception, notamment avec les fameuses capotes anglaises.

— *Les pays anglo-saxons avaient donc moins de mal à secouer les tabous ?*

– Les militantes féministes y étaient très en avance sur ce sujet. Margaret Sanger, une infirmière new-yorkaise qui avait vu sa propre mère mourir épuisée après dix-huit grossesses, inventa le terme « *birth control* » en 1914. Elle préconisait une diffusion organisée, médicale, de l'information et des moyens contraceptifs. Lors d'un meeting féministe à Londres, elle a rencontré Marie Stopes, botaniste et géologue, et toutes deux ont réuni leurs expériences et leurs méthodes. Marie Stopes, en Grande-Bretagne, a publié *Married Love*, un ouvrage que l'Église anglicane a qualifié d'immoral et d'obscène mais qui peut être considéré comme le premier manuel de contraception, et que les femmes s'arrachaient. En 1921, Margaret Sanger, auteur de *What Every Girl Should Know* (Ce que chaque fille devrait savoir), a fondé l'American Birth Control League, ancêtre du Planning familial. Stopes et Sanger ont ensuite créé de nombreuses cliniques où l'on accouchait, où les femmes étaient soignées, accueillies, et informées des moyens de contrôler les naissances. Ces cliniques ne pratiquaient pas d'avortements. Les avocates du *birth control* étaient aussi en quête de respectabilité, et elles affirmaient – à juste titre – que le contrôle des naissances était le meilleur moyen d'empêcher l'avortement.

– *Ce qui ne les a pas empêchées, aux États-Unis, de tomber sous le coup des lois frappant l'« obscénité » et de se retrouver en prison…*

– Oh! Je ne dis pas que c'était facile! Toute diffusion d'information ou de moyens contraceptifs était en effet considérée comme de l'obscénité. Margaret Sanger fut arrêtée plusieurs fois, fit de la prison, s'enfuit pour quelque temps en Europe. Mais les campagnes pour la contraception, avec ce que cela implique de contrôle de soi, de projet pour améliorer les conditions de la famille, rencontraient aussi un certain écho positif dans ces pays d'éthique protestante, où l'injonction «Croissez et multipliez» n'avait pas la même force. Alors qu'en France, terre républicaine et laïque, mais aussi catholique, il était impossible à beaucoup de femmes de simplement évoquer le sujet.

«Apprends à n'être mère qu'à ton gré»

— *Certaines féministes s'y risquaient pourtant.*

— Quoique minoritaires, les néo-malthusiennes françaises étaient en effet actives. Par exemple, la journaliste Nelly Roussel montait des pièces de théâtre et partait en tournée pour essayer de convaincre les femmes. En 1903, elle écrivit : «La maternité n'est noble que consciente ; et elle n'est douce que désirée. Accomplie par instinct ou subie par nécessité, elle n'est qu'une fonction animale ou une épreuve douloureuse.» Ces militantes étaient des femmes éduquées, et comptaient notamment dans leurs rangs de nombreuses institutrices. Elles savaient que leur action concernait d'abord les pauvres. La bourgeoisie contrôlait assez bien les naissances, alors que les familles ouvrières avaient des ribambelles d'enfants. Dans ces milieux, c'était très difficile : les femmes étaient gênées pour en parler, elles étaient habituées à considérer que c'était l'affaire de l'homme. À lui de «faire attention» ; elles, elles «se débrouillaient», quitte à avoir recours à l'avortement. De là à demander à l'homme de mettre un préservatif…

— *Les syndicats ouvriers intervenaient-ils sur ce sujet ?*

— Les syndicats marxistes n'étaient pas du tout dans cet état d'esprit. Pour eux, la classe ouvrière devait être forte et nombreuse, il fallait faire beaucoup d'enfants. Même entre ouvriers, le niveau social jouait. Par exemple, chez les mineurs, les femmes restaient à la maison et avaient de grandes familles. Mais chez les métallos, cette aristocratie ouvrière, on était néo-malthusiens. Leurs syndicats organisaient des conférences pour expliquer les méthodes contraceptives, et les adhérents prenaient l'engagement de limiter les naissances. Le néo-malthusianisme relevait beaucoup plus du syndicalisme libertaire, voire de l'anarchisme.

— Mais comment les militants du néo-malthusianisme s'y prenaient-ils pour tenter de toucher tous ces couples qui n'assistaient pas à des pièces de théâtre ou à des conférences, ne lisaient pas les journaux ?

— Il fallait du courage, et du dévouement. Les militantes – et aussi quelques militants – attendaient à la sortie des usines, distribuaient des spermicides, des capotes anglaises, des brochures. Elles collaient des petits papillons sur les murs, aux arrêts des fiacres : « Femme, apprends à n'être mère qu'à ton gré ! » C'était un message d'une grande modernité. Madeleine Pelletier fut une figure marquante de ces années héroïques. D'origine populaire, elle avait réussi à faire des études de médecine, et devint une scientifique de renom. Passionnée d'anthropologie (elle travaillait avec le professeur Letourneau), elle fut la première femme à passer l'internat de psychiatrie. Féministe, proche des milieux anarchistes, elle se battait pour le droit de vote, mais aussi pour l'émancipation sexuelle des femmes, leur droit à la contraception et à l'avortement. C'était très difficile, mais à partir de 1920 cela devint impossible. La République avait pris conscience de la dénatalité, et elle interdit toute propagande en faveur de la contraception, assimilée à l'avortement. La diffusion, sous quelque forme que ce soit, d'information ou de moyens anticonceptionnels devint passible de poursuites, et les procès furent nombreux. Madeleine Pelletier, qui, en tant que médecin, avait pratiqué des avortements, fut dénoncée et traduite devant les tribunaux. Comme elle était renommée, on n'osa pas la condamner, mais on la fit passer pour folle. Elle fut internée en hôpital psychiatrique, où elle mourut quelques mois plus tard, en 1939.

— *Militer en faveur de l'avortement, c'était donc, pour une femme, ce qu'il y avait de plus dangereux.*

— Oh oui! C'était défier à la fois l'État, l'armée, l'Église… Pourtant, en dépit de ces interdictions, le mouvement n'a pas pu être entièrement stoppé. La grande résistante Berty Albrecht militait pour la contraception et pour l'avortement. Des médecins participaient à ces efforts. Mais tout cela se faisait sous le manteau, dans la clandestinité. Et quand le gouvernement de Vichy est arrivé, le silence est devenu total.

— *La chape de plomb s'est-elle levée à la Libération?*

— On pourrait imaginer que les choses ont changé à ce moment-là. Eh bien non! La Quatrième République était nataliste. Au nom de la reconstruction, le mot d'ordre était toujours de faire des enfants; et le modèle, c'était la maternité. Après la guerre, les méthodes contraceptives et l'avortement étaient toujours proscrits. Quand Simone de Beauvoir écrivit *Le Deuxième Sexe* en 1949, ce fut un véritable cri de révolte.

« *Histoire d'A* »

— *Car pendant ce temps-là les avortements clandestins continuaient, avec leur cortège de drames.*

— Oui. Il faudra attendre le milieu des années 1950 pour que les femmes s'organisent et prennent vraiment la parole sur ce sujet. La sociologue Évelyne Sullerot et la doctoresse Marie-Andrée Lagroua Weill-Hallé, horrifiées par les conditions dans lesquelles les femmes continuaient d'avorter, créent en 1956 l'association Maternité heureuse. Elles développent l'information, commandent des contraceptifs à l'étranger et pratiquent des avortements. En 1960, elles fondent le Mouvement français pour le Planning familial. Tout cela reste clandestin, mais elles sont soutenues par certains médecins, comme le docteur Simon[1], et par un fort courant de sympathie dans l'opinion. Les consultations du Planning familial sont organisées chez l'une, chez l'autre ; les avortements se pratiquent dans les cuisines… La première consultation en dehors d'un local privé est ouverte à Grenoble en 1961. La municipalité, progressiste, ferme les yeux. Cela reste illégal, mais il y a parfois une certaine tolérance.

— *Le but du Planning familial, c'était le droit à la contraception, beaucoup plus que le droit à l'avortement ?*

— Exactement. Pour Évelyne Sullerot et Marie-Andrée Lagroua Weill-Hallé, la contraception devait en grande partie venir à bout des avortements. La pilule a été inventée à la fin des années 1950 par le biologiste américain Gregory Pincus,

---

1. Décédé en 2009.

autorisée an Allemagne en 1956, aux États-Unis en 1960, et enfin en France en 1967, avec la loi Neuwirth. L'information comme les moyens contraceptifs sont alors devenus légaux. Et même si les mineures devaient demander l'autorisation de leurs parents, c'était un progrès immense. Mais toutes les femmes n'y avaient pas encore accès, et les mouvements féministes étaient divisés. En 1969, le MLF (Mouvement de libération des femmes) revendique clairement le droit à l'avortement. En 1971, les « 343 salopes » signent un grand appel dans *Le Nouvel Observateur*, qui commence ainsi : « Un million de femmes se font avorter chaque année en France. Elles le font dans des conditions dangereuses en raison de la clandestinité [...]. Je déclare que je suis l'une d'elles. Je déclare avoir avorté. » Ces femmes affirment que si l'une d'elles est poursuivie, elles seront toutes solidaires, et elles créent une association pour se charger de la défense. C'est ainsi qu'est né le mouvement Choisir. Parmi les 343 signataires, on trouve Simone de Beauvoir, Catherine Deneuve, Françoise Fabian, Antoinette Fouque, Gisèle Halimi, Françoise Sagan, Jeanne Moreau... L'impact a été énorme !

— *C'est alors seulement que le féminisme devient une vraie révolte, un mouvement de masse ?*

— Oui. Des cohortes de femmes défilent devant un public de femmes qui dépasse largement les cercles restreints du féminisme traditionnel. En 1972, le procès de Bobigny marque un nouveau tournant. Gisèle Halimi y défend Marie-Claire Chevalier, une jeune fille de 16 ans qui s'est fait avorter avec l'aide de sa mère. Cette dernière et la personne qui a pratiqué l'avortement sont également au banc des accusés. Les personnalités se succèdent à la barre pour dénoncer ce procès d'un autre âge et montrer à quel point la loi ne punit que les pauvres, les femmes mal informées, qui n'ont pas accès à la contraception ni les moyens de partir à l'étranger. La jeune fille sera finalement relaxée, et les deux autres femmes condamnées à des peines minimales avec sursis. Dès lors, il est acquis que la loi de 1920 n'est plus applicable, et pourtant l'avortement demeure illégal. Le grand film sur la question, *Histoire d'A*, que réalisent Charles Belmont et Marielle Issartel en 1973, est lui aussi interdit, mais des copies clandestines circuleront sous le manteau pendant plus d'un an.

— *Et les manifestations continuent ?*

— Oui. Choisir organise un grand défilé après le procès de Bobigny. Le MLAC (Mouvement pour la libération de l'avortement et de la contraception), très radical, est créé l'année suivante. D'autres mouvements, comme Le Torchon brûle, ou Notre corps, nous-mêmes (repris du groupe américain Our Bodies, Ourselves), se joignent aux manifestations. C'est un moment intense de réflexion, de sociabilité, qui aura des conséquences sur des domaines très larges, notamment les sciences humaines, l'histoire, la sociologie. Un nouveau regard est porté sur toutes sortes de choses. Et la conséquence immédiate sera la loi Veil, en 1975, qui légalise enfin l'avortement.

— *Au terme d'une terrible bataille politique !*

— D'une violence inouïe... Simone Veil a été attaquée, vilipendée, caricaturée, et un vieux fonds antisémite a refait surface. Mais elle a tenu bon. Cette loi faisait partie de l'ambition de modernisation du président Giscard d'Estaing. Simone Veil, magistrate, était attentive à la condition des femmes depuis longtemps, elle connaissait bien la réalité de ces avortements clandestins, et elle s'est efforcée de désamorcer les objections en proposant une période probatoire de cinq ans.

Mais il était clair que dans son esprit on ne reviendrait pas en arrière. Et, effectivement, la loi est devenue définitive sous François Mitterrand, puis l'avortement a été remboursé par la Sécurité sociale grâce à Yvette Roudy. Toutefois, la «clause de conscience» reconnue aux médecins fait que, aujourd'hui encore, les femmes qui souhaitent avorter ont du mal à y parvenir dans les services hospitaliers.

La marche continue…

— *Avec la légalisation de ce qui fut si longtemps une pratique de l'ombre et de la honte — l'avortement —, c'est ainsi tout un pan tragique de l'histoire des femmes qui se conclut dans les années 1970 dans la plupart des pays occidentaux (ce n'est pas encore le cas partout, et nous n'oublions pas que le sort de la majorité des femmes dans le monde est bien différent). Pour les féministes, quelles autres batailles restent à mener?*

— Dans les années 1970, tandis qu'elles luttent pour la légalisation de l'avortement, les féministes se battent contre toutes les atteintes au corps des femmes. Elles obtiendront ainsi la reconnaissance du viol comme crime — y compris du viol conjugal, dont l'idée même n'avait jamais été acceptée —, et le principe selon lequel le harcèlement sexuel sur les lieux de travail est passible de poursuites. Elles mettront aussi en lumière les violences conjugales, les coups et les meurtres qui frappent les femmes dans leur foyer. Ainsi des enquêtes sur ces violences se sont-elles développées et des maisons pour accueillir les femmes battues ont-elles été fondées.

— Au terme de ce voyage à travers les siècles, les femmes ont donc conquis le contrôle de leur propre corps, ce qui leur avait toujours échappé. Ont-elles aujourd'hui acquis « droit de cité » ?

— Les femmes sont de plus en plus actrices de l'Histoire, et nos sociétés leur doivent beaucoup. Si, aujourd'hui, l'individu y a plus de prix, c'est pour une part grâce au féminisme. Féminisme et démocratie, féminisme et individualité : ce sont des valeurs qui vont ensemble. Les progrès sont immenses, et pourtant je pense qu'il y a encore trop de distance entre la loi et les faits. Nous verrons avec Sylviane Agacinski que le principe de parité n'a pas tenu toutes ses promesses. Théoriquement, les femmes ont accès à tous les métiers, mais dans la pratique les trois quarts d'entre elles se retrouvent, en gros, dans seulement un tiers des métiers. Elles ont du mal à parvenir aux postes de décision, dans la fonction publique comme dans les entreprises privées. Les tâches domestiques se partagent toujours aussi mal. Il leur reste aussi du terrain à conquérir dans l'ordre du symbolique, de la création : les femmes y sont trop peu nombreuses. Françoise Héritier nous l'a rappelé : si loin que l'on tente de regarder dans le temps ou dans l'espace, la différence des sexes a toujours été pensée comme une hiérarchie. Homme, c'est mieux ; femme c'est moins bien. En avons-nous fini avec tout cela ? Visiblement non ! Il y a encore beaucoup de chemin à parcourir. Non, l'histoire des femmes n'est pas terminée !

TROISIÈME PARTIE

Vers un monde mixte

CHAPITRE 8

Reconquérir la pensée

La philosophie au masculin

Nicole Bacharan : *La longue marche des femmes pour être reconnues comme des êtres humains à part entière et se faire entendre dans la Cité nous a conduit jusqu'au XXIᵉ siècle. Aujourd'hui, quelle est la place des femmes dans notre société ? Que sera-t-elle demain ? Quels rôles les femmes peuvent-elles – ou veulent-elles – assumer ? Peut-on fonder une « identité féminine » tout en revendiquant l'égalité ? C'est vers la philosophe que nous nous tournons maintenant pour tenter de penser la différence des sexes.*

Sylviane Agacinski : Une chose est certaine : on ne trouve pas dans la philosophie classique les fondements de la liberté des femmes ou de l'égalité entre les sexes. L'androcentrisme – c'est-à-dire le fait de mettre l'homme « masculin » au centre de la réflexion – s'y exerce dans toute sa force. Chez les Grecs comme à des époques plus récentes, l'homme de science, l'homme de savoir, l'homme pensant est… un *homme* ! Cela s'impose comme une vérité si évidente, si indiscutable, que ce n'est pas nécessairement mentionné dans les textes. L'étudiante en philosophie que je fus s'est donc, inconsciemment, identifiée à un sujet philosophique présenté comme universel – et qui pourtant raisonnait en homme !

— En quoi le discours philosophique est-il spécifiquement masculin ?

— Tout commence avec Platon et l'Antiquité grecque. *Le Banquet* est un texte fondateur à la fois de la philosophie et de l'androcentrisme philosophique. Dans cette réflexion sur l'amour, Platon expose comment, à travers l'objet d'amour, les êtres vivants, finis et mortels, aspirent à l'éternité. Ils ont, selon lui, le choix entre deux voies, représentées par deux divinités : Aphrodite la populaire et Aphrodite la céleste. Celui qui s'attache à Aphrodite la populaire cherche l'éternité en faisant des enfants, il se tourne donc vers les femmes. La procréation, que les hommes partagent avec les animaux, n'est pas très estimée par Platon. Seul le choix d'Aphrodite la céleste, qui est celui de la contemplation de la vérité, des Idées, est pour lui véritablement éternel. Dans ce cas-là, le rapport humain essentiel se situe non plus entre homme et femme, mais entre maître et élève. Ce n'est pas une défense de l'homosexualité comme on l'entendrait aujourd'hui, mais il s'agit tout de même de se tourner vers les garçons, car leur âme est plus élevée, mieux disposée à la philosophie que celle des filles.

— Comment une jeune philosophe peut-elle choisir entre Aphrodite la populaire, voie « peu noble » de la procréation, et Aphrodite la céleste, plus élevée mais réservée aux garçons ?

— La question est intéressante. En tant que femme, sa place n'est tout simplement pas parmi les Sages, elle est renvoyée à son corps et à son rôle de génitrice. Ou alors, si elle veut devenir philosophe, elle doit abandonner sa féminité. C'est ce que l'on pensait encore il n'y a pas si longtemps. Qu'un philosophe mâle pense en homme, c'est naturel, et il ne s'agit pas nécessairement de misogynie. Mais les textes classiques n'assument pas qu'il y ait une particularité masculine ; ils font comme s'il allait de soi d'assimiler l'homme et l'humain. C'est ce qu'on appellera plus tard l'« universel masculin ». Emmanuel Levinas, lui, a assumé sa signature masculine. Mais c'est une exception. En général, un imaginaire masculin imprègne la philosophie de façon implicite. Dès lors, c'est d'autant plus intéressant de se demander ce que serait une pensée qui prendrait en compte l'humanité entière, hommes et femmes, une pensée de l'hétérogène, du mixte. L'un des enjeux, pour les femmes, c'est de ne pas avoir à choisir entre le savoir et la procréation, entre le livre et l'enfant !

— *C'est en lisant* Le Banquet *que vous avez entamé cette réflexion ?*

— Non, j'ai d'abord lu *Le Banquet* aveuglément, en refoulant complètement le fait que j'étais une femme. Dans *La République*, Platon va même plus loin dans le mépris pour la génération, pensant à organiser les mariages en sélectionnant hommes et femmes pour qu'ils aient de beaux enfants, doués et robustes – une sorte d'élevage humain qui esquisse des perspectives d'eugénisme totalitaire. Il fait exploser la famille et sacrifie tout lien filial. Les enfants sont séparés de leurs parents, la Cité se charge de leur éducation. La « communauté des femmes » devient l'appropriation collective des femmes par les hommes ; il n'y a plus de mariages, plus de rapports privés homme/femme et parents/enfants. Néanmoins j'ai lu ces textes classiques comme on lit toujours, c'est-à-dire en m'identifiant à la perspective de l'auteur. En littérature, ce n'est pas gênant de se glisser dans la peau d'un homme, on apprend même beaucoup du regard d'un auteur ou d'un personnage masculin sur les femmes. En philosophie, c'est une autre histoire… Avec le temps, j'ai ressenti de plus en plus vivement l'hiatus entre ma vie, ma condition naturelle et sociale de femme et le statut de «penseur» (mot qui n'existe qu'au masculin) supposé être le mien sur les bancs de la faculté. J'ai peu à peu réalisé que, pour l'essentiel, la philosophie s'était écrite au masculin. Certains auteurs au point de vue masculin plus affiché, comme Nietzsche ou Schopenhauer (un vrai misogyne!), ont commencé à m'ouvrir les yeux. Mais la révélation, je la dois à la lecture de femmes, notamment Virginia Woolf et Simone de Beauvoir. Leur regard de femmes renverse la perspective. J'ai donc décidé de revenir aux autres textes classiques – Platon, Aristote, Kant, Kierkegaard, Heidegger… – avec un autre œil, en prenant en compte le fait que l'auteur restait dans une perspective non seulement masculine, mais androcentrée. L'androcentrisme, qui voit dans l'homme mâle, *anèr*, le prototype de l'être humain, est plus ancien et plus profond que l'anthropocentrisme, qui place l'humain, *anthropos*, au centre de la création et à part de tous les autres vivants. La pensée chrétienne conjugue les deux, et elle a laissé des traces profondes dans la philosophie et la pensée occidentales. La dissymétrie et la hiérarchie des sexes sont très explicites à partir de saint Paul, renforcées par les interprétations de saint Augustin : l'homme a été créé «à la gloire de Dieu» et *pour son esprit*, la femme a été créée «à la gloire de l'homme» et *pour son corps*[1]. Là encore, les mythes de la création d'Adam puis d'Ève jouent un rôle décisif. L'être humain est une créature spirituelle et intelligente incarnée par Adam, puis par Jésus. La femme est pour l'«humain» mâle un corps d'appoint.

---

1. J'étudie cette construction théologique de la dissymétrie des sexes dans *Métaphysique des sexes. Masculin/Féminin aux sources du christianisme*, Paris, Seuil, 2005 ; coll. «Points», 2007.

Femmes, donc aliénées ?

— *Quel rôle Simone de Beauvoir a-t-elle joué dans votre prise de conscience ?*

— J'ai été bouleversée par la lecture du *Deuxième Sexe*. Elle montre très bien, à partir d'une longue analyse de l'Histoire, pourquoi l'homme se sent dans son droit en étant homme, et pourquoi la femme en est venue à se sentir « en tort » en étant femme. Surtout, j'ai compris l'importance du travail, condition de l'indépendance économique. Je me suis dit : « Ce n'est pas la peine de parler de liberté si on ne peut pas payer son loyer ! » Simone de Beauvoir remettait en cause tous les discours sur le rôle des femmes, leur bonheur et leur épanouissement : si on ne pouvait pas subvenir à ses propres besoins, on était dans une cage – rouillée ou dorée, mais une cage tout de même. En même temps, je m'interrogeais sur le ton très hautain qu'elle prenait pour dénoncer l'aliénation des femmes au foyer. Elle-même venait de la haute bourgeoisie, où les femmes étaient plutôt oisives. Mais dans les milieux plus modestes, les femmes qui élevaient leurs enfants – avant les machines à laver et les couches jetables – travaillaient très dur. Je savais bien tout ce qu'avait fait ma mère, et je ne pouvais pas partager le mépris de Beauvoir pour ces femmes « aliénées ». Elle les jugeait coupables de travailler gratuitement, mais elle ne remettait pas en cause un système économique qui, partout dans le monde, exigeait des femmes qu'elles exercent, pour rien, tous les métiers – cuisinières, femmes de ménage, repasseuses, couturières, infirmières… J'avais donc des réserves sur son angle d'attaque. En revanche, il était clair qu'une femme ne pouvait se vouloir libre sans gagner sa vie. Pour la génération de l'après-guerre, c'était primordial.

— En 1949, quand paraît Le Deuxième Sexe, *Simone de Beauvoir n'est pourtant pas une militante.*

— En effet. Jusqu'à la fin des années 1960, elle ne se définira pas comme féministe. Au moment de la publication de son livre, elle considère que les femmes «ont gagné la partie». L'accès au droit de vote, certains changements juridiques, un début de libération des mœurs lui font penser que les luttes féministes sont dépassées. Elle ne vote pas, et sa position politique, comme celle de beaucoup d'intellectuels de gauche, se situe en dehors de la vie partisane démocratique. Elle pense que les femmes aliénées au foyer ne pourront être libérées que par des changements économiques radicaux, révolutionnaires, elle compte sur le socialisme pour changer la situation sociale des femmes et elle n'envisage pas une lutte spécifiquement féministe. Elle adoptera cependant un autre point de vue dans les années 1970 et signera le manifeste des «343 salopes» pour le droit à l'avortement.

— Sa vie privée a souvent servi de modèle. Vous en êtes-vous aussi inspirée?

— Elle m'a inspirée par sa liberté personnelle, le courage de ses idées, son choix de la philosophie. Je mets cela à son crédit sans la moindre réserve. Comme Hannah Arendt, elle offrait le modèle d'une femme qui faisait œuvre non seulement littéraire, mais philosophique. Auparavant, il y avait bien eu des écrivaines (la grande Colette a utilisé ce mot féminin), mais la philosophie restait un domaine fermé aux femmes. Simone de Beauvoir ouvrait la porte. J'admirais aussi le couple qu'elle formait avec Jean-Paul Sartre, dont j'ignorais le fonctionnement réel. J'étais alors très peu attirée par le mariage, les liens obligés, et – avouons-le – la famille et les enfants. J'ai changé!

— Simone de Beauvoir, elle, rejetait tout cela.

— Elle laissait derrière elle – avec un mépris souverain – les femmes pour qui la maternité et la famille comptaient beaucoup. Elle disait volontiers : « J'ai cumulé les avantages des deux sexes. » C'était vrai si l'on considère qu'elle n'a jamais renoncé à la séduction et qu'elle réussissait professionnellement. Mais elle rejetait une partie des potentialités féminines. Son féminisme était empreint d'une honte du corps féminin et de la fécondité ; son modèle de liberté était masculin, inspiré par la conception sartrienne du sujet et un certain dégoût de la chair. Pour elle, l'homme est actif : il combat, fabrique, produit. Une femme devait pouvoir rejoindre ce monde de l'action (sans interroger le concept de sujet dans la philosophie). Certes, Simone de Beauvoir insistait sur le fait qu'une femme ne pouvait effacer sa différence, ou se situer par-delà son sexe. Mais elle critiquait le statut social et philosophique de la féminité, en laissant intact celui de la masculinité.

— Jusqu'où l'avez-vous suivie ?

— En un sens, je reste dans la voie qu'elle a ouverte en privilégiant la liberté individuelle : à chacun et chacune d'« inventer son chemin », comme disait Sartre, sans modèle obligé. En un autre, il s'agit pour moi de déconstruire la fausse neutralité sexuelle de l'individu ou du sujet : la sexualité, ou sexuation, compromet toute identité close, celle des hommes comme celle des femmes. L'altérité sexuelle nous entame tous : l'homme aussi est l'autre (chacun est toujours l'autre de l'autre). La tache aveugle du discours classique, y compris des discours féministes, c'est l'homme, comme si l'on prenait pour argent comptant l'autosuffisance, la « neutralité » et l'identité masculines, pour tenter de les rejoindre. Mais ce qui mérite d'être interrogé, c'est la relation de la sexualité avec la génération, c'est-à-dire avec la natalité et la mortalité. Le sujet masculin de la métaphysique a voulu que la femme endosse la sexualité, la naissance et la mort, comme pour dénier sa «propre» sexuation et sa mort, c'est-à-dire sa chair. Une psychanalyste a fort bien analysé cette occultation de la chair dans la construction de la masculinité, comme si le père n'avait pas de corps[1]. Pour changer la place des femmes dans la société, il faut d'abord changer nos systèmes de pensée.

Madame le professeur

— *Alors commençons. Mais par où? Comment transformer, féminiser, le monde?*

— Je crois que l'on peut commencer par notre outil de travail : la langue, en s'interrogeant sur le genre des mots. Cette question est particulièrement aiguë en français, langue qui ignore le neutre. Lorsqu'on ne mentionne pas le genre (comme pour les pluriels), la grammaire le dit bien : «Le masculin *l'emporte sur* le féminin.»

— *Je revois comme si c'était hier l'illustration de cette règle dans mon livre de grammaire, à l'école primaire : un groupe de garçons et un groupe de filles tirant chacun un bout d'une corde, et le groupe des filles s'effondrant!*

— Ce fameux l'«emporte sur» est très symptomatique pour une oreille féminine! On peut s'y résigner pour les pluriels.

1. Cf. Monique Schneider, *Généalogie du masculin*, Paris, Aubier, coll. «Psychanalyse», 2000.

Mais c'est différent quand il s'agit de nommer des personnes. J'avoue que je n'ai pas fait partie des pionnières, comme Benoîte Groult, qui ont remis en cause ces habitudes. Je pensais que cette histoire de genre grammatical était secondaire. Dire «la professeur», par exemple, cela choquait mon oreille, et s'écarter de l'usage, qui s'impose dans la langue comme une loi implacable, me semblait un peu ridicule. Je recommandais donc à mes élèves de ne pas dire «la prof», mais «madame le professeur», le «madame» suffisant à prouver le genre de la personne. En tout cas, dans ma jeunesse, je ne voyais aucun inconvénient à être nommée «professeur» au masculin.

— *Y trouviez-vous même une certaine satisfaction?*

— J'y trouvais en effet le plaisir qu'éprouvent les classes inférieures lorsqu'elles acquièrent les insignes de la classe dominante! Pour une femme, un titre masculin a longtemps représenté la preuve de sa réussite. D'où l'ambivalence de beaucoup à l'égard de la féminisation des titres («madame la ministre»). Les femmes partagent parfois elles-mêmes la misogynie ambiante. Certaines refusent d'être appelées «avocates», peut-être parce que depuis l'enfance elles rêvent d'être… «avocats»!

— *Quand avez-vous changé de position?*

— Lorsque j'ai compris que pour faire reconnaître leurs talents et leurs compétences les femmes n'avaient pas besoin de recevoir l'insigne de la masculinité. Elles passaient des concours, préparaient des diplômes, exerçaient des fonctions difficiles, cela devait suffire. Dans les années 1930, quand les premières femmes se sont illustrées dans l'aviation, l'Académie française, moins conservatrice qu'aujourd'hui, a jugé normal d'inscrire au dictionnaire le mot «aviatrice». Dans les années 1950,

François Mauriac disait spontanément : « Mme Luce a été nommée ambassadrice des États-Unis à Rome. » Jusque-là, le mot « ambassadrice » existait, mais il désignait la femme de l'ambassadeur, comme la mairesse était l'épouse du maire.

— Depuis, l'Académie est devenue plus conservatrice ?

— Peut-être, alors même que le féminin commençait à s'imposer (sans brutaliser la langue) pour désigner des fonctions nouvelles auxquelles les femmes accédaient. On commençait à dire « la ministre », « la secrétaire d'État », « la députée ». Mais certains se sont agrippés à une langue immuable, comme si elle était un jour tombée du ciel. La déclaration de l'Académie rédigée en 1984 par Georges Dumézil et Claude Lévi-Strauss affirmait : « En français comme dans les langues indo-européennes, il n'y a aucun rapport d'équivalence entre le genre grammatical et le genre désigné. » C'est loin d'être aussi simple s'agissant du genre des personnes ou même des animaux d'élevage, par exemple. Et tel n'était pas l'avis des grammairiens, notamment le célèbre Grévisse dans son *Bon Usage de la langue française*. Évidemment, pour les objets inanimés ou les idées, le genre grammatical n'a aucun rapport avec un genre quelconque. Mais quand il s'agit des personnes et de leurs fonctions, le genre grammatical a tout à voir avec le genre des personnes !

— On dit bien « la boulangère », « la charcutière », « l'épicière »…

— Bien sûr ! Comme en allemand. Presque tous les noms de métiers se disent au féminin lorsqu'ils sont exercés par des femmes. On disait « une secrétaire » parce que les femmes étaient nombreuses à exercer cette fonction. Et si on ne disait pas « la secrétaire d'État », c'est parce qu'il était bien rare qu'une femme accédât à ce poste. Des métiers exercés majoritairement par les femmes étaient nommés au féminin : infirmière, sage-femme, hôtesse de l'air, blanchisseuse... Et selon le sexe des personnes concernées on disait « chanteur » ou « chanteuse », « danseur » ou « danseuse ».

— Qu'ont dit les vénérables messieurs de l'Académie quand il leur a fallu admettre des femmes dans leurs rangs : « académicien » ? « académicienne » ?

— Surtout pas « académicienne » ! Benoîte Groult cite volontiers l'avis de décès publié en 1987 par les Immortels de « leur regretté confrère Marguerite Yourcenar ». C'était conforme au bon usage de l'époque. Le masculin n'est pourtant pas aussi neutre, ou « non marqué », que le voulait Lévi-Strauss : son emploi s'inscrit dans la logique androcentrée. Le masculin ne fait pas que l'emporter sur le féminin : il l'absorbe. Il vaut pour tout le genre humain. La langue n'est donc pas neutre, elle exprime les valeurs de la société. Je ne résiste pas au plaisir de rappeler cette phrase de Lévi-Strauss dans *Tristes Tropiques* : « Le village entier partit le lendemain dans une trentaine de pirogues, nous laissant seuls avec les femmes et les enfants dans les maisons abandonnées. » Claudine Baudoux, dans son livre *Sexisme et Sciences humaines*, commente : « Comment le village entier peut-il partir si les femmes et les enfants ne partent pas ? Comment les anthropologues peuvent-ils être seuls s'ils sont en compagnie des femmes et des enfants ? Comment les maisons peuvent-elles être abandonnées si les femmes et les enfants s'y trouvent ? Sinon en amalgamant la classe des hommes avec tout ce qui est humain ? » Cela n'enlève rien à l'importance de l'œuvre de Claude Lévi-Strauss et à l'admiration qu'elle inspire.

Le genre du pouvoir

— *Être un homme, c'est accéder à l'universel. Être une femme, c'est en être écartée ?*

— Exactement. L'homme est l'humain en général, la femme est particulière. Non seulement particulière, exotique, mais moindre, et réduite à son corps. Concernant les noms de métiers, il s'agit aussi d'un enjeu de pouvoir. Marc Fumaroli, de l'Académie française, esprit raffiné s'il en est, est allé jusqu'à discerner dans la langue non seulement une distinction masculin/féminin, mais aussi public/privé. Il serait, selon lui, légitime de désigner le sexe dans la sphère privée, mais pas dans la sphère publique. En entrant dans la sphère publique, les femmes acquerraient non seulement des compétences, mais aussi « de l'autorité, des responsabilités, du pouvoir. Et cela se dit grammaticalement au masculin ». Cela m'a laissée pantoise.

— *CQFD : le féminin reste « à la maison » !*

— Certes, Fumaroli accepte sans difficulté « institutrice » ou « caissière », mais le pouvoir se dit selon lui au masculin puisque les organes de pouvoir sont des entités impersonnelles ou asexuées, comme le ministère des Affaires étrangères, le Rectorat de Paris, le Conseil d'État… Il ajoute : « On ne fait pas l'amour avec ces corps-là, pas plus qu'avec les titres qui signalent qu'on en est chef ou membre. Le genre masculin n'a rien de commun avec le sexe qui s'est cru fort. Les féminiser quand leur titulaire est de sexe féminin serait ôter à leurs titulaires féminins de leur autorité impersonnelle, impartiale, et inaccessible au *"sexual harassment"*. On quitterait la sphère publique pour s'embarquer dans la sphère privée, ou

246

semi-privée, c'est-à-dire à quelques encablures de la comédie de boulevard[1]. »

— *C'est assez violent!*

— C'est une façon de renvoyer le genre au sexe et, finalement, au lit. Là où Marc Fumaroli voit juste, cependant, c'est lorsqu'il dit que l'autorité est «impersonnelle». Oui, l'autorité professionnelle ou politique n'est pas sexuée, je suis d'accord avec lui. Mais la personne qui exerce cette autorité n'est pas neutre pour autant. Et si, faute de neutre en français, on la nomme au masculin, on suggère qu'il s'agit normalement d'un homme, comme lorsqu'on vous annonce, dans une salle d'attente: «Le ministre va vous recevoir.» Or, en acceptant le titre d'«institutrice», on ne porte pas atteinte à son autorité, et l'on ne parle pas de la sphère privée ni de la vie sexuelle. Le problème est en effet celui de l'absence de neutre. Il est commode d'éviter la lourdeur d'une distinction inutile en utilisant un masculin universel, ou neutre, comme lorsqu'on dit: «le lecteur», «le bailleur», «l'acheteur»... Il existe aussi un masculin réellement neutre, comme celui de certains mots dits «épicènes», qui désignent indifféremment des hommes ou des femmes («assassin», «témoin» ou «mannequin»), comme il existe un féminin neutre (épicène): ainsi, «sentinelle», «victime» ou «personne», qui sont féminins, quel que soit le sexe de l'individu dont on parle. Il n'y a aucune raison de récuser ces termes, notamment lorsque la féminisation du mot est impossible (pensons à «médecin», par exemple). Mais en dehors de ces cas il vaut mieux accorder, sans faire violence à la langue, le genre grammatical avec celui des personnes. Il est intéressant

1. Marc Fumaroli, «Adresse à Monsieur le Président de la République, protecteur de l'Académie française», *Le Figaro*, 9 janvier 1998.

aussi d'étendre l'usage de mots qu'on peut appeler mixtes, qui, sans changer de forme, peuvent changer de genre grammatical : « un élève » ou « une élève », « un enfant » ou « une enfant », « un adulte » ou « une adulte »... Cette bivalence est aujourd'hui étendue à des termes jadis masculins (comme « géographe », « dentiste », « psychologue » ou « philosophe »), qui sont maintenant tantôt masculins tantôt féminins. Cela montre bien que la langue est vivante et peut évoluer avec la société.

— Alors que, si l'on suivait l'argument grammatical « classique », les femmes ne seraient entièrement femmes qu'en tant qu'épouses, maîtresses, mères. En entrant dans la sphère publique, elles devraient devenir un peu masculines ou, au moins, neutres.

— En réalité, la sphère publique n'était pas jadis celle du neutre, mais bien celle du masculin. Un exemple : le monde politique. Jamais on n'y a demandé aux hommes d'effacer leur masculinité. Elle allait de soi. Les marques sociales, esthétiques, vestimentaires, les habitudes de langage proprement masculines y étaient légitimes. Ce que les sociologues appellent un *ethos* (une manière d'être) masculin s'est confondu avec les milieux où les hommes étaient majoritaires. C'est là que le travail de déconstruction doit intervenir. Prenez le style et la rhétorique des orateurs : depuis la Troisième République, ils s'accompagnaient d'une gestuelle et d'accents combatifs, héroïques. Poings sur la table, tonnerre dans la voix... Lorsque les femmes surgissent dans un tel monde, elles paraissent forcément déplacées. À elles d'inventer des manières de parler en public qui soient les leurs. Il ne s'agit pas de féminiser le champ politique en utilisant de vieux modèles féminins – car ces vieux modèles n'étaient évidemment pas des femmes politiques. Mais de nouveaux modèles sont en train d'être inventés dans les assemblées, dans les entreprises et partout.

Inventer sa différence

— On a compris que la langue était loin d'être neutre. Mais, au-delà du langage, les apparences — c'est-à-dire le corps, les vêtements, les gestes — doivent-elles également être «déconstruites»? Là aussi les vieux modèles sont-ils dépassés? Désormais, les femmes occidentales sont plus musclées, plus sportives, et souvent portent des pantalons...

— On voit, en effet, une évolution évidente vers des corps moins différents par le vêtement, et même par la morphologie. Dans un western des années 1940, une jeune fille en jeans et chemise à carreaux se voyait reprocher de s'habiller «en homme»! D'autre part, on ne peut qu'être frappé par la différence entre le corps féminin en Occident, où les femmes maîtrisent leur fécondité, et dans d'autres parties du monde, où la maternité n'est pas un choix. Je me souviens d'un voyage au sud du Maroc où je rencontrai des femmes au corps généreux, opulent, marchant lentement dans leurs longues djellabas, toujours avec des enfants dans les bras; à côté, quelques Occidentales plutôt minces, en pantalon, conduisant leur 4×4. On a parfois l'impression d'avoir muté! On n'est pas pour autant arrivé à l'unisexe, mais, à l'évidence, le corps n'évolue pas de la même manière partout dans le monde. C'est bien la preuve que les corps féminins ou masculins ont aussi leur histoire. L'accès des femmes aux pratiques sportives, de loisir ou de compétition, a été un facteur crucial dans la transformation du corps féminin, puis des vêtements de la vie courante et aussi de la gestuelle.

— Mais la différence des sexes ne disparaît pourtant pas. Peut-on la définir au présent?

— La différence sexuelle à l'état pur n'a pas de sens, si ce n'est relativement à la génération. Les différences corporelles indéniables proviennent du fait que la naissance – jusqu'à preuve du contraire! – nécessite le concours des deux sexes, même quand cela se limite à un accouplement cellulaire. Le couple parental naturel – père et mère, homme et femme – reste nécessaire pour donner la vie. Mais cela n'a pas de rapport direct avec l'apparence, les rôles sociaux, le droit, les mœurs. Ni même avec l'amour ou la sensualité. Si la différence des sexes est fondamentale dans la procréation, elle n'est pas nécessaire pour qu'il y ait des rapports amoureux. Dès qu'on s'éloigne du domaine spécifique de la procréation, on entre dans le champ immense de l'interprétation de la différence des sexes au sein de la société.

— C'est donc la culture qui donne du sens au masculin et au féminin?

— Oui. Bien sûr, il existe aussi quelques éléments sensibles, que les enfants perçoivent très tôt, comme le timbre de voix. Même si la culture infléchit les voix, celle des garçons mue naturellement à la puberté. Les enfants remarquent aussi l'apparition des seins chez les jeunes filles, ou le ventre d'une femme enceinte. La nature – c'est-à-dire ce que l'on n'a pas inventé – fournit un étayage à la différenciation sociale des sexes. On naît bien fille ou garçon, sauf quelques cas rarissimes d'androgynie. Ensuite, la société cultive cette différence. Rappelez-vous, dans le film *Certains l'aiment chaud*, ce moment où Marilyn trotte sur le quai de la gare sur ses talons aiguilles, avec cette démarche incroyablement chaloupée.

Jack Lemon s'exclame : « C'est un sexe complètement différent ! »

— *Les vêtements, les gestes, les arts même organisent la représentation sociale des sexes ?*

— En effet. Car, heureusement, on ne naît pas avec des talons
aiguilles, ni avec des pieds bandés ! Aux femmes, donc, de savoir
comment elles veulent jouer avec les mises en scène du féminin.
Dans les années 1980, quand elles accédaient en nombre à des
postes de responsabilité dans les entreprises, elles portaient des
vestes très carrées, aux épaules élargies, comme pour marquer leur
autorité. Aujourd'hui, elles n'hésitent pas à porter des petits pulls
et des robes qui soulignent leurs formes. En général, dans la vie
pratique, on trouve des modèles féminisés du costume masculin.
Une forme d'« unisexisme » s'impose pour certaines activités,
notamment dans le sport. Skieurs et skieuses ne se distinguent
pas, ils ont besoin des mêmes techniques et de la même liberté de
mouvement. Dans les tenues de soirée, les femmes retrouvent les
insignes du féminin que sont pour elles le maquillage, les bijoux,
les décolletés. Les formes de la « parade », masculines ou féminines, ont une fonction de séduction sexuelle. Aux femmes, donc,
d'inventer leurs modèles de féminité, selon les circonstances.

— *La différence des sexes ne peut être une identité fixe ?*

— Ni identité fixe ni modèle clos, que ce soit pour les hommes
ou pour les femmes. C'est bien une structure différentielle, mais
elle ne doit en rien être une structure hiérarchique. Derrière
les cultures, on ne trouvera jamais une vérité ultime, naturelle,
qui nous permettra de dire : voilà la différence des sexes ! Derrière une représentation de la différence des sexes, on trouve
une autre représentation, et derrière, une autre encore. La différence résiste mais se rejoue, indéfiniment.

L'homme n'est pas un animal,
mais la femme l'est un peu

— D'une façon générale, le corps, et particulièrement le corps féminin, n'est-il pas le grand absent de la philosophie?

— C'est plus compliqué que cela. Les corps, masculin et féminin, sont vus différemment. Le corps masculin est conquérant, guerrier: c'est le corps qui s'empare du monde, le domine par la force ou par la technique. Ce n'est pas la chair. C'est aussi le corps qui peut être sacrifié: «risquer sa vie» est une forme d'héroïsme masculin très valorisée. Alors que dans la philosophie classique le corps féminin est dévalorisé, limité à la procréation, la nourriture, la protection de la vie. Il s'agit là d'un domaine charnel, presque animal. Dans cette tradition, l'homme n'est pas un animal, mais la femme l'est un peu! Plus exactement, la philosophie grecque puis la théologie chrétienne construisent la dualité des sexes sur l'opposition métaphysique de l'intelligible et du sensible, de l'âme et du corps, de l'esprit et de la chair. C'est ce que j'ai appelé le «casting métaphysique des sexes»: l'homme est esprit, la femme est et transmet la chair. On ne peut se contenter de redonner de la chair aux hommes, et de l'esprit aux femmes – même si cela contribue à estomper la hiérarchie. Plus radicalement, il faut remettre en cause l'opposition métaphysique entre le charnel et le spirituel. De plus, l'enfantement doit pouvoir être assumé non comme une obligation, mais comme une puissance.

— Comment y parvenir sans enfermer à nouveau les femmes dans le seul rôle où elles étaient valorisées: celui de mère?

– Il est grand temps que la philosophie s'attache à penser la fécondité et la maternité autrement. C'est vrai, dans toutes les cultures, la femme était considérée comme inférieure en tant que femme, mais nécessaire en tant que mère. Cette valorisation relative s'accompagnait de tant d'asservissements et d'interdits qu'elle a suscité une révolte bien légitime chez les féministes. Et pourtant – c'est le cas de le dire –, il ne faut pas jeter le bébé avec l'eau du bain. Maintenant que les femmes ont accès à la contraception et à l'avortement, la fécondité peut à nouveau être considérée, d'un point de vue féminin, comme un pouvoir. La libération ne passe plus par le rejet de la maternité, mais par sa maîtrise.

– Le goût d'une philosophie désincarnée n'est-il pas un trait spécifiquement masculin qui expliquerait en partie l'absence de réflexion sur la maternité?

– En d'autres termes, y a-t-il dans la différence des sexes quelque chose qui oriente la manière de penser? C'est une question très difficile. On peut se la poser aussi en observant les phénomènes religieux : les religions, avec leur tentative de nier ou de sublimer le corps, ont toujours été une affaire d'hommes. Les femmes sont aujourd'hui plus nombreuses dans les églises, mais ce sont les hommes qui ont pensé et servi la religion. Dans tous les monothéismes – juif, chrétien, musulman – les femmes ont été, et sont encore, plus ou moins étrangères au pouvoir religieux (célébration du culte, interprétation des textes, etc.). L'histoire des femmes, jusqu'ici, a résulté du monopole masculin sur l'autorité spirituelle, intellectuelle et politique. Assurer la descendance était du ressort des femmes, mais non l'éducation des garçons.

— Peut-on aussi entamer une réflexion sur les attitudes adoptées à l'égard des autres spécificités de la physiologie féminine, comme les troubles liés aux cycles?

— Le problème a évolué, car la médecine peut en grande partie corriger ces troubles, très variables d'une femme à l'autre, liés aux cycles et aux âges de la vie. Mais il faut sortir de tout ce qui ressemble à une honte du corps féminin. Ses spécificités doivent être reconnues comme parfaitement normales, et prises en compte par la société dans son ensemble. Par exemple, il y a un rapport – que j'avais remarqué en tant qu'enseignante – entre le cycle et la voix. À certains moments, les cordes vocales sont plus fragiles et la voix plus faible. Les cantatrices exigent parfois de ne pas chanter à telle ou telle date. Au lieu de prétendre «non, non, cela n'existe pas», avec une espèce de honte, il faut assumer ce fait. Les femmes n'ont pas à s'approprier une dévalorisation de ce qu'elles sont. À l'inverse, pourquoi imposer une uniformisation à rebours? Après tout, les hommes ne sont pas des femmes comme les autres!

— Ces tentations d'«uniformisation à rebours» sont tout de même très récentes… Il y a peu de temps que les femmes osent débattre au grand jour de leur fonctionnement intime.

— Cela date des années 1970. Il était nécessaire que les femmes explorent leur rapport à leur corps, en reconnaissent la spécificité, et cessent d'en avoir honte. Avoir des règles n'est pas non plus un titre de gloire ou un privilège. C'est simplement normal. Les femmes n'ont aucun intérêt à promouvoir une représentation d'elles-mêmes idéalisée ou aseptisée. Je crois, heureusement, que ce stade est tout à fait dépassé. Regardez ces images un peu triomphantes de la grossesse, y compris chez les actrices, qui autrefois dissimulaient leur état, car il ne correspondait pas aux critères esthétiques ou érotiques de l'époque. C'est une évolution positive.

— C'est donc tout le rapport entre l'esprit et la matière, l'âme et le corps, qui doit être repensé du point de vue du mixte?

— Oui, tout comme le rapport entre activité et passivité. Il y a un parallélisme entre hiérarchie de ces concepts et hiérarchie des sexes. Face à ce monstre logique («L'homme est universel, la femme est particulière»), les femmes ne peuvent s'en sortir qu'en déconstruisant pas à pas l'androcentrisme. Cela commence en n'oubliant jamais que l'universalisme abstrait, qui parle au nom de l'humanité et refuse de prendre en compte les sexes, accepte de fait une définition masculine de l'humain. Les femmes auraient pu faire la même chose. Si on faisait du «gynécocentrisme», on dirait: «L'humanité est féminine par essence; regardez ces drôles d'êtres, qui n'ont pas de seins, qui ne peuvent pas avoir d'enfants, comme ils sont handicapés par rapport à nous!» L'universel, c'est la mixité, l'hétérogénéité masculin/féminin; on est forcément l'un ou l'autre. Mais nous sommes aussi semblables par tout ce qui n'est pas strictement sexuel.

— Les femmes ne sont donc pas une minorité à défendre ou à protéger, comme le revendiquent nombre de féministes américaines? Voyant leur statut effectivement minoritaire dans les lieux de pouvoir, elles se sont identifiées au combat des minorités ethniques, notamment celui de la communauté noire…

— C'est un débat que j'ai eu souvent aux États-Unis. Les Américaines critiquent justement les illusions d'un universalisme abstrait, à la française, où les sexes sont dilués dans la neutralité de l'«individu» ou du sujet. Cette neutralisation, en effet, ne permet pas d'analyser et de combattre le sexisme, qui a la même structure logique que l'ethnocentrisme (normalité neutre de l'homme mâle, normalité neutre du Blanc, etc.). Cependant, si la subordination des femmes a bien pris, elle aussi, des formes historiques et culturelles particulières, elle traverse tous les groupes. Les femmes partagent avec certaines minorités dominées le besoin de s'affirmer et de faire reconnaître leur dignité. Mais elles ne sont pas une minorité, elles sont une forme universelle de l'être humain. C'est pourquoi elles n'ont pas intérêt à s'inscrire dans un différencialisme et un communautarisme généralisés. Nous sommes sexués en tant qu'être vivants. C'est cette hétérogénéité universelle qu'il faut prendre en compte sans la hiérarchiser.

Le désir bisexuel

– *Dans le domaine de la pensée, la philosophie n'est pas seule à avoir besoin de déconstruire l'androcentrisme?*

– C'est valable pour beaucoup de disciplines. Les femmes théoriciennes opèrent un déplacement du regard très fructueux. En France, en anthropologie, les travaux de Françoise Héritier, nous l'avons vu, sont essentiels. En sciences politiques, je citerais Blandine Kriegel. En histoire, bien sûr, Michelle Perrot, mais aussi Nicole Loraux sur la place des femmes dans la Grèce antique, Arlette Farge sur les relations familiales au XVIIIe siècle… Les psychanalystes femmes ont, elles aussi, bousculé l'héritage. Freud et Lacan ont ouvert des pistes nouvelles pour comprendre la sexualité, mais ils n'échappent pas au phallocentrisme: le sexe, c'est le pénis. Pour Freud, la différence anatomique s'inscrivait dans une logique du manque: l'«autre» est celui (en l'occurrence celle) qui «n'en a pas». Mais, quoi qu'il en pense, les seins d'une femme sont beaucoup plus visibles que le pénis d'un petit garçon. Il m'a toujours semblé curieux qu'il ait imaginé qu'une petite fille, à ce propos, se dise forcément : « Voilà quelque chose que je n'ai pas, et qui me manque. » Karen Horney a été l'une des premières psychanalystes à remettre en cause ce dogme freudien de l'envie de pénis, supposée cruciale dans la sexualité féminine. Melanie Klein, Anna Freud, Julia Kristeva ont transformé elles aussi la théorie et la pratique de la psychanalyse.

— *Vous-même, vous approfondissez ce travail de déconstruction dans l'histoire de l'art ?*

— J'ai travaillé sur des questions qui touchent à la peinture, à la photographie, au cinéma. Cela m'a conduite à me pencher sur la théorie de l'image, de la ressemblance et de la filiation. Les interprétations de la ressemblance sont toujours liées à la filiation, c'est-à-dire au rapport père/fils. On constate aussi dans l'histoire de l'art la dévalorisation du féminin. Par exemple, tant que le dessin était considéré comme l'essence de la peinture, on disait : « Le dessin est masculin, la couleur est féminine. » Quand la couleur prend le dessus, Matisse écrit : « La couleur est l'aspect mâle de la peinture ; le dessin, son aspect féminin. »

— *Et qu'en est-il en littérature ? Y a-t-il une littérature masculine, une autre féminine ?*

— Je crois qu'il y a de la littérature majeure et de la littérature mineure, de grands livres et de moins grands. Chez de grandes écrivaines comme Colette, Virginia Woolf, Nathalie Sarraute, il y a une signature féminine : on ressent bien que ce sont des femmes qui écrivent. Tout comme chez Montherlant ou Genet, Sartre ou Camus, il y a une signature masculine, un point de vue explicitement masculin. Dans bien des cas, le genre de l'auteur est perceptible dans l'œuvre, et cela n'enlève rien à son universalité. La «grande littérature» écrite par des hommes ne me semble pas avoir été produite par des êtres asexués! De même, la profondeur, la sensibilité, la beauté de la langue chez Colette, marquées par sa féminité, sont universelles. Au fond, les talents les plus fascinants sont mixtes. Je citais à l'instant Colette: il n'y a pas de femme plus «féminine», mais il y a aussi chez elle, au sens reçu à l'époque, une forme de virilité. L'imaginaire, le fantasme, le désir sont bisexuels. Colette a aimé des femmes et des hommes…

CHAPITRE 9

Construire la parité

Le droit d'être ambitieuse

Nicole Bacharan : *Pour filles et garçons, l'entrée dans la sphère publique se fait à l'école. En France, aujourd'hui, les écoles sont mixtes, toutes les formations sont ouvertes aux filles. Pourtant, elles restent rares dans les filières les plus sélectives. Manque de goût pour certaines matières scientifiques ? Peur de la compétition ?*

Sylviane Agacinski : Les filles réussissent bien à l'école. En France, dans une même classe d'âge, 51 % d'entre elles sont diplômées de l'enseignement supérieur, contre 37 % chez les garçons. Mais il est vrai qu'après le bac elles choisissent rarement les filières scientifiques, considérées chez nous comme la voie royale. Cependant, en Allemagne, où le droit occupe cette place d'excellence, on remarque que les filles sont moins nombreuses. Il y a de quoi se poser des questions sur les critères qui guident l'orientation des jeunes bachelières. Certaines choisissent d'approfondir une discipline pour laquelle elles se sont passionnées au lycée, comme l'histoire ou les langues. Mais nombre de matières – notamment le droit ou la médecine – n'étant pas enseignées au lycée, les choix se font généralement en fonction des métiers futurs. Une jeune fille prend donc en compte l'image qu'elle se fait de son rôle d'adulte et, à l'évidence, les positions de pouvoir, les responsabilités intimident encore souvent les filles.

– *Les choix ne sont-ils pas au moins autant conditionnés par les origines sociales?*

– Oui, c'est tout aussi déterminant que le sexe. Cela commence par la simple connaissance des filières et des carrières : les enfants de milieu modeste disposent de moins d'informations. Pour les filles, les parents, et particulièrement les pères, jouent un rôle important dans la liberté qu'elles se donnent d'être ambitieuses et de croire en leurs possibilités. Des femmes qui ont fait de très brillantes carrières disent souvent qu'elles ont réussi grâce à une vision paternelle. C'est le cas de l'astronaute Claudie Haigneré, qui raconte que toute sa famille admettait parfaitement qu'elle consacre son temps à ses études et à sa préparation : elle se sentait donc en complète légitimité. Si, en revanche, les filles doivent lutter pour imposer cette légitimité, elles intériorisent leur position secondaire. Quand j'enseignais en classe préparatoire, j'ai souvent dû encourager des élèves brillantes qui, d'elles-mêmes, limitaient leurs objectifs. Tant que, selon la norme dominante, il n'est pas essentiel pour une femme de se réaliser à travers sa carrière, tant qu'une jeune fille croit que son épanouissement professionnel va interférer de manière trop contraignante avec ce qu'elle souhaite dans sa vie privée, elle a tendance à rabaisser ses ambitions.

– *Les garçons, eux, ne se demandent pas si le métier choisi aura un impact sur leur rôle de futur père.*

– C'est vrai. Mais, à mon sens, les filles ne sont pas nécessairement handicapées parce qu'elles se projettent dans leur vie privée. Les femmes ont raison de chercher un équilibre entre les différents aspects de la vie, publique et privée, et de prendre en compte les relations affectives. La société est faite d'êtres humains de chair et de sang, qui se définissent autant par leurs émotions que par leur rationalité professionnelle. Il serait bon de déplacer ainsi le regard du côté des garçons, plutôt que de reprocher aux filles de prendre en compte ces aspects essentiels de la vie.

— *Mais, en ce cas, comment les encourager tout de même à aller au bout de leurs talents ?*

— Il est important de donner à tous une solide formation dès la petite enfance, non seulement au niveau des connaissances mais aussi de l'image de soi. Il faut que cette formation soit véritablement mixte et que les jeunes enfants sachent bien que toutes les voies leur sont ouvertes quel que soit leur sexe. Il faut que tous les moyens soient vraiment donnés aux filles d'aller dans toutes les filières. Elles ont le droit d'être ambitieuses. Ou de ne pas l'être. Mais l'ambition est multiforme, c'est à elles de décider.

Poupées et voitures

— *Une éducation mixte, cela signifie-t-il aussi apprendre la broderie aux petits garçons ? Je plaisante à peine… Certaines le pensent !*

— De toute façon, on n'apprend plus guère à coudre dans les écoles ! Plus sérieusement, le refus légitime de la subordination devrait-il aboutir, pour les femmes, au désir de rendre les hommes semblables à elles ? Ou de s'identifier aux garçons ? Ce n'est pas sûr. Chaque sexe est obscur pour l'autre. Le mieux est de l'admettre. L'individu aussi est obscur.

— *Vous ne croyez donc pas que les goûts des garçons et des filles soient entièrement conditionnés par l'éducation ?*

— C'était la thèse du livre d'Elena Gianini Belotti, *Du côté des petites filles*, que nous lisions dans les années 1970... Je croyais moi aussi que les comportements et les goûts étaient le fruit d'un conditionnement dans l'enfance, qu'ils dépendaient des attentes des parents, des jouets proposés, des modèles de la littérature enfantine... Je n'avais pas de frère, et pas encore de fils ! Toute mon expérience ultérieure m'a montré les excès d'une telle affirmation. Il faut admettre qu'il existe des différences, sans pour autant les imposer ou les amplifier. On n'est pas obligé de donner systématiquement des poupées aux filles et des voitures aux garçons (ma sœur et moi avions reçu un train électrique qui faisait aussi le bonheur de notre mère). Pourtant, dans les cours de récréation, les petites filles sautent à la corde, sans que personne le leur impose. On peut m'objecter qu'il s'agit d'une tradition, mais elle se reproduit de manière bien mystérieuse.

— *La mixité à l'école est-elle forcément positive ? Certains pédagogues, notamment aux États-Unis, notent que les filles, dans un cadre mixte, se mettent spontanément en retrait. Ils recommandent les écoles de filles, pour qu'elles fassent sans complexe leur apprentissage de futurs leaders.*

— Dans les années 1970, la mixité scolaire était présentée comme une valeur absolue. Depuis, c'est vrai, on s'est demandé si elle ne comportait pas certains inconvénients. Dans les cours de récréation, la violence masculine s'exerce parfois. En classe, la confiance égocentrique des garçons peut intimider les filles, qui pensent facilement : « Je suis moins sûre de moi, moins péremptoire, donc je dois être moins brillante. » De plus, les rapports affectifs qui se développent entre garçons et filles peuvent prendre le pas sur les études. Ces arguments ne sont pas négligeables. Moi qui ai connu un enseignement entièrement féminin – qu'il s'agisse des élèves ou des professeurs –, je sais que ces modèles de femmes, souvent brillantes, étaient bons pour nous. Elles représentaient un exemple d'émancipation qui tranchait avec les images des magazines ou du cinéma. Nous étions impressionnées par leur culture et leur autorité. D'autre part, entre élèves, la compétition était assumée sans état d'âme.

– *Mais, au final, vous préférez la mixité ?*

– Oui, bien sûr. Compte tenu de la mixité du genre humain et de la société, je pense que la confrontation précoce entre garçons et filles est infiniment préférable à la séparation. La mixité du corps enseignant serait également préférable à une féminisation quasi exclusive. Que garçons et filles apparaissent les uns aux autres moins étrangers, cela permet des rapports plus naturels, moins fantasmatiques.

Tendances naturelles

– *Outre la mixité des professeurs et des élèves, il y a peut-être celle des matières. On parle de l'attirance quasi générale des garçons pour les machines et les moteurs : c'est moins le cas des filles ?*

– Je suis assez mal placée pour vous répondre, car j'ai toujours eu le goût des techniques. J'ai passé mon permis de conduire le jour de mes 18 ans et, plus tard, je me suis jetée sur le Minitel et l'ordinateur. Il y a, dans la machine, quelque chose de très ludique et une démultiplication de la puissance qui peut satisfaire la pulsion d'emprise, qu'on prétend masculine. De toute façon, il faut se garder de présupposer une division sexuelle des goûts et des aptitudes : c'est la seule façon de préserver la singularité, de laisser libre cours à l'individualité.

— Faut-il réfléchir aux modes de sélection et de recrutement pour les filières ou les postes d'excellence ? Avantagent-ils les garçons ?

— Les critères privilégiés dans les examens, et plus tard dans les entretiens d'embauche, s'appuient naturellement sur les traditions d'un groupe ou d'une profession. Dans un groupe plus masculin, on a tendance à valoriser l'esprit de compétition. Dans un groupe plus féminin, on prend en compte l'ouverture à l'autre, la capacité d'écoute ; or ces qualités seraient aussi très utiles dans des professions réservées jusqu'à présent aux hommes. Pour expliquer le fossé entre la réussite scolaire des filles et leur moindre succès professionnel, on ne peut pas écarter l'idée qu'elles se sentent mal à l'aise dans les milieux où s'imposent les comportements habituellement masculins. Ce qui expliquerait aussi leur attirance pour des domaines mixtes depuis longtemps, où elles peuvent plus facilement faire valoir leurs qualités. Ce ne sont là que des hypothèses. Quoi qu'il en soit, les habitudes et les traditions sont acquises. Elles sont historiques et appelées à changer.

— On accuse parfois les femmes d'être source de zizanie ou de tension quand elles intègrent un groupe jusque-là masculin.

— Je pense surtout qu'il faudrait analyser les effets nocifs des groupes exclusivement masculins, notamment de la « camaraderie virile », dont Sebastian Haffner a remarquablement montré les dangers à partir de son expérience d'étudiant. Terminant ses études de droit, enrôlé dans un camp de formation nazi, il décrit les bonheurs redoutables d'une « camaraderie » faite pour annihiler toute singularité et toute responsabilité personnelle. L'esprit de groupe fonctionne selon lui comme un anesthésiant, tuant la réflexion et la conscience personnelle. Le soir, dans la chambrée, le groupe s'adonne rituellement à des discours obscènes qui tournent tout amour en dérision et salissent le corps féminin. Plus généralement, chacun « se sent absout de tout tant qu'il fait ce que font tous les autres[1] ». Dans ses *Confessions*, saint Augustin avait fait une remarque très semblable. Les femmes n'ont pas ce genre d'expérience, même si elles ont pu également être entraînées dans des formes de barbarie collective comme celle des camps de concentration. Il n'y a pas de raison d'idéaliser les femmes. Mais elles ont toujours été moins « communautaristes » : Hegel les considérait même, en pensant à Antigone, comme l'« ironie de la communauté ».

– Dans un contexte heureusement moins tragique, les femmes occupent aujourd'hui seulement 17 % des postes de direction dans les entreprises, alors qu'elles représentent 47 % de la population active. Êtes-vous favorable aux quotas de femmes dans les conseils d'administration ?

– Oui. Les hommes ont bénéficié jusqu'alors de « discrimination positive », il faut maintenant inverser ce processus en faveur des femmes au moins jusqu'à ce que les discriminations sexuelles n'existent plus !

---

1. Sebastian Haffner, *Histoire d'un Allemand, Souvenirs, 1914-1933*, trad. française de Brigitte Hébert, Arles, Actes Sud, coll. « Babel », 2004.

Pas plus douées pour la vaisselle

— Pour que les filles recherchent autant que les garçons des postes à haute responsabilité, ne faut-il pas aussi transformer la vie domestique, qui continue à peser essentiellement sur les femmes?

— Nous sommes toujours très loin de la fameuse parité domestique! Quand Simone de Beauvoir invitait les femmes à sortir de leur aliénation, elle pensait surtout à leur entrée dans le monde masculin du travail, où elles étaient déjà dans le monde rural ou ouvrier. Les femmes sont heureusement sorties de la maison, mais le soir en rentrant une deuxième journée de travail les attend. Aujourd'hui encore, si une femme a une employée de maison, elle dira: «la personne qui m'aide à la maison»; non: «qui nous aide».

— Pour changer tout cela, par où commencer? Par l'éducation? Les parents n'ont pas toujours les mêmes exigences vis-à-vis de leurs fils et de leurs filles.

— Là interviennent non seulement la volonté des parents mais aussi leur inconscient, qui joue un grand rôle dans la transmission. Les modèles nous traversent, nous les reproduisons sans le vouloir. Cela passe par notre manière d'éduquer, mais aussi par notre manière d'être. Les mères reconnaissent souvent qu'elles ne traitent pas garçons et filles également: beaucoup demanderont plus spontanément à leur fille de faire la vaisselle, plutôt qu'à leur fils. Pourtant, nous ne sommes pas plus douées pour la vaisselle! Il ne faut pas espérer transformer les jeunes générations sans se transformer soi-même. Selon certaines enquêtes, les tâches que les hommes acceptent le plus

facilement sont : « descendre la poubelle » et « ouvrir les bou-
teilles ». Pourquoi la poubelle, qui n'a rien de noble ? En tout
cas, ce sont des tâches qui prennent quelques minutes. Les
hommes résistent beaucoup plus face au nettoyage, long et
fastidieux.

— *Les derniers chiffres nous disent que, en France, ce sont les
femmes qui font le repassage à 80 %, les repas à 70 %...*

— Les femmes assument l'essentiel des tâches traditionnelles, qu'il s'agisse du ménage ou de responsabilités bien
plus complexes, comme le soin des enfants, leur éducation,
le « suivi » affectif, scolaire, médical... C'est donc l'ensemble
du système qu'il faut réorganiser : maison/travail, intérieur/
extérieur, privé/professionnel... Nous avons grand besoin
d'économistes femmes, car dans ce domaine aussi les théories
portent la trace de visions masculines. Comme la Cité
politique, l'organisation économique a marginalisé le travail
domestique des femmes. Il en reste quelque chose même
dans le travail rémunéré : aujourd'hui encore, à travail égal, les
Françaises gagnent environ 25 % de moins que les Français.
On a considéré pendant longtemps que les femmes à la maison
« ne travaillaient pas ». Leur travail gratuit semblait « naturel »,
sous-social, il ne faisait pas partie du système économique. De
fait, ce travail était au service de la famille. Ces vieux schémas
ont cependant un peu perdu de leur actualité, parce que la
quantité de travail domestique a diminué, notamment grâce
aux progrès techniques.

— *Vive l'électroménager ?*

— Exactement ! Néanmoins, une bonne partie de l'économie
domestique continue à reposer sur le dévouement des femmes
et des mères. Impossible de songer à transformer cette situation

sans toucher au statut des hommes, car tout se tient. La manière de vivre des hommes doit changer, dans la sphère professionnelle comme dans la sphère domestique. La sociologie ignore parfois cet aspect des choses. Gilles Lipovetsky, par exemple, s'étonne de la pesanteur des comportements, qui fait que les femmes s'engagent moins dans la réussite professionnelle que les hommes. Il ne songe pas à s'étonner que les hommes, eux, n'aient toujours pas changé leurs habitudes. Il croit que « le leadership au masculin ne requiert aucun sacrifice du rôle du père ». Il a bien tort – les pères abandonnent parfois beaucoup – et il n'envisage pas que leur rôle puisse évoluer. En ce cas, comment celui des mères pourrait-il se modifier ? En Norvège, des sociologues se sont posé la question, dans un colloque : « Être père et travailler, comment trouver un équilibre ? » La question, à elle seule, est révolutionnaire !

Une femme à la maison

– *Hommes et femmes qui travaillent auraient toujours besoin d'une « femme à la maison » ?*

– Je me souviens qu'à mes débuts comme professeur je ne pouvais m'empêcher parfois de penser : « Si seulement j'avais une femme à la maison, qui ait fait les courses, le dîner, qui soit allée déposer les vêtements au pressing... moi aussi je pourrais alors approfondir tel travail, ou militer dans un parti... » Même dans l'enseignement, milieu favorable aux femmes, on voyait souvent les hommes s'orienter vers les classes préparatoires ou l'enseignement supérieur, et les femmes « préférer » les niveaux qui donnaient un peu moins de travail en rentrant chez soi le soir.

— Dans les milieux privilégiés, il y a effectivement une « femme à la maison », mais ce n'est pas la mère de famille...

— Dans ces milieux, une partie des travaux domestiques est faite par des salariés : femme de ménage, baby-sitter... Et une bonne partie se fait au-dehors : pressing, traiteur, etc. Cela montre d'ailleurs qu'il faut plusieurs professions pour accomplir les tâches dont les femmes se sont chargées gratuitement pendant des siècles. Simone de Beauvoir pensait que les travaux domestiques sont particulièrement stupides et aliénants, comme si tout ce qui se fait au-dehors était épanouissant. Elle avait en tête la vie des intellectuels et des artistes, pas celle des caissières de supermarché. Est-il plus stupide, ou plus méprisable, de repasser du linge ? Être puéricultrice, avec les diplômes nécessaires, serait gratifiant, mais élever son enfant à la maison serait dévalorisant ? Il faut sortir de ce paradoxe qui voudrait que tout ce qui est fait à la maison n'a pas de valeur. Je ne dis pas cela pour prôner le « retour à la maison », mais seulement pour souligner la contradiction entre la vieille valorisation hypocrite de la « mère de famille » et la dévalorisation sociale de son travail. L'essentiel est que tout travail soit reconnu comme travail social et que l'éducation des enfants soit partagée.

— Mais les femmes de ménage et les nounous continuent, elles, à avoir une double journée de travail : personne ne les aide à la maison. Comme si le mistigri du nettoyage était toujours transmis à moins favorisé que soi : les maris le passent à leurs épouses, les femmes plus aisées aux femmes plus modestes...

— Effectivement. Cela devient plus un problème de classes sociales que de sexe. Il faudrait peut-être enlever à ces travaux leur étiquette de « domestiques », pour en faire des métiers ou des tâches comme les autres, ni plus sots ni moins utiles.

Du temps pour éduquer

— *Au-delà des tâches strictement domestiques, il reste toujours la grande question : quand les pères et les mères sont au travail, qui prend soin des enfants, qui les éduque, et comment ?*

— Je n'ai pas de compétence particulière pour vous répondre. Mais il est vrai que ces questions se posent à la société tout entière. L'éducation des enfants est cruciale pour notre avenir collectif, il faut l'inclure dans les exigences sociales, économiques et culturelles. Quand on ne parvient pas à préserver le temps nécessaire aux enfants, on en mesure les effets désastreux. Tout devrait être repensé pour enfin reconnaître que la société dans son ensemble a besoin d'avoir des enfants et de les élever. Les femmes ne doivent plus être considérées comme handicapées professionnellement parce qu'elles font des enfants. Que serait une société sans enfants ? Où irait-elle ? Non, l'enfant ne doit pas être le problème privé des femmes.

— *Il faudra beaucoup de femmes très motivées pour aboutir à cette refonte de tout le système que vous souhaitez.*

— Il faut conjuguer structures collectives et privées : crèches d'entreprise, congés parentaux… En France, on manque de crèches, et pourtant nous sommes en avance par rapport à nos voisins. Regardez les Allemandes : on leur impose le modèle maternel avant tout, lointain écho du sinistre « *Kinder, Kirche, Küche* » (Enfants, Église, Cuisine). Aujourd'hui encore, pas de crèche, pas de maternelle, et ensuite, pas de cantine dans les écoles. Sans compter la sortie des classes, généralement fixée à quinze heures. Cela conduit pratiquement à diviser les femmes en deux classes distinctes : celles qui travaillent, font carrière, quitte à renoncer aux enfants, et les mères de famille, qui renoncent à leur indépendance.

— Et l'éducation des enfants ne peut pas passer uniquement par l'amélioration de structures collectives.

— On est parent avec toute sa culture. L'éducation ne consiste pas seulement à nourrir et soigner. Transmettre des valeurs morales et esthétiques, partager des expériences sportives, des promenades, des spectacles, des voyages : est-ce que les parents ont vraiment envie de renoncer à tout cela ?

Au même titre que les hommes

— Si les femmes ont du mal à accéder au pouvoir économique, c'est encore plus difficile en ce qui concerne le pouvoir politique. On sait que vous avez vaillamment défendu, et continuez à défendre, la loi sur la parité. Pour vous, le principe d'égalité de droits entre citoyens ne suffit donc pas ?

— Regardons les chiffres : en 1945, quand les femmes ont accédé au droit de vote et sont devenues éligibles, l'Assemblée nationale a compté 5,6 % d'élues ; en 1993, elles étaient 6,1 %… Et en 1997, après que le parti socialiste avait réservé aux femmes 28 % de ses circonscriptions, les élues furent 10,9 %. Plus de cinquante ans après l'émancipation politique des femmes, les lois étaient encore faites par une Assemblée comptant 90 % d'hommes. Une situation qui nous plaçait à la traîne des pays européens, dont certains ont pourtant la réputation d'être bien plus machistes que nous. À l'évidence, quelque chose n'allait pas, et même les adversaires de la parité en convenaient. En fait, l'égalité des droits n'empêchait pas le monopole masculin du pouvoir. Il fallait donc comprendre les fondements de ce monopole pour le corriger.

— *Vous ne partagez pas l'opinion de ceux qui disent qu'un citoyen ne doit avoir ni sexe, ni race, ni religion ?*

— Je vous dirai d'abord que l'on ne peut pas comparer la différence de sexe avec une différence de « race » ou de religion. Les « races » sont des mythes, des constructions pseudo-scientifiques faites pour enfermer les êtres humains dans une identité naturelle immuable[1]. Les religions sont faites de croyances et de pratiques communes, ce sont des façons d'interpréter le monde, de donner un sens à la condition humaine, y compris la condition sexuée. La distinction de sexe repose quant à elle sur une division anthropologique tenant au fait que nous sommes des êtres vivants, qui naissent, qui meurent, et qui se reproduisent sexuellement. Elle est donc universelle, ou, si vous voulez, naturelle, au sens où, relative à la génération, elle conditionne les cultures et les civilisations. Elle est travaillée et interprétée par toutes les cultures et toutes les civilisations (comme la mort, la vieillesse et l'enfance). Mais revenons au citoyen, et considérons-le dans son histoire. La démocratie, depuis l'Antiquité jusqu'à ses formes modernes, est d'abord une institution politique, celle d'une Cité exclusivement masculine, une communauté de « pères de famille ». L'égalité démocratique entre les citoyens s'est construite comme égalité des hommes entre eux.

— *En 1835, en écrivant* De la démocratie en Amérique, *Alexis de Tocqueville ne songe pas une seconde que les femmes, qui y sont*

---

1. Voir l'ouvrage de Maurice Olender, *Race sans histoire*, Paris, Seuil, coll. « Points », 2009.

soumises au chef de famille dans la sphère privée, puissent avoir des droits civiques...

— Tocqueville admire la sagesse des Américains, qui ont tracé « aux deux sexes des lignes d'action nettement séparées, et où l'on a voulu que tous deux marchassent d'un pas égal, mais dans des chemins toujours séparés. Vous ne voyez point d'Américaine diriger les affaires extérieures de la famille, conduire un négoce, ni pénétrer enfin dans la sphère politique ». Tocqueville n'est nullement plus « misogyne » qu'un autre, il ne fait que décrire la démocratie telle qu'elle est. De même, on continuera en France à refuser le droit de vote aux femmes au motif que les citoyens mâles sont seuls à élire les représentants du pays. Mais cette absence des femmes dans la sphère démocratique ne se comprend que sur le fond de leur subordination dans la sphère privée familiale : faire des femmes des citoyennes, égales aux citoyens, était parfaitement incompatible avec l'autorité maritale. D'où l'idée, énoncée en 1846 et reprise en 1901, de ne donner le droit de vote qu'aux femmes célibataires ou aux veuves ! La subordination des femmes dans la famille, renforcée par le Code civil sous Napoléon, est la clef de l'exclusion des femmes de la sphère publique et du champ politique démocratique égalitaire.

— *Devenues égales en droit, les femmes continuent à avoir du mal à trouver leur place dans le champ politique. La parité ne représente-t-elle pas, cependant, un danger pour l'universalisme de la République ?*

— C'est un universalisme trompeur, qui, dans les faits, identifie le genre humain à un seul sexe : l'homme. Il pratique sans le dire une « discrimination positive » à l'égard des hommes. Ce que certains appellent l'« indifférencialisme », l'idée qu'il y aurait un citoyen neutre, ne fait que perpétuer le paradoxe de la neutralité virile et couvrir le monopole masculin du pouvoir. Dès lors que l'universel n'est plus limité ou réservé à l'humanité mâle, et qu'il inclut les femmes en tant que telles, il devient nécessaire de repenser la démocratie *avec* les femmes, donc de corriger la monopolisation du pouvoir par une «caste» masculine. Mais, bien entendu, à condition de reconnaître que les femmes forment non pas une communauté particulière (religieuse, linguistique, culturelle ou régionale, comme les Corses ou les Bretons), mais bien le seul ensemble d'êtres humains qui, avec celui des hommes, constitue un peuple. Dès lors que tous les hommes et toutes les femmes exercent la souveraineté nationale, on n'a pas besoin d'ajouter d'autres déterminations : personne n'est exclu.

— *Selon Élisabeth Badinter, on n'a jamais utilisé une différence pour « inclure ». Elle déplore que, après avoir été exclues en tant que femmes, ces dernières soient enfin incluses… en tant que femmes, et non en tant que sujet universel.*

— L'inclusion des femmes dans un universel neutre (ni masculin ni féminin) est une très vieille idée, exprimée déjà par saint Paul à propos de l'égalité de tous les chrétiens devant Dieu («il n'y a plus ni Juifs ni Grecs, ni esclaves ni hommes libres, ni hommes ni femmes»). Rappelons-le : il s'agissait d'une égalité devant la grâce divine, non dans la famille ni dans la société. J'ai analysé ce moment crucial de l'histoire de l'universalisme chrétien dans *Métaphysique des sexes*[1]. Or, dès ce moment, on peut montrer que la «neutralité» sexuelle (le mot même signifie *ne uter*, «ni… ni»), sous son apparence d'abstraction, effectue en fait une neutralisation de l'un des deux termes au profit de l'autre. Pourquoi cela?

1. *Op. cit.*

Parce que jamais, ni dans la pensée antique ni dans la pensée chrétienne, la différence sexuelle n'a été autre chose qu'une différence de la *femme* par rapport au *prototype* masculin. L'existence des deux sexes est l'effet d'une dérivation, à partir de l'homme, dont les mythes font le récit, que ce soit dans les légendes antiques ou dans le récit de la création d'Adam, le premier humain, de qui la première femme est tirée. Si l'on ne tient pas compte de cette origine unique et virile de l'humanité, on ne comprend pas la structure androcentrée de la différence sexuelle, ni la réduction de la femme à son corps.

— *Dès lors, c'est la femme qui diffère de l'homme?*

— Et non l'inverse. L'homme, lui, se contente de ressembler à Dieu! Sous la distinction de sexe, sous l'histoire des relations entre hommes et femmes, il y a d'abord cet imaginaire mythique qui place l'apparition de l'être humain viril, neutre, encore *indifférent*, «avant» celle de la femme. D'où le paradoxe, encore actif, de la différence et de la particularité de la *femme*, tandis que l'homme n'est pas vu lui-même comme différent : il ne diffère de personne, il est simplement l'être humain (et donc, paradoxalement, à la fois viril et neutre). Cette indifférence ou neutralité masculine originaire explique pourquoi on revient toujours au modèle ou au prototype mâle dès que l'on veut effacer la différence *entre* les sexes. Le discours des femmes qui affirment «nous ne sommes pas différentes» conduit toujours à dire : «nous sommes des hommes comme les autres, nous rentrons dans le même prototype humain». C'est pourquoi déconstruire cet imaginaire conduit à dire que l'humanité n'est pas neutre et asexuée, mais sexuée universellement, comme il est dit dans le premier récit de la Genèse (contrairement au second récit) : Dieu crée l'humain «mâle et femelle». Alors seulement la différence est en quelque sorte bilatérale et la « virilité » est une détermination équivalente à la « féminité » – ni plus ni moins. Encore tout récemment, je recevais une demande d'interview basée sur ce problème : « En quoi la femme diffère-t-elle de l'homme ? » Personne ne demande jamais : « En quoi l'homme diffère-t-il de la femme ? » Faute de déconstruire les mythes, on reste prisonnier de cet imaginaire et du « casting métaphysique des sexes » : l'homme se définit par son esprit, parce qu'il a été créé à l'image de Dieu, et la femme par son corps, parce qu'elle a été créée pour donner une descendance à l'homme. On ne peut comprendre le langage moderne sans savoir d'où il vient.

Parité et partage

– *Rappelez-nous les grandes étapes de la réforme sur la parité. D'abord « lanterne rouge » de l'Europe, la France a quand même bien avancé, du moins dans ses lois.*

– Notre histoire avance souvent par à-coups, et les Françaises ont cette fois étonné le monde. En 1996, un groupe de femmes engagées en politique – dont Simone Veil, Yvette Roudy, Catherine Tasca, Michèle Barzach, Édith Cresson – signent un « Manifeste pour la parité ». En 1999, est ajouté à l'article 3 de la Constitution : « La loi favorise l'égal accès des hommes et des femmes aux mandats électoraux et aux fonctions électives. » La Constitution n'instaure donc pas la parité (car le président Chirac a refusé le mot), mais elle autorise le législateur à la favoriser. La loi, votée en 2000, exige que pour les scrutins de listes (municipales, régionales, sénatoriales, européennes, ainsi que les élections à l'Assemblée de Corse) les partis politiques présentent leurs listes de candidats selon un principe de parité alternée (c'est-à-dire un homme, une femme, et ainsi de suite). Pour les régionales et pour les municipales dans les communes de plus de trois mille cinq cents habitants, les listes doivent être paritaires par tranches de six : sur six candidats, trois doivent être des femmes. Cela pour éviter que les femmes ne se retrouvent systématiquement en fin de liste, avec bien peu de chances d'être élues. Les listes qui ne respectent pas ces règles sont tout simplement refusées. Au niveau local, les résultats ne se font pas attendre : 47,6 % des conseillers régionaux élus en 2005 étaient des conseillères ; en 2010, elles étaient 48 %.

— Cela n'est pas aussi glorieux quand il s'agit de scrutins uninominaux, à l'Assemblée nationale ou dans les assemblées départementales.

— En effet. Aux législatives, les partis qui ne respectent pas globalement la parité s'exposent à une sanction financière : une diminution des aides de l'État, proportionnelle aux manquements à la loi. Le montant est calculé suivant les candidatures, mais aussi suivant le nombre d'élues, car il serait possible de présenter un grand nombre de femmes dans des circonscriptions perdues d'avance. Bien souvent, les partis politiques préfèrent payer des amendes plutôt que présenter suffisamment de femmes ! En 2007, les élues à l'Assemblée nationale n'étaient que 18,5 % – ce qui nous place, selon l'Observatoire de la parité, entre le Nicaragua et la Guinée équatoriale. La résistance est plus forte à droite qu'à gauche : 25,6 % des élus socialistes de 2007 sont des femmes, contre 14,5 % du côté de l'UMP. Dans les assemblées départementales (élues également au scrutin uninominal), on ne trouve que 12 % de femmes. La réforme de l'élection des conseillers territoriaux (qui réuniront les fonctions de conseillers généraux et régionaux) risque, comme au jeu de l'oie, de faire reculer les femmes de plusieurs cases, puisque 80 % des conseillers seront élus au scrutin uninominal, et seulement 20 % au scrutin de listes.

— *Sur ce plan, les choses avancent à un train de sénateur...*

— Les sénatrices, d'ailleurs, ne sont que 22 % ! Tout nous montre que les partis renâclent à s'ouvrir aux femmes. Pourtant, ces dernières sont prêtes à s'engager, et les électeurs sont prêts à voter pour elles, et trouvent désormais normal qu'elles accèdent aux plus hautes fonctions. On se souvient, bien sûr, qu'une candidate était présente au deuxième tour de la présidentielle de 2007, et au gouvernement les femmes reçoivent des responsabilités ministérielles très importantes (Justice, Affaires sociales, Intérieur, Défense, Affaires étrangères, Économie et Finances...). Mais il faut certainement maintenir la pression sur la classe politique.

— *À l'inverse des avocats d'un universalisme républicain abstrait, d'autres vous reprochent de ne pas inclure, dans le mouvement en faveur de la parité, l'exigence d'une représentation équitable des minorités.*

— Il est évident que des groupes subissent des discriminations discrètes à cause de leurs origines ethniques ou religieuses, de leur orientation sexuelle, de leurs handicaps physiques ou mentaux, voire de leur âge ou de leur apparence. Le rôle de la République est de combattre ces discriminations inavouées. Mais il ne faut pas confondre la discrimination à l'égard des femmes, la moitié du genre humain – discrimination historique massive, qui traverse toutes les civilisations –, avec les résistances dont sont victimes les minorités. Ces discriminations ne sont pas universelles, telle religion ou telle ethnie peuvent être minoritaires et opprimées dans un pays, majoritaires et oppressives dans un autre. Je ne suis pas fondamentalement hostile au souci de la diversité, mais elle est fluctuante. Alors que la dichotomie homme/femme est permanente.

— *Si hommes et femmes apprennent à partager l'espace public, cela peut-il aider les groupes minoritaires à trouver leur place?*

— Oui, car la différence des sexes aide à comprendre que vivre ensemble, ce n'est pas écraser toute particularité. Il est normal que, dans un pays, règne une même langue, un même droit pour tous. Mais pas nécessairement une seule religion ni un seul mode de vie. L'idée de mixité, et de diversité, conjure les fantasmes de pureté et d'homogénéité, qui sont extrêmement dangereux.

— *Les lois sur la parité sont-elles une stratégie temporaire?*

— Sait-on jamais? Les concepts philosophiques permettent de comprendre la réalité à un moment donné. Ce sont des outils d'analyse, et aussi des instruments d'action. Le concept de parité s'est imposé comme un nouvel idéal démocratique. Un pays où les femmes sont exclues de la politique n'est pas une démocratie. Peut-être que demain, dans une société devenue vraiment mixte et égalitaire, la stratégie de la parité ne sera plus nécessaire. On en est loin!

Vive la mixité!

— *Et si les femmes, en accédant au pouvoir politique, y perdaient leur âme? Ne risquent-elles pas de s'éloigner des vertus qu'on leur a si longtemps attribuées: la préservation de la vie, la protection des plus faibles?*

– Je ne partage pas du tout cette crainte. Il n'y a aucun besoin pour les femmes de vouloir «rester femmes». Leurs potentialités propres, si elles en ont, se développeront dans cette nouvelle sphère. Les hommes peintres, écrivains, cinéastes, ne pensent pas: «Je vais faire une œuvre d'homme.» Cela vient, tout simplement en fonction de l'expérience de chacun, et non d'une essence définie *a priori*. Pour moi, le mieux est de ne pas y penser. Chacun s'appuie à la fois sur son expérience personnelle, singulière, et sur la part commune et impersonnelle de cette expérience. La sexualité n'est pas personnelle.

– *En politique, on reproche volontiers aux femmes de jouer de leur séduction.*

– Et pourquoi pas? Les hommes jouent aussi de leur séduction, aussi bien à l'égard des femmes que des autres hommes. De toute façon, dans les activités politiques ou professionnelles, la séduction ne joue pas sur le même registre: le courage, par exemple, est important – les femmes n'en manquent pas. Je crois que les groupes «monosexués» comportent un danger, et que la mixité se révèle civilisatrice. En politique, les femmes irritent souvent leurs collègues masculins parce qu'elles gardent davantage leur individualité et leur franc-parler. Si elles peuvent apporter un peu plus de liberté et un peu moins d'esprit de corps, c'est très bénéfique. Elles sont plus sensibles au caractère transversal de certaines questions, qui transcendent les clivages droite/gauche. Lorsqu'elles entrent en politique, elles connaissent les règles du jeu, mais elles peuvent aussi contribuer à les transformer.

– *Dans un groupe «monosexué», les hommes suivent davantage le chef?*

– Si on veut comprendre les tendances lourdes des deux sexes, il faut les observer quand ils sont séparés. Les groupes masculins produisent seigneurs et vassaux, chefs et hommes de troupe, et ces derniers doivent obéir aveuglément. Dans des cadres strictement masculins – comme autrefois la politique, mais aussi l'armée, la police, les ordres religieux –, se sont développés des comportements de soumission collective tout à fait inquiétants, jusqu'au fascisme. Je le rappelais plus haut à propos de la « camaraderie ». Les groupes masculins se structurent autour du chef, et de la guerre (la compétition sportive en étant la forme civilisée : il suffit d'observer les excès des supporters et de l'esprit d'équipe). Le rapport domination/soumission n'est pas d'abord masculin/féminin, mais bien masculin/masculin, il s'établit entre hommes. Ensuite, le dominant soumet hommes et femmes, et le dominé compense en dominant surtout les femmes. Il y a une forte solidarité entre sexisme et fascisme. Dans une bande de garçons, maltraiter une fille est une manière de se faire respecter des autres garçons, de marquer qu'on est un « dominant » et non une « gonzesse » ! Ce mécanisme est bien mis en évidence dans un film comme *Le Salaire de la peur* de Clouzot.

– *Et les milieux strictement féminins, comment fonctionnent-ils ?*

– On n'a guère d'autres exemples que celui des couvents, qui ont montré à quels errements peut conduire l'isolement des femmes : hystérie collective, excès des jeunes filles mystiques… Je pense au magnifique film d'Alain Cavalier, *Thérèse*. À l'évidence, les femmes, elles non plus, n'ont rien à gagner à rester entre elles. Mais je continue à penser qu'elles n'ont pas le goût de la violence collective et destructrice.

— Là, on nous citera toujours les tristes exemples de la soldate américaine Lynndie England, qui faisait partie des tortionnaires de la prison d'Abou Ghraib, en Irak, ou des quelques femmes kamikazes.

— C'est vrai, mais elles restent des exceptions. On trouvera toujours quelques cas de filles qui terrorisent ou qui tuent, ou de femmes coupables de violences sexuelles. Mais combien sont-elles du côté des assassins, des pédophiles ou des violeurs ? Les exceptions ne remettent pas en cause les tendances lourdes. Il est aussi vain de vouloir définir et figer la différence des sexes que de chercher à la nier. Par contre, je suis convaincue que les progrès de la civilisation sont à espérer du côté de la mixité. L'agressivité masculine peut être corrigée par la partie féminine, davantage tournée vers la vie que vers le combat et la mort. La culture masculine peut pousser les femmes à l'innovation et à la prise de risque. Nous avons tout à gagner à vivre ensemble.

CHAPITRE 10

Réinventer le couple

Toujours mammifères

Nicole Bacharan : *Vous plaidez pour une véritable mixité dans la vie publique. Mais que signifie-t-elle dans la vie privée et intime ? La maîtrise de la contraception comme les avancées de la science en matière de fécondation ne nous obligent-elles pas à repenser le rôle même des corps masculin et féminin ?*

Sylviane Agacinski : Quand nous parlons de culture paritaire, nous pensons surtout à l'égalité : partage des tâches, accès égal aux métiers et aux responsabilités… Mais dès que nous abordons la question du corps et de ses fonctions, nous entrons dans un domaine de dissymétrie. C'est une évidence : hommes et femmes n'ont pas exactement les mêmes dispositions physiques. L'enjeu, c'est donc de garder le cap sur la liberté et l'égalité tout en réfléchissant sur cette dissymétrie. La différence des sexes, au sens strict, concerne la procréation, la vie sexuelle. Platon écrivait qu'elle est « relative à la génération ». Chacun peut jouer avec le genre, et orienter son désir vers un sexe ou vers l'autre. Mais pour faire un enfant, il faut toujours une cellule mâle et une cellule femelle. Nous sommes des mammifères : la femelle enfante en elle-même, alors que le mâle engendre en dehors de lui. Cependant, sans remettre vraiment en cause cette différence, les sciences et les techniques modifient de plus en plus les corps. Le corps n'est pas éternel, il a une histoire. En Occident, depuis que les femmes maîtrisent leur fécondité, les corps des deux sexes se sont rapprochés. Celui des femmes, mais aussi celui des hommes, a changé. Grâce aux progrès techniques et à l'égalité, la division sexuelle du travail s'estompe, le corps est soulagé des travaux les plus pénibles, et en même temps il est plus sportif.

— *On peut noter au passage que les hommes et les femmes ne sont pas égaux devant le sport. On sait par exemple qu'il y a des risques spécifiques pour les filles qui pratiquent la haute compétition (disparition des règles, ostéoporose précoce).*

— Dans le sport, hommes et femmes ne sont pas équivalents et c'est pourquoi ils ne participent pas ensemble aux mêmes compétitions. Il y a aussi une dissymétrie dans les dommages que le sport peut leur causer. Mais l'égalité ne consiste pas à se vouloir identiques en tout.

— *La médecine et, de plus en plus, la chirurgie transforment aussi les corps, et peuvent maintenant jouer avec les différences.*

— La médecine peut même réaménager la différence des sexes, jusqu'à la transsexualité, c'est-à-dire jusqu'à modifier la condition sexuelle. Je crois pourtant que notre existence est fondamentalement sexuée, comme elle est mortelle. On n'y échappe pas. Cela n'est pas remis en cause par quelques cas d'androgynie, qui, nous l'avons déjà dit, sont difficiles à vivre pour les individus concernés, mais rarissimes. L'idée que l'on pourrait réellement changer de sexe me semble un leurre, entretenu par certains médecins. Je ne nie pas que des personnes soient mal dans leur sexe, mal dans leur corps. Il existe des souffrances psychiques profondes, difficiles à comprendre et plus encore à guérir. La solution est-elle chirurgicale? Les changements promis sont en fait superficiels. Oui, il est possible, dans certaines limites, de ressembler davantage à un homme ou à une femme après des opérations et des traitements hormonaux. Mais on sait à quel point c'est difficile, et à quel point la différence des sexes résiste. De plus, les opérations auxquelles se soumettent les transsexuels les rendent stériles. La chirurgie peut fabriquer l'apparence des seins et même construire des vagins, mais les pénis réalisés par des chirurgiens ne permettent pas l'érection (ou bien ils ont une armature rigide et sont raides en permanence, ou bien il faut les gonfler d'air occasionnellement, avec une petite poire). Les transsexuels sont dans une représentation, une image du sexe fantasmée.

— Sans aller jusqu'à bouleverser la condition sexuée, la chirurgie esthétique – chirurgie de l'apparence par excellence – modifie elle aussi le corps des hommes, et plus encore celui des femmes.

— Les médecins honnêtes reconnaissent que l'analyse de la validité d'une demande dans ce domaine, comme de la possibilité de la satisfaire, est extrêmement complexe. Quand c'est possible, pourquoi ne pas porter remède à une authentique disgrâce ou, dans certains cas, améliorer son apparence? Le désir de se transformer physiquement n'est cependant pas à l'abri d'une pression sociale profondément aliénante. Cette pression s'exerce à travers des normes esthétiques imposées comme jamais aux individus, et particulièrement aux femmes. Dans des sociétés où le corps est réduit à son image, il devient interdit d'être vieux ou gros. Des modèles formels exercent une domination quasi tyrannique qui va très au-delà des anciennes contraintes de la mode. La santé et la beauté sont aussi les alibis de marchés très lucratifs – marchés des cosmétiques, marchés parapharmaceutiques, marchés paramédicaux, dont celui de la chirurgie, sans parler des appareils en tout genre pour se maintenir en forme ou mincir aux bons endroits. Chacun est sommé de produire son corps, un corps performant, inusable, sexy, esthétiquement correct, voire ethniquement corrigé : on vend à Paris, et ailleurs, des produits dangereux destinés à blanchir les peaux trop noires, dans l'espoir d'une meilleure ascension sociale, tandis que les peaux trop blafardes se font bronzer à force de séances d'UV, également dangereuses. L'ethnocentrisme blanc d'un côté, les critères esthétiques d'une classe dominante de l'autre font pression sur les individus.

De simples fournisseurs de cellules

— *Désormais, la médecine a aussi la possibilité de diviser entre plusieurs corps d'homme et de femme les différents aspects de la procréation. Cela remet-il réellement en cause ces deux expériences bien distinctes : devenir père, devenir mère ?*

— Je distinguerai ici la parenté de la procréation, puisque, par exemple en adoptant un enfant, on devient aussi père ou mère. Et, inversement, il ne suffit pas toujours d'engendrer pour assumer sa responsabilité de parent. Mais il est vrai que l'expérience de la procréation n'est pas la même pour un homme et pour une femme. La vie survient pour la femme dans son propre corps : l'embryon « fait corps » avec elle, comme un hôte qui la transforme et dont elle a d'emblée la charge. C'est pourquoi, si elle se sent incapable d'accueillir cette vie potentielle, si elle la ressent comme un intrus, il vaut mieux qu'elle puisse ne pas s'engager dans cette voie et donc qu'elle puisse avorter. Après tout, une proportion importante d'embryons sont rejetés spontanément dans les tout premiers temps d'une grossesse, parfois même sans que la femme s'en aperçoive. En revanche, si la grossesse est menée à son terme et que l'enfant est mis au monde, sa naissance crée *ipso facto* un sentiment de responsabilité chez celle qui l'a fait naître, tout simplement parce qu'elle est l'auteur de cette nouvelle vie. Le philosophe Hans Jonas voit même dans la responsabilité à l'égard de la progéniture l'«archétype de tout agir responsable[1]». Mais l'expérience masculine est ici différente : c'est toujours de la mère que l'homme apprend sa paternité et l'événement de la fécondation, comme de l'enfantement, a lieu en dehors de lui, non en lui. Jusqu'à l'existence des tests génétiques, les hommes ne pouvaient jamais être certains de leur rôle de père géniteur (ce qu'exprimait le vieil adage «*Pater semper incertus*»). C'est pourquoi la paternité a été instituée par le mariage, tandis que l'accouchement faisait la mère.

— Nous avons vu comment la contraception bouleverse le rapport entre hommes et femmes face à la procréation. Les recherches médicales actuelles se concentrent sur l'inverse : aider à la conception quand cela s'avère difficile…

— La contraception a permis de découpler procréation et sexualité : on peut avoir des rapports sexuels sans procréer. L'assistance médicale à la procréation (AMP) opère un autre découplage : on peut procréer sans rapport sexuel. Au début, la fécondation *in vitro* répondait à une demande très précise : celle des couples stériles. Elle était le catalyseur de la rencontre entre les gamètes d'un couple. Cependant, l'insémination artificielle est déjà ancienne : quand l'homme était stérile, le

1. Hans Jonas, *Le Principe responsabilité* (trad. Jean Greisch), Paris, Flammarion, coll. «Champs», 1998, p. 88.

couple pouvait avoir recours à un don de sperme, plus tard à la fécondation *in vitro*, puis l'embryon était ensuite implanté dans le ventre de la mère. Enfin, dernière possibilité : une femme peut porter un enfant qui n'est issu ni de ses propres cellules ni de celles de son compagnon. Les ovocytes – et c'est la première fois dans l'histoire – peuvent ainsi être extraits du corps féminin. Ils deviennent des matériaux, comme les gamètes mâles.

– *Donner son sperme et donner des ovocytes, est-ce vraiment comparable ?*

– Non, car donner son sperme est sans aucun risque, alors qu'un don d'ovocytes est une procédure complexe, qui suppose des traitements hormonaux importants. Là où les ovocytes s'achètent, les femmes supportent des stimulations ovariennes dangereuses. Ce sont des femmes frappées par le chômage, la pauvreté, qui alimentent aussi le marché de la prostitution et des mères porteuses, comme en Europe de l'Est. Ce qui me paraît nouveau, c'est que dans cette « fabrication d'enfants » les deux sexes restent bien présents dans la conception, mais sous forme de matériaux, et non de personnes. Le marché pro-créatif touche évidemment surtout les femmes.

– *Inutile, donc, de rechercher des parents dans les donneurs de sperme ou d'ovocytes ?*

– Ce ne sont pas des parents, mais des géniteurs. Il faut choisir entre une logique de la fabrication de l'enfant, dans laquelle les corps sont considérés comme des matériaux de fabrication (fournisseurs de gamètes, ovocytes et spermato-zoïdes, ou d'utérus), et une logique de l'engendrement assumé par des personnes qui donnent la vie, même si elles ne sont pas les parents légaux, ceux qui vont élever l'enfant. La question est de savoir si l'enfant pourra ensuite se reconnaître comme issu de certaines personnes, ou bien s'accepter comme un être fabriqué, sans ascendance humaine, sans histoire humaine. On constate aujourd'hui que les enfants nés de dons anonymes de gamètes cherchent, parfois désespérément, un visage humain, une personne particulière, dont viendraient leur propre visage et une partie de leur singularité. Aujourd'hui, la plus grande partie des pays européens s'achemine vers la suppression de l'anonymat des dons de gamètes, ou dons procréatifs (Irène Théry dit « dons d'engendrement »).

— *Cela remettrait en cause l'accouchement sous X, cette possibilité donnée en France aux mères d'accoucher dans l'anonymat et de se séparer de leur bébé, qui pourra être adopté.*

— C'est une question très douloureuse. Cette loi a pour but d'éviter l'infanticide. On sait que des femmes, souvent des adolescentes, se trouvent parfois dans des situations sans issue ou qu'elles perçoivent comme telles. Dans ces cas-là, l'accouchement sous X offre une issue. D'autre part, ce système permet l'adoption, il est donc défendu par les candidats à l'adoption. Mais il est contradictoire avec le droit de l'enfant de connaître ses origines, son histoire, qu'il serait bon de prendre en compte.

— *Mais n'y a-t-il pas là une dissymétrie supplémentaire entre hommes et femmes ? Une femme a le droit de nier sa maternité en accouchant sous X, alors qu'un homme ne peut pas nier sa paternité : elle peut lui être imposée par la justice si elle a été prouvée par des tests ADN.*

— C'est juste. La loi française reconnaît aux enfants le droit de rechercher leur père, et, s'ils le trouvent, il a l'obligation d'assumer son rôle, notamment en contribuant à leur entretien. Dans certaines affaires d'héritage, on va parfois jusqu'à déterrer des cadavres pour prouver une paternité douteuse. Alors qu'une femme peut désormais, grâce au droit à la contraception et à l'avortement, ainsi qu'au maintien de l'accouchement sous X, choisir à chaque étape d'assumer ou non sa maternité. Le plus grave, dans tout cela, c'est l'inégalité des enfants devant la question de leurs géniteurs. En ce sens, l'institution de l'anonymat des donneurs de sperme, ou des donneuses d'ovocytes, est intenable : elle fait des géniteurs de simples fournisseurs de cellules et abolit la différence entre les choses et les personnes, qui est pourtant essentielle dans le droit.

— La recherche du ou des parents absents — père inconnu, mère ayant accouché sous X — n'est-elle pas souvent un leurre ?

— Certains enfants ignorant leur ascendance disent en souffrir et ils la recherchent farouchement. Pour les défenseurs de l'accouchement sous X, les ravages du savoir peuvent être aussi graves que ceux de l'ignorance. Les psychanalystes le savent : on nourrit toujours un fantasme sur ses origines, même quand on les connaît parfaitement. On se fait un « roman familial », on l'embellit, on se rattache particulièrement à telle branche de la famille… L'imagination de chacun joue toujours avec l'ascendance. Les plus petits rêvent d'origines extraordinaires, princières ou féeriques, comme dans les contes. Il n'est pas prouvé que l'imagination ne soit pas plus forte que la confrontation avec une réalité éventuellement très décevante. Mais le problème est celui des institutions : on peut régler la filiation de différentes façons, mais non la construire délibérément sur des secrets et des mensonges.

Ne nions pas la différence des sexes !

— La nouvelle frontière de la filiation, c'est la volonté de couples homosexuels d'avoir ou d'adopter des enfants — ce que beaucoup font déjà dans la réalité. Pour y réfléchir, clarifions d'abord un point : vous faites une distinction nette entre différence des sexes (homme et femme) et différence des identités sexuelles (hétérosexuel, gay, lesbienne, bisexuel, transsexuel, etc.).

— La notion même d'identité sexuelle est dangereuse. La sexualité est une pratique fluctuante, instable. Elle doit être totalement libre, et ne pas fonder une identité civile. La distinction de sexe (*male/female*, comme on dit en anglais) est quant à elle un facteur d'identification possible, quoi qu'il ne soit pas toujours pertinent. On a parlé du sport, et surtout de la procréation, mais, dans les sociétés modernes où les sexes sont égaux, la division sexuelle du travail tend heureusement à disparaître. Il reste cependant des formes de violence sociale qui touchent massivement les femmes en tant que telles, comme la prostitution.

— Et c'est bien au nom de leurs préférences sexuelles que, jusqu'à une période récente, les homosexuels subissaient chez nous des discriminations, et continuent à en subir dans une grande partie du monde.

— C'est tout à fait exact, et inacceptable. C'est pourquoi la lutte contre toute discrimination relative à la sexualité est une priorité. Mais revendiquer l'égalité des sexualités, la liberté pour chacun de suivre ses goûts et ses orientations, ne doit pas conduire pour autant à nier la différence des sexes, ou à considérer l'homme et la femme comme interchangeables.

Par exemple, en tant que parents, ils ne sont pas interchangeables. On peut devenir père ou mère, en tant qu'homme ou en tant que femme, non en tant qu'homosexuel(le) ou hétérosexuel(le).

— Certains considèrent que la distinction entre les « genres » — le fait que nous soyons classé dans la catégorie « masculin » ou « féminin » — est une pure construction sociale. Nous ne serions pas déterminé par notre nature, par notre sexe, mais par le conditionnement de la société qui nous attribue l'un ou l'autre rôle.

— Il est vrai que la distinction de genre (masculin/féminin) n'est pas la distinction de sexe (mâle/femelle). La première est une construction culturelle et historique, qui touche à de nombreux aspects de la vie sociale (apparence, gestuelle et comportement, statut et rôle, etc.) et définit des relations entre les sexes (qui sont donnés avec la condition humaine). La seconde tient en effet à ce que nous sommes des êtres vivants et mortels. La sexuation est une condition biologique liée à la mortalité, comme l'a montré François Jacob. Mais cette condition sexuée ne repose pas sur une simple différence corporelle (par exemple, sur l'anatomie) : elle repose sur le fait que la relation sexuelle entre un homme et une femme peut être féconde. C'est le schéma, ou le schème, de la *génération* (si vous voulez, de la procréation) qui gouverne la distinction mâle/femelle, rien d'autre. Or les différentes cultures s'élaborent toutes à partir de cette distinction et donnent des significations sociales à la naissance, aux relations sexuelles, à la mort. Et si le masculin et le féminin sont en effet construits, ils forment une opposition ou un contraste *analogue* à la distinction de sexe.

— Les distinctions de genre varient selon les époques et les cultures ?

– Oui, mais leur structure duelle s'est étayée sur la distinction de sexe. Surtout, la différence masculin/féminin a été historiquement hiérarchisée, comme les relations entre hommes et femmes dans le mariage patriarcal. C'est pourquoi il fallait la déconstruire. Mais il ne suffit pas de déconstruire l'ordre et la hiérarchie des genres pour abolir la condition sexuée. La question revient donc toujours : que faire de cette condition ? Avant tout : distinguer les zones d'expérience où elle ne joue pas et celles où elle joue, et où des intérêts de sexe interviennent. Cela n'a rien à voir avec la vieille idée d'une détermination des « caractères » des individus par leur sexe. Ils ne sont pas non plus déterminés par leur sexualité. Vouloir remplacer l'opposition mâle/femelle par l'opposition homo/hétéro est de surcroît une absurdité théorique. Si l'on nie la réalité de notre condition sexuée, il n'existe plus qu'une humanité indifférenciée, sexuellement neutre, et les notions d'homo ou d'hétéro n'ont plus de sens. On ne peut même plus penser en termes d'orientation sexuelle. Orientation vers quoi ?

– *Au nom de quels principes les couples homosexuels devraient-ils – ou non – être autorisés à adopter ou à avoir recours à la procréation assistée ?*

– Les seules limitations à l'usage de la procréation médicalement assistée sont l'intérêt de l'enfant et l'usage du corps d'autrui. Par exemple, on ne peut signifier à un enfant qu'il est le fils ou la fille de deux femmes ou de deux hommes, sinon on lui ment ! On ne peut pas prétendre construire un ordre familial, institutionnel et symbolique, sur un tel déni de la réalité. Si, au fil de l'Histoire, les institutions ont fondé la famille sur un couple parental – le père et la mère – et créé un lien juridique entre les enfants et les parents, ce n'est pas par hasard : ce lien est fondé sur l'existence bien réelle d'un couple géniteur, sur la réalité de l'engendrement, et non sur une décision purement arbitraire. Sinon, on aurait aussi bien pu créer un trio parental plutôt que deux lignées. La structure duelle vient de la génération et elle inspire l'institution.

— *Aujourd'hui, la procréation naturelle, « à l'ancienne » dirais-je, doit-elle encore inspirer la filiation adoptive ?*

— On peut se poser la question, car la biotechnologie modifie notre imaginaire. Mais si l'on passe à une parenté dégagée de toute différence sexuelle, pourquoi ne pas concevoir une parenté avec trois mères ou quatre pères ? On peut élever un enfant à trois ou quatre, la notion de liens parentaux n'est pas limitée à deux. Le couple sexuel et le couple parental ne sont pas non plus strictement identiques, comme on le voit dans les familles recomposées qui ouvrent de nouvelles libertés. Mais on peut s'interroger sur le bien-fondé de reconstituer un couple parental sur une relation homosexuelle à partir du moment où filiation et sexualité sont séparées. Il faudrait en tout cas que les orientations sexuelles d'une personne ne soient plus considérées comme un obstacle à l'adoption, et le principe d'égalité entre les individus devrait suffire à garantir ce droit.

— *Scientifiquement, il devient possible de féconder un ovule par un autre ovule. Et si les femmes faisaient des enfants entre elles ?*

— Un imaginaire masculin a entretenu le fantasme d'une hérédité purement paternelle, comme l'a montré Jean-Pierre Vernant pour les Grecs anciens. Les femmes pourraient-elles avoir le fantasme d'une hérédité purement féminine ? Je ne vois pas l'intérêt de ce déni de l'altérité. Et puis, encore une fois, doit-on confondre les cellules et les personnes et regarder l'enfant comme un produit de laboratoire ?

Louer son ventre

– *La procréation médicalement assistée a introduit de nouveaux acteurs dans cette histoire : le donneur de sperme, la donneuse d'ovocytes. Un troisième est désormais possible : la mère porteuse. Faut-il y voir un espoir, une liberté, ou une forme de prostitution ? Doit-on tout autoriser parce que « c'est possible » ?*

– La technique et ses progrès sont souvent liés au fantasme de la toute-puissance et à l'idéologie individualiste la plus extrême. L'argument « puisqu'on peut le faire, il n'y a pas de raison de ne pas le faire » est souvent avancé comme unique justification. La science donne des pouvoirs dont l'individu veut jouir en toute liberté. Mais aucune technique – et tout particulièrement la médecine – n'échappe à la déontologie et aux principes communs. Des limites et des normes sont imposées à tout ce qui relève du social et, plus fondamentalement, des valeurs d'une civilisation. Science, technique, éthique et législatif sont liés. En ce qui concerne les mères porteuses, la question est la suivante : pour satisfaire la demande des uns, doit-on approuver l'exploitation du corps des autres[1] ?

– *Certains vous répondront : « Pourquoi pas, si l'autre y consent ? »*

– Mais il faut s'interroger sur la valeur et la liberté de ce consentement. Certains considèrent que le droit français – qui refuse le principe des mères porteuses – est en retard sur notre époque. Et si au contraire il était en avance ? Notre civilisation

1. J'ai traité de cette question dans *Corps en miettes*, Paris, Flammarion, coll. « Café Voltaire », 2010.

est fondée sur des principes formulés en 1789 ; sont-ils pour autant dépassés ? La Déclaration des droits de l'homme et du citoyen affirme : « La liberté consiste à pouvoir faire tout ce qui ne nuit pas à autrui. » Notre droit interdit aussi, depuis 1946, toute atteinte à la dignité de la personne, il garantit le respect de l'être humain et de son corps. Faudrait-il y renoncer sous prétexte que ce n'est pas le cas partout dans le monde ou que des couples riches peuvent aller acheter à l'étranger (dans un nombre de pays en fait très restreint) des « services » refusés en France ? Qu'une pratique soit possible « ailleurs » n'en fait pas pour autant une bonne pratique.

— Le don de sang, de lait, de gamètes, et même, dans certains cas très limités, d'organes, n'est pas considéré comme contraire à la dignité. En quoi le prêt de son ventre serait-il différent ?

— Il est vrai que les cliniques spécialisées tentent de convaincre les « gestatrices » potentielles avec l'argument du don et de la générosité : « Venez au secours des femmes en détresse, donnez la vie ! » leur dit-on. En réalité, il s'agit d'un échange commercial, dans le cadre d'une industrie et d'un marché, pour le plus grand bénéfice des établissements procréatifs. Bien sûr, entre les parties concernées – parents adoptifs, mères porteuses, cliniques – on ne parle jamais d'achat, de prix ou de commerce, mais seulement de « compensation », pour le temps passé, les frais engagés. Mais il y a bien rémunération de la mère porteuse, et vente d'un produit : en l'occurrence, un enfant. Les couples deviennent des commanditaires, des clients, qui cherchent, dans des pays pauvres ou dans des catégories sociales défavorisées, le matériel génétique ou les ventres dont ils ont besoin. On instaure alors une nouvelle forme d'aliénation et d'exploitation des femmes pauvres, qui subissent d'autre part la prostitution.

– On aurait donc bien tort de considérer l'utérus comme un appartement à louer?

– Pensons à la Fantine des *Misérables*, qui vendait ses cheveux, ses dents… Dans la misère, on vend tout ce qui peut se vendre. Aujourd'hui, on tente d'exercer un contrôle extrêmement strict sur la commercialisation des organes, et on sait pourtant que ce trafic existe. En France, il est absolument interdit de vendre ses organes – on dit qu'ils sont «indisponibles». La loi laisse juste une place aux cas «exceptionnels», pour les dons d'organes entre vivants «dans l'intérêt thérapeutique d'autrui», et seuls les parents proches peuvent donner, sans contrepartie financière – ce qui ne veut pas dire sans pression morale. Le rôle de la loi, c'est aussi d'empêcher les gens de se porter préjudice à eux-mêmes ou de devenir la proie de trafiquants sans scrupules. Si on donne le «droit» à une femme dans la misère de vendre ou de louer son ventre, on ouvre la porte à une nouvelle forme de prostitution.

La négation du désir et de la personne

– Expliquez-nous… En quoi cela s'apparente-il à la prostitution?

– Le service sexuel rémunéré (et, de plus, toujours dominé par le proxénétisme) implique de sacrifier sa liberté de désirer pour se plier au désir d'autrui. La «maternité pour autrui», c'est aussi une mise entre parenthèses de la vie privée et de l'existence personnelle. C'est une négation de soi. Si le corps n'est plus qu'un ustensile, si le désir charnel est aliéné, c'est la personne en son entier qui est aliénée et mise au service d'autrui. Toute l'ambiguïté du rôle des «gestatrices» vient de ce qu'il s'agit de répondre à un désir (le désir d'enfant) en niant le désir propre de la femme utilisée.

— Les défenseurs de la prostitution et ceux des mères porteuses sont souvent les mêmes. Ils affirment qu'il n'y a guère de différence entre vendre ou louer son corps et vendre (souvent à contrecœur) sa force de travail.

— Dans un travail — même aliénant et détesté —, on peut impliquer ses membres et son cerveau, mais non ses fonctions organiques et les organes qui les soutiennent. Les poumons, le système digestif ou les organes sexuels ne servent à rien d'autre qu'à vivre. Vendre sa force de travail ne peut être considéré comme un équivalent de vendre sa chair. Gestatrice, ce n'est pas un nouveau métier. La femme en question n'a d'ailleurs rien à « faire » : elle doit seulement veiller à son alimentation, sa santé, son mode de vie. Elle n'accomplit pas un travail qui pourrait s'interrompre le soir et reprendre le matin. Vingt-quatre heures sur vingt-quatre pendant neuf mois, la gestatrice doit faire abstraction de sa propre existence corporelle et morale, elle doit transformer son corps en moyen biologique du désir d'autrui. À l'ouvrier qui peinait douze heures par jour et qui pouvait légitimement se dire aliéné, il restait encore quelque chose : sa vie intime, en dehors du travail. L'usage d'une femme comme gestatrice retire la maternité de la vie privée, où chacun est unique et irremplaçable, pour transformer la femme en ouvrière. Un ventre peut se substituer à un autre. La vie intime entre dans la sphère du travail dans les deux cas : prostitution et maternité pour autrui.

— Et à l'intérieur d'une même famille — entre sœurs, cousines, mères et filles ? Cette fois, il s'agit d'un don, et non plus d'un commerce.

– Le don semble alors effectivement plus vraisemblable. Mais a-t-on suffisamment songé aux implications dans l'ordre familial, et notamment à la remise en cause du tabou de l'inceste ? En portant l'embryon de sa sœur, une femme recevrait d'une certaine façon le sperme de son beau-frère. Si une femme stérile reçoit l'ovocyte de sa sœur, les deux sœurs se trouvent aussi au contact du sperme du même homme. Et si une mère porte l'enfant de sa fille, ou vice versa, on installe un vrai brouillage entre les générations. Ne vaudrait-il pas mieux se demander si la médecine doit satisfaire à tout prix, et par tous les moyens, le « désir d'enfant » ? On tente souvent de rendre plus acceptables ces procédures en parlant de « gestation pour autrui », et non de grossesse ou de maternité, mais ce n'est qu'une manière d'occulter l'épreuve cruciale – et non sans danger – de l'accouchement.

« Je suis mon corps »

– *Autrefois, on disait : « C'est l'accouchement qui fait la mère. »*

– On le dit encore ! Une « gestatrice » est bel et bien enceinte, elle subit toutes les transformations de la grossesse. Elle sent le fœtus grandir en elle, et ce bébé à venir se transforme grâce aux échanges avec le corps de celle qui le porte. Ce sont les hormones de la mère qui conditionnent le développement du cerveau de l'enfant. Sans les processus épigénétiques, au cours de la gestation, jamais un embryon ne deviendrait un enfant. Les gènes ne produisent pas un enfant. Enfin, une femme n'est pas un outil vivant. Sa vie corporelle est l'expression première de son existence personnelle, affective et sexuelle. Comme le disait Maurice Merleau-Ponty : « Je suis mon corps. »

— *Dans ces négations du vécu du corps féminin, n'y a-t-il pas une volonté plus ou moins consciente de le mettre à nouveau sous emprise, d'en faire une annexe du laboratoire ?*

— Et d'aller vers une procréation innocente, sans concupiscence, comme en rêvait saint Augustin ? On peut se demander aussi si la procréation médicalement assistée ne correspond pas à un modèle masculin… Pour les hommes, la procréation a toujours eu lieu au-dehors. Les biotechnologies constituent de nos jours une façon d'externaliser l'enfantement, de le faire sortir du corps féminin. Je me demande aussi quel est le but réel des recherches sur l'ectogenèse, c'est-à-dire sur la possibilité de faire se développer des fœtus en dehors du corps humain, dans un utérus artificiel. Ces recherches sont extrêmement onéreuses, mais qui voudra en bénéficier ? Quel effet cela aura-t-il sur les enfants ? Délivrées de la douleur grâce à la péridurale, les femmes veulent-elles être « libérées » de l'expérience de la maternité ? Ce n'est pas sûr.

— *Dans la mesure du possible, les couples continueront donc à préférer faire des enfants de manière traditionnelle ?*

— Les procréations assistées n'ont rien d'une partie de plaisir ! Je ne crois pas qu'elles annuleront le désir d'enfant lié au désir entre un homme et une femme. On ne peut pas rayer d'un trait de plume le lien intime entre le désir sexuel et le désir d'enfant. Ce sont deux désirs charnels. Mais il se peut que la modernité technique cherche finalement à désincarner l'existence.

Un pont entre deux générations

— *Les femmes ont-elles une responsabilité particulière dans la définition d'une éthique de la procréation?*

— Elles ne sont pas les seules concernées. Je crois qu'il y a dans l'ouverture aux générations futures, grâce à ses propres enfants ou à d'autres enfants, une conscience de l'avenir et du temps tout à fait fondamentale. C'est une immense responsabilité, qui englobe la culture, la politique, la pensée. On n'a pas besoin d'être parent soi-même pour l'éprouver. Le fait que chaque génération soit un « entre-deux », avec des descendants et des ascendants, donne une responsabilité d'héritiers (que voulons-nous conserver de l'héritage qui nous a été transmis?) et de transmetteurs (que voulons-nous laisser après nous?). Dans ce contexte, on ne se pose pas suffisamment la question: qu'est-ce que donner la vie? Mais comment réfléchir à ce qu'est une civilisation, une culture, une politique, si on n'éprouve pas un sentiment de responsabilité immense à l'égard de ceux qui nous suivent? Il est bien étrange que cette question soit si peu présente dans la philosophie classique. Certes, l'éducation a toujours été une question philosophique, mais c'est seulement de nos jours, notamment avec les nouvelles techniques de procréation et la possibilité d'intervenir sur le génome, que l'engendrement devient un problème éthique et politique.

— *Un problème sur lequel peuvent s'affronter liberté individuelle et choix de société…*

— Les biotechnologies ouvrent la possibilité de modifier et de fabriquer des êtres humains. Ce nouveau champ, que l'on appelle *anthropotechnique*, dépasse de loin celui de la liberté, pour chacun, de faire ce qu'il veut de son propre corps (changer d'âge en gommant les rides, voire changer de sexe ou de couleur de peau) : il concerne la planification, la sélection et la modification génétique de nos « descendants ». Jusqu'ici, donner naissance, c'était laisser place à l'inattendu. Les géniteurs transmettaient une condition biologique qui ne leur appartenait pas et qu'ils ne contrôlaient pas. Chaque nouvel individu pouvait donc se rapporter à son corps et à ses dispositions comme à la conséquence d'un processus impersonnel.

– *Ce n'est plus le cas, dès lors qu'on « fabrique » des enfants ?*

– La possibilité de fabriquer des humains, et non de les engendrer, permet de « concevoir » intellectuellement des corps vivants qui deviennent l'œuvre de leur auteur, comme la statue d'ivoire de Pygmalion. Avec tous les risques du développement d'un eugénisme libéral, comme l'a souligné Habermas. Ce statut d'artefact modifierait nécessairement la conscience que l'homme ainsi « conçu » aurait de lui-même et abolirait l'égalité ontologique entre les générations. En intervenant sur le génome, l'ingénierie génétique intercale en effet une volonté et un projet dans le cours des engendrements. Autrement dit, elle introduit la représentation d'une fin dans l'existence physique des hommes à venir. La façon dont les nouveaux venus s'écarteraient de leurs prédécesseurs ne tiendrait plus à des variations aléatoires, comme dans l'engendrement naturel, mais à un projet délibéré des prédécesseurs. Cette possibilité, totalement inédite dans l'Histoire, crée une responsabilité redoutable, car elle touche à la liberté de nos descendants. L'existentialisme français, par exemple, posait la question de la liberté toujours au présent, sans s'intéresser à la descendance. Mais c'est là un autre sujet…

— Au fond, Sartre et Beauvoir étaient très individualistes.

— Oui, d'une certaine façon. Pour Sartre comme pour Beauvoir, la liberté, c'est « ma » liberté. C'est une pensée qui ne veut rien savoir de la mort. Elle pose la question de la liberté sans s'interroger sur le dépassement auquel on est invité par le fait de donner la vie, et de réaliser que la vie va continuer après nous. Mais nous sommes des êtres passagers, nous ne pouvons ériger notre présent en absolu. Accepter une descendance qui va nous survivre, avec sa liberté, c'est accepter sa propre mort. Mais c'est aussi une manière plus élevée et plus féconde de penser sa responsabilité : je suis responsable non parce que je vais durer, mais parce que je vais mourir. L'être humain ne se réduit pas à sa petite vie personnelle, il se place entre deux générations qui se succèdent. En politique, on réfléchit beaucoup aux questions des rapports horizontaux entre les cultures et les peuples, mais pas assez à la solidarité verticale entre les générations. La réflexion philosophique des femmes peut, peut-être, ouvrir davantage sur cette question.

— Et à travers la manière dont nous élevons nos enfants, nous nous posons aussi la question du monde de demain.

— Exactement. Bien sûr, ils prendront leurs propres décisions, ils disposeront à leur gré de leur héritage. On peut se tromper en éduquant ses enfants, leur inculquer des principes plus ou moins bons. Mais si on n'a aucun principe à leur transmettre, on est sûr de ne pas les élever du tout ! Quel monde va-t-on leur laisser ? Voilà une question fondamentale pour donner un sens à sa propre vie. Et si on ne donne pas de sens à sa vie, comment laisser un monde qui ait du sens ? Tout cela est indissociable.

Le sexe démocratique

— *Les choix collectifs ne peuvent plus être fondés sur des lois supposées venues du ciel ou imposées par la nature ?*

— Nous l'avons vu en parlant des techniques médicales : les normes qui paraissaient universelles volent en éclats. On devient responsable de soi dans des proportions autrefois inimaginables, on est face à une liberté vertigineuse. Je crois donc que, sur toutes les grandes questions de société, on devrait avancer de façon à la fois ouverte et très prudente. Admettre que ce qui est techniquement possible, ou ce qu'un individu veut, doit forcément être permis est une démission par rapport à la civilisation. Le renoncement éthique serait d'abandonner toute valeur, de ne plus dire ce que sont le bien, le moins bien, le mal. Il y a un moment où les hommes entre eux – et non pas seulement les prêtres, les chercheurs ou les philosophes – doivent débattre, de la manière la plus démocratique possible, et dire ce qui est humainement souhaitable. Une civilisation est une œuvre commune. On dirait que notre époque recule devant cette responsabilité et la laisse aux techniciens.

— *N'est-ce pas parce que les progrès sociaux des derniers siècles ont été acquis d'abord grâce à l'accroissement des libertés individuelles ?*

— Il y a un moment où l'individualisme s'inverse. Si des conduites purement individualistes conduisent une société à sa débâcle économique ou institutionnelle, le groupe comme l'individu en pâtissent. Les Américains – vous le savez bien – considèrent le port d'armes comme une liberté individuelle. Pour la société dans son ensemble, les conséquences sont dramatiques. L'extension infinie des libertés individuelles rencontre ses limites dans la notion de responsabilité à l'égard de la société et des générations futures. La civilisation est à refaire à chaque instant.

— *Est-ce la même chose dans les rapports entre les hommes et les femmes ? Il n'y a pas de progrès définitif ?*

— Non, il n'y a pas d'acquis définitifs qui se transmettraient nécessairement. D'abord, n'oublions pas que si nous sommes enfin sortis du patriarcat, ce n'est pas le cas dans une grande partie du monde. La tendance à la domination, le refus de l'égalité semblent sans arrêt se reconstruire, et il faut toujours regagner le terrain perdu. Les conflits entre les sexes ne disparaîtront peut-être jamais. Qu'on le veuille ou non, la subordination ancestrale des femmes ne peut se comprendre sans une certaine conception de la virilité dominatrice. Et cela nous ramène toujours à la forme prise par les rapports sexuels. Il faut sans cesse remettre en cause l'idée que les femmes seraient « par nature » passives et leur corps disponible. Le grand défi pour les femmes, dans le monde actuel, ce n'est plus l'inégalité juridique dans la famille et dans la vie politique. Là, si l'égalité n'est pas totalement acquise, elle est en marche. Elle progresse aussi dans la vie économique. En revanche, la disponibilité du corps des femmes et sa marchandisation dans le cadre de l'industrie du sexe et de l'industrie procréative sont en pleine expansion. Les femmes constituent un prolétariat spécifique dans ces industries et ces marchés. Aujourd'hui, c'est l'ultralibéralisme qui menace les femmes.

— *Comment expliquer que, quelle que soit l'époque, le corps des femmes soit toujours considéré comme « à vendre » ?*

— Certes, les marchés dont je parle sont très différents les uns des autres, mais tous prospèrent grâce à certaines conditions.

On peut en citer quelques-unes : un imaginaire archaïque et sexiste selon lequel les femmes sont encore une population destinée à servir et dont le corps doit rester un bien disponible ; une situation de crise, de chômage et de misère, et donc, pour les plus pauvres, la tentation de se vendre soi-même, à défaut de pouvoir vendre un travail ; enfin, une tendance du marché à s'étendre de façon illimitée et à s'emparer de tout ce qui peut devenir un produit de consommation, y compris les corps humains. J'ajouterais une dernière condition : une idéologie ultralibérale et libertaire, qui prétend parler au nom de la liberté sexuelle – au moins celle du client – et de la « liberté de se vendre » pour les « travailleuses du sexe » ou pour les « gestatrices ».

– On en revient à la question de la liberté, qui, sans frein, peut basculer dans la loi de la jungle…

– Avec ce motif de la liberté, nous touchons à l'un des sophismes les plus souvent utilisés pour justifier n'importe quelle forme d'aliénation ou d'exploitation. En effet, que signifie défendre la liberté sexuelle d'un côté (celle du client), alors qu'on accepte que cette même liberté soit vendue et intégralement sacrifiée de l'autre ? C'est même dans l'abdication humiliante de la liberté d'une femme que réside une part de la jouissance de celui qui l'achète. En fait, si le désir sexuel fait partie de la liberté la plus élémentaire, il est contradictoire de prétendre avoir le droit de l'acheter. C'est en outre contraire au droit moderne, qui impose de respecter le corps d'autrui et sa personne : c'est pourquoi la loi condamne le viol et le harcèlement. Et pourtant, aveugles aux conditions économiques et sociales des marchés du corps, on ose encore légitimer la prostitution ou la « maternité pour autrui » par la « liberté » de se vendre. Alors même que faire de ses organes une marchandise, c'est aliéner sa personne tout entière. On soutient encore que chacun doit pouvoir «librement» se laisser utiliser, asservir, maltraiter, voire dégrader ou même torturer si bon lui semble. Ce discours est inacceptable là où la loi est censée protéger la liberté et la dignité des citoyens, hommes ou femmes.

— Au XXIᵉ siècle, le corps des femmes peut toujours être vendu, il peut aussi être entièrement dissimulé sous un voile intégral…

— Rien n'est acquis, particulièrement quand il s'agit de la liberté des femmes! Le voile intégral est la résurgence d'une vieille coutume méditerranéenne païenne : il existait au IIᵉ siècle, bien avant la naissance de l'islam. Quant au foulard pour couvrir la tête, on oublie qu'il fut longtemps imposé aux chrétiennes [1].

— La démocratie peut-elle être la garante des droits des femmes, et d'une certaine civilité entre les sexes ?

— Plus une civilisation est démocratique, et donc égalitaire, meilleurs sont les rapports entre les sexes. Quand les hommes sont asservis, les femmes sont encore plus asservies. Là où les hommes se libèrent et vont vers un monde plus juste, les femmes font le même trajet. La «plus belle histoire des femmes» n'est pas seulement celle de la lente libération des femmes, c'est aussi celle de la lutte contre l'asservissement des hommes et des femmes.

---

1. Je reviens sur ces anciennes coutumes dans *Métaphysique des sexes* (*op. cit.*), chapitre «Le voile et la barbe».

Le couple, une œuvre d'art

— *Est-ce qu'une «vraie» relation entre homme et femme était possible avant l'égalité?*

— Je ne le crois pas. Quand les femmes étaient considérées comme des mineures, dans l'impossibilité d'exercer leur volonté et leur liberté, obligées de ruser avec le pouvoir masculin, comment une confiance véritable aurait-elle pu s'établir? Tant que la dépendance était totale à l'égard du père, du frère, du mari, les relations étaient complètement faussées. Nous racontons ensemble l'histoire des femmes, mais l'histoire des hommes *et* des femmes n'a commencé que récemment. Un monde neuf vient de la mixité. J'ai envie de penser non l'avenir des hommes ou l'avenir des femmes, mais l'avenir de la société où ils vivent ensemble. La liberté est si grande que le couple devient une œuvre d'art. Plus personne n'est contraint d'y rester ou d'y jouer un rôle fixé d'avance. Cela devient une création où chacun contribue à définir ce qu'il veut, ce qu'il refuse, ce qu'il apporte. On assiste à une véritable révolution de la vie privée. C'est forcément difficile, comme tout ce qui est dépourvu de modèle. La vie de couple semble être aujourd'hui la conjugaison de deux individualités, parfois de deux individualismes. Chacun a son travail, ses amis, sa vie sociale.

— *Au terme de cet échange, on pourrait presque se demander si on a encore besoin du couple, s'il ne faut pas passer à autre chose...*

— Le célibat se porte bien. Il représente souvent une phase de la vie. On voit aussi, beaucoup plus qu'auparavant, des divorces tardifs, comme si les concessions ou les compromis, nécessaires au couple, étaient de plus en plus difficiles à assumer. Le pire danger, c'est quand la vie à deux tourne au drame domestique, quand le couple devient un enfer, comme dans le théâtre de Strindberg ou dans certains films de Bergman, lorsque l'amour se transforme en rivalité ou en haine[1]. J'ai envie de dire : le couple est toujours à double tranchant. Mais ce qui reste attractif en lui, y compris bien sûr celui de deux femmes ou de deux hommes, ce sont la complicité, la solidarité quotidiennes. L'autre est le témoin permanent de notre existence, celui ou celle à qui l'on raconte les événements du jour, les péripéties ordinaires, les joies et les chagrins, les réussites et les échecs. Le partage de la vie avec quelqu'un forme un espace d'intimité où l'on se montre plus ou moins sans fard, sans masque, où l'on peut se côtoyer aussi dans le silence, se comprendre à demi-mot. Par-delà le désir sexuel et l'amour passionnel, le couple demande par-dessus tout, pour durer, une forme d'amitié confiante. Mais il est évident aussi, me semble-t-il, que le couple est étouffant et mortifère s'il n'est pas constamment ouvert aux tiers, c'est-à-dire au monde commun, aux autres, proches ou lointains. On ne va pas vers autrui à partir du couple, c'est l'inverse. C'est l'ouverture au monde, à autrui en général, qui permet que se forment des apartés, et qu'il y ait des couples, des tête-à-tête amoureux ou amicaux.

1. Voir mon ouvrage *Drame des sexes : Ibsen, Strindberg, Bergman*, Paris, Seuil, 2008.

Des mêmes auteurs

Ouvrages de Françoise Héritier

Retour aux sources
Galilée, 2010

La Différence des sexes
Bayard / Les Petites Conférences, 2010

L'Éternel Singulier : questions autour du handicap
(collectif)
Le Bord de l'eau, 2010

Une pensée en mouvement
(avec Salvatore D'Onofrio)
Odile Jacob, 2009

Masculin/Féminin. La pensée de la différence
Odile Jacob, 1996, 2008

Masculin/Féminin II. Dissoudre la hiérarchie
Odile Jacob, 2002, 2008

Le Corps, le Sens
(avec Jean-Luc Nancy, André Green et Claude Régy)
Seuil, 2007

De la violence
(collectif)
Odile Jacob, tome 1, 2005 ; tome 2, 2005

Hommes, Femmes : la construction de la différence
Le Pommier, 2005 ; réédition 2010

Corps et Affects
(avec Margarita Xanthakou)
Odile Jacob, 2004

De l'inceste
Odile Jacob, 1999, 2000, 2010

Contraception : contrainte ou liberté ?
Odile Jacob, Travaux du Collège de France, 1999

Les Deux Sœurs et leur mère. Anthropologie de l'inceste
Odile Jacob, 1994

Les Complexités de l'alliance
(avec E. Copet-Rougier)
4 volumes
Éditions des Archives contemporaines, 1991, 1993, 1994

L'Exercice de la parenté
Le Seuil-Gallimard, 1981

Ouvrages de Michelle Perrot

Histoire de chambres
Seuil, 2009, Prix Femina Essai 2009

Mon histoire des femmes
Seuil / France Culture, 2006

Les Ombres de l'histoire. Crime et châtiment au XIXᵉ siècle
Flammarion, 2001 ; « Champs », 2003

Les Femmes ou les Silences de l'histoire
Flammarion, 1998 ; « Champs », 2001

Femmes publiques
Textuel, 1997

George Sand, *Politique et Polémiques*
présenté par Michelle Perrot
Imprimerie nationale, 1996
(Écrits politiques de Sand, 1843-1850)

Jeunesse de la grève
Seuil, 1984 (version abrégée)

Les Ouvriers en grève (France, 1871-1890)
Mouton, 1974 ; Éd. de l'École des hautes études
en sciences sociales, 2001

Enquêtes sur la condition ouvrière en France au XIXᵉ siècle
Hachette (micro-éditions), 1971

Le Socialisme et le Pouvoir
(avec Annie Kriegel)
EDI, 1966

DIRECTION D'OUVRAGES COLLECTIFS

Femmes et Histoire
(avec Georges Duby)
Plon, 1993

Histoire des femmes en Occident.
De l'Antiquité à nos jours
(avec Georges Duby)
5 volumes (tome 4 avec Geneviève Fraisse)
Plon, 1991-1992

Histoire de la vie privée
(avec Philippe Ariès et Georges Duby)
Tome 4, *De la Révolution à la Grande Guerre*
Seuil, 1987

Une histoire des femmes est-elle possible?
Rivages, 1984

L'Impossible Prison
Seuil, 1980

Ouvrages de Sylviane Agacinski

Corps en miettes
Flammarion, 2009

Drame des sexes. Ibsen, Strindberg, Bergman
Seuil, 2008

Engagements
Seuil, 2007

Métaphysique des sexes.
Masculin/Féminin aux sources du christianisme
Seuil, 2005 ; « Points », 2007

Journal interrompu : 24 janvier-25 mai 2002
Seuil, 2002

Le Passeur de temps : modernité et nostalgie
Seuil, 2000

Politique des sexes
Seuil, 1998
édition revue et augmentée, précédée de
Mise au point sur la mixité, « Points », 2009

Critique de l'égocentrisme. L'événement de l'autre
Galilée, 1996

Volume. Philosophies et politiques de l'architecture
Galilée, 1992

Aparté. Conceptions et morts de Sören Kierkegaard
Aubier-Flammarion, 1977

Ouvrages de Nicole Bacharan

Les Noirs américains.
Des champs de coton à la Maison Blanche
Perrin, « Tempus », 2010

La Plus Belle Histoire de la liberté
(avec André Glucksmann et Abdelwahab Meddeb)
(Postface de Vaclav Havel)
Seuil, 2009

Le Petit Livre des élections américaines
Panama, 2008

Pourquoi nous avons besoin des Américains
Seuil, 2007

Américains-Arabes, l'affrontement
(avec Antoine Sfeir)
Seuil, 2006

Faut-il avoir peur de l'Amérique?
Seuil, 2005

Good Morning America
Seuil, 2000

L'Amour expliqué à nos enfants
(avec Dominique Simonnet)
Seuil, 2000

Le Piège
Quand la démocratie perd la tête
Seuil, 1999

ROMANS (AVEC DOMINIQUE SIMONNET)

Némo dans les étoiles
Seuil, 2004

Némo en Égypte
Seuil, 2002

Némo en Amérique
Seuil, 2001

Le Livre de Némo
Seuil, 1998

RÉALISATION : PAO ÉDITIONS DU SEUIL
IMPRESSION : CPI FIRMIN DIDOT À MESNIL-SUR-L'ESTRÉE
DÉPÔT LÉGAL : MAI 2011. N° 49528 (104431)
IMPRIMÉ EN FRANCE

Collection dirigée
par Dominique Simonnet

DANS LA MÊME COLLECTION

La Plus Belle Histoire du monde
(Les secrets de nos origines)
Hubert Reeves, Joël de Rosnay,
Yves Coppens et Dominique Simonnet
Seuil, 1996, et « Points », n° P897

La Plus Belle Histoire de Dieu
(Qui est le Dieu de la Bible ?)
Jean Bottéro, Marc-Alain Ouaknin, Joseph Moingt
Seuil, 1997, et « Points », n° P684

La Plus Belle Histoire de l'homme
(Comment la Terre devint humaine)
Jean Clottes, André Langagney,
Jean Guilaine et Dominique Simonnet
Seuil, 1998, et « Points », n° P779

La Plus Belle Histoire des plantes
(Les racines de notre vie)
Jean-Marie Pelt, Marcel Mazoyer,
Théodore Monod et Jacques Girardon
Seuil, 1999, et « Points », n° P999

La Plus Belle Histoire des animaux
Pascal Picq, Jean-Pierre Digard,
Boris Cyrulnik et Karine Lou Matignon
Seuil, 2000, et « Points », n° 997

La Plus Belle Histoire de la Terre
André Brahic, Paul Taponnier,
Lester R. Brown et Jacques Girardon
Seuil, 2001, et « Points », n° 998

La Plus Belle Histoire de l'amour
Dominique Simonnet et Jean Courtin, Paul Veyne,
Jacques Le Goff, Jacques Solé, Mona Ozouf, Alain Corbin,
Anne-Marie Sohn, Pascal Bruckner, Alice Ferney
Seuil, 2003

La Plus Belle Histoire du bonheur
André Comte-Sponville, Jean Delumeau et Arlette Farge
Seuil, 2004, et « Points », n° 1427

La Plus Belle Histoire du langage
Pascal Picq, Laurent Sagart,
Ghislaine Dehaene, Cécile Lestienne
Seuil, 2008

La Plus Belle Histoire de la liberté
André Glucksmann, Nicole Bacharan,
Abdelwahab Meddeb
Postface de Vaclav Havel
Seuil, 2009